爱上历史丛书

封建社会的鼎盛

盛唐气象

葛剑雄
主编

宋昌斌
著

SPM 南方出版传媒 广东人民出版社
·广州·

图书在版编目（CIP）数据

盛唐气象：封建社会的鼎盛 / 宋昌斌著；葛剑雄主编. — 广州：广东人民出版社，2021.7

ISBN 978-7-218-14672-0

Ⅰ. ①盛… Ⅱ. ①宋… ②葛… Ⅲ. ①中国历史—唐代—通俗读物 Ⅳ. ①K242.09

中国版本图书馆 CIP 数据核字（2020）第 243274 号

SHENGTANGQIXIANG:FENGJIAN SHEHUI DE DINGSHENG

盛唐气象：封建社会的鼎盛

宋昌斌 著

出 版 人： 肖风华

责任编辑： 李力夫
责任技编： 吴彦斌 周星奎
装帧设计： 安 宁

出版发行： 广东人民出版社
地　　址： 广州市海珠区新港西路 204 号 2 号楼（邮政编码：510300）
电　　话： （020）85716809（总编室）
传　　真： （020）85716872
网　　址： http://www.gdpph.com
印　　刷： 北京彩虹伟业印刷有限公司
开　　本： 880mm×1230mm 1/32
印　　张： 9 **字 数：** 200 千
版　　次： 2021 年 7 月第 1 版
印　　次： 2021 年 7 月第 1 次印刷
定　　价： 58.00 元

如发现印装质量问题，影响阅读，请与出版社（020-85716849）联系调换。
售书热线：（020）85716826

再版前言

本书初版于1997年。这次再版，完全按原版排印，仅根据作者的要求，作了个别文字上的修改。一则不能让钟爱我们的读者误以为是一本新书，一则作者都认为没有重写或全面修改的必要。

为什么写在23年前的旧作不需要改写，就能直接供给读者呢？一方面这是作者的自信，二十余年来自己和读者都没有发现什么讹误不妥之处，自然保持原貌为好。另一方面，这也是历史类书籍的优势——以历史事实为基础，只要这部分正确，就有其长久的价值。所以我在本书的《总序》中说，完成于九百多年前的《资治通鉴》的价值“并没有随着北宋的覆灭而丧失，相反，随着时间的推移，越来越受到历代统治者的重视”。到了今天，你可以不赞成《资治通鉴》所传达的价值观念和它所总结的经验教训，但改变不了它们曾经受到历代统治者的高度重视，也为中国当代政治家所重视的事实。你可以不看书中“臣光曰”的大段议论，但如果要了解历史事实、特别是唐后期和五代期间的史实，就必须读《资治通鉴》。

多年前，师兄周振鹤教授提出“历史是介于科学与人文之间”的观点，我深以为然，并且经常运用演化。一切过去曾经存在的人和事都是客观存在，是事实，研究并复原它们属于科学的范畴，应该只有唯一正确的答案。如果客观条件具备，这一过程完全可以重复，而且可以得到验证。但现存的历史都是后人有意识、有选择的记录，而人的意识和选择属于人文，不必也不可能用科学的标准来衡量。至于人们的历史观念和对历史的评价纯属人文，更不必也不可能找到唯一的标准答案。

我在《总序》中说明，作为普及性的历史书，本书的目的是向尽可能多的读者提供一点历史事实、历史经验和历史智慧。对于历史事实，我们可以根据自己的研究成果，或是吸收他人已有的可靠的研究成果，作如实的叙述。如果不得不涉及至今尚未被揭示的，或存在争议的事实，一般都会加以说明，或者作出自己的判断。对这一部分，如果出现错误，即使是次要的、细节的，也要及时纠正。就在交稿前，有网友在我的微博上指出，我在《汉魏故事》一文中称曹丕为“建安七子”之一是错的。看到后，我颇感意外，曹丕是“三曹”之一，当然不属“建安七子”，但翻到那一页，我当初就是这样写着，二十多年来居然没有发现。要不是那位读者发现并指出，这次再版还会错下去。

但如果是对本书提供的“历史经验”“历史智慧”部分，那基本都属于人文，并没有标准答案，作者与读者之间完全可以有不同的见解和观点，见仁见智，何妨求同或求异！所以这部分就不必修改了。

本书初版时，我和全体作者都属中青年，最年长的我也还不满六十。如今，最年轻的两位作者都已接近我当时的年龄，而作者之一、复旦大学法学院的姚荣涛教授不幸已于2020年6月因病逝世。本书的再版也是对姚教授的纪念和安慰。

葛剑雄于庚子岁末

葛剑雄

总 序

北宋元丰七年（1084年）十一月，经过近19年的努力，司马光和他的助手们终于在西京洛阳完成了294卷历史巨著——《资治通鉴》。在呈报给皇帝的表文中，司马光希望这部书能使皇帝“鉴前世之兴衰，考当今之得失，嘉善矜恶，取是舍非，足以懋稽古之盛德，跻无前之至治，俾四海群生，咸蒙其福”。可是不久，继位的哲宗和之后的徽宗辜负了司马光的一片苦心，并没有吸取这部书中所提供的历史经验和教训，更没有赢得“稽古之盛德”和“无前之至治”。就在《资治通鉴》问世后的42年，金朝的大军兵临开封，宋朝失去了半壁江山，连徽宗和他的儿子钦宗都当了俘虏，“四海群生”遭遇的不是福，而是无穷的祸。

但《资治通鉴》的价值并没有随着北宋的覆灭而丧失，相反，随着时间的推移，越来越受到历代统治者的重视。今天，包括《资治通鉴》在内的古代优秀历史著作，依然是值得我们珍视的宝贵遗产。

我们之所以重视《资治通鉴》一类历史著作，一个重要的原因，是它们不仅给人们提供了历史事实，而且明确地表达了作者对历史的看法和他所总结的历史经验。尽管由于时代不同了，我们不会完全同意他们的见解，或者只能将他们的看法作为批判的对象。但有一点是可以肯定的，他们所总结的一些具体的历史经验，具有永恒的价值。

历史发展有其基本的规律，这是不以人们的意志为转移的，是必然的。但任何一个社会发展阶段、任何一个朝代、任何一位君主、任何一个事件，都有其偶然性，不可能都按照某一种具体的规定出现或消失，兴盛或衰亡。在很大程度上，直接影响到这些人或事的，是人事，而不是天命；是偶然因素，而不是必然性；其结局往往千变万化，而不是只有一种可能性。

就拿中国的历史来说，封建社会占了目前我们所知道的历史时期的大部分。如果只研究封建社会的一般规律，只看到这个社会从产生、发展到消亡的大过程，就无法解释各个朝代的兴衰。在封建社会处在上升的阶段，在地主阶级被称为新兴的时期，照样有王朝衰落以至灭亡，而另一个勃兴的新朝并没有摆脱封建社会的特性，另一批成功的君主也不可能不代表地主阶级的利益。为什么同样是封建王朝，有的能持续三四百年，有的却只存在了一二十年，甚至胎死腹中？为什么同样是地主阶级代表，有的君主能开疆拓土，有的却只会割地赔款？有的可以清心寡欲，有的却一定要穷奢极侈呢？为什么在同一个阶级中也有忠奸贤愚，而同样是忠臣，结果却截然不同呢？

我们当然应该特别重视对历史发展总体性和规律性的研究，只有这样，才能把握住历史的大方向，才能对我们的事业有必胜的信心和执著的追求。但这并不意味着可以忽视具体的、一般性的历史经验，因为如果我们不重视这一类经验，我们的追求就未必能取得预期的结果。而且，对个人和一个部门来说，这类经验更具实用性和启发性，更易形成自己的智慧，更易转化为自己的财富。

这套书共8卷，每卷选择一个在中国历史上影响较大的朝代或时期，在该时段中选择一二十个题目，可以是人物、事件、制度、观点、阶段等等，通过具体的史实，提出作者的看法和见解。有时，通过史实的叙述道理已不言自明，作者自然就不必多说了。

我们不是写中国通史，所以只能写每本书涉及的阶段，但也不限于一朝一代，可以兼及前后左右。我们也不是作一朝一代的通史，只是从这一朝代或阶段中选取我们认为意义较大、便于表达而作者又有较好研究基础的题目。见仁见智，在所不免，读者或许会对自己认为重要的题目没有选入感到遗憾，那就只能请大家谅解了。

因为希望我们的书有更多的读者，在每一卷的开始都有一篇概述。这主要是为对该阶段的通史不太熟悉的读者准备的，也是为了使读者能对下面这些题目的相互关系和背景有一定的了解，具有这方面基础的读者完全可以不看。由于每篇都有相对的独立性，尽可以挑自己感兴趣的先看，不必照编排的顺序。我自己看书时常常如此，看了有味道的文章往往会不止看一遍，而不感兴趣或看了开头就乏味的文章从此不再看。当然，作为这套书的主编和作者之一，我还是希望书里的每一篇都能吸引尽可能多的读者。

1999年10月

目录

再现秦汉，鼎盛中华
隋唐时期概述

凡是对中国古代史有所了解的人，大概都不会怀疑，隋唐是极为鼎盛的时期。时至今日，在国外许多地方，仍习惯将华人称为“唐人”，并有专门的“唐人街”。可见隋唐特别是“盛唐气象”的影响力，有多么深远。那么，“盛唐气象”是怎样出现的？主要表现在哪些方面？后世可引以为鉴的东西是什么？这些，是本书想要探讨的主要内容，在开篇中先做一个概括的介绍。

隋唐时期，是中国封建社会发展中的一个高峰时期。与秦汉相似，隋唐也是在长期分裂割据之后出现的统一的中央集权的封建帝国。隋唐王朝在重建和维护统一，改革封建制度，发展经济文化，扩大对外开放等方面，多有建树，为后世称道。

统一帝国的重建

自东汉末年董卓之乱后，中国社会基本上处于分裂割据状态之中，长达400年之久。在长期的封建割据之中，孕育着重新统一的条件，并且逐渐向统一的方向迈进。

造成汉末分裂割据局面的一个主要社会原因，是豪门士族势力的强大。看过《三国演义》的人都知道，曹操与刘备煮酒论英雄时，刘备提到的一大堆英雄之中，大都是当时的豪门望族的代表人物，如袁绍是“四世三公，门生故吏遍天下”；孙策是祖居江东，子承父业。在三国两晋南北朝的分裂割据时期，豪门望族既是割据势力，又在相互倾轧中遭到削弱。这种削弱的因素，主要有两个方面：一个是战乱之中的打击。如南朝梁简文帝时期的侯景之乱，使侨居江南的名门大族，消亡殆尽。唐朝诗人刘禹锡“旧时王谢堂前燕，飞入寻常百姓家”的诗句，就非常形象地刻画了这一时期世事的沧桑变化，名门起伏急剧的景象。另一个是国家政策的限制。如南朝从刘宋以来，使“寒人掌机要”，即让出身寒门之家的人掌握国家枢密之权，含有在政治上限制士族势力的倾向；实行“土断”和“检籍”，即将由北方南迁的豪门士族，一律编入当地户籍，与土著居民同等待遇，并检查户籍有无诈冒脱漏等情况，含有在经济上限制士族势力发展的意图。北魏开始实行的“均田制”，西魏实行的“擢贤良”等政策，也都有从经济上和政治上限制豪门士族势力的意思。在这两个因素的交互作用下，强盛的士族门阀势力逐渐衰落，统一的社会障碍逐渐排除。

边疆诸少数民族进入内地，并纷纷建立独立的或相对独立的政权，是形成魏晋南北朝分裂割据状态的又一个重要因素。晋室南迁，在很大程度上是受逼于匈奴、鲜卑、羯、氐、羌等少数民族的内徙；晋室南迁之后主要在北方领土上出现的“十六国”，大都是这些少数民族建立的，之后统一北方的北魏政权，也是鲜卑族一支的拓跋氏。在内徙各少数民族逐步封建化的过程中，他们既大量吸收汉族的封建文化，同时也以自己的文化习俗影响汉人。到隋初年，原来进入汉族地区的诸少数民族，无论在经济生活还是语言风俗等方面，都已基本上和汉族合流，以至后来的历史学家只能从他们后裔的姓氏郡望上来考知他们族性的渊源。各民族的大融合，为统一帝国的重建创造了一个重要的前提条件。

在民族融合的过程中，北方和南方的经济文化联系也越来越紧密。北方在北魏中期孝文帝改革之后，社会经济有了明显的发展。南方的农业生产在这个时期也有了很大的提高。在南北方经济恢复发展的同时，商品交换等经济文化联系越来越普遍。北方的洛阳、长安等城市，成为南北贸易的重要商业枢纽，“南货”成为北方畅销的商品。当时洛阳城南的“四夷馆”附近住有万余户外来人，销售外地运来的或外地人经营的各种商品。南方的长江沿岸及三吴地区，商业也非常活跃。当时的成都，不仅是西南各族交换商品的重要市场，而且吸引了远方商贾，西域商人也经由凉州前来贸易。在沔水（汉水）和淮水沿岸，南北贸易也日益增多，军吏和商人以寿春为中心，交换各自需要的货物。南北经济的发展及其紧密的联系，造成了全国重新统一的物质前提。

随着统一诸条件的逐渐成熟，统一的斗争也开始进行。经过一系列曲折复杂的过程，最后由隋文帝完成了这一大业。

在隋文帝统一全国之前，被迫南迁的东晋统治者，曾进行过多次统一的努力。如晋元帝时，侨居南方的原北方大族祖逖请命北伐，他以弱小的兵力，趁北方统治者内部冲突之机，收复黄河以南的领土，并使后赵的统治者石勒因害怕而求和。后来因南北土著势力的挟制，功败垂成。祖逖北伐之后，庾亮出兵受挫，殷浩北伐无成，桓温始胜终败，刘裕北伐进抵长安，但因部下在长安内讧起来，终为夏主赫连勃勃所败。到了南北朝时期，双方时有攻战举动，北朝不能完全征服南朝，南朝也不能完全征服北朝，虽然这种武力统一的努力都没有获得成功，但清楚地反映出统一是各方各阶层都向往的趋势。而且这些努力在客观上加速着统一的进程，不管这种统一最终以何种方式实现。

公元 578 年，已经统一了北方的北周王朝的军政大权落到外戚杨坚（即后来的隋文帝）手中。两年之后，杨坚取代北周，建立隋朝，并积极为进军江南、统一全国做各项准备工作。由于隋朝在隋文帝杨坚的统治下，国力蒸蒸日上，远远超过了江南的陈朝；同时也由于经过长期的民族斗争和民族融合以后，南北对立所具有的民族矛盾的性质已基本消失，隋朝统一全国的战争非常顺利。公元 588 年，隋文帝的次子、晋王杨广统帅 50 万大军，分五路，向江南的陈朝发动总攻，次年（589 年），一举攻下建康，消灭了陈朝。接着又陆续摧毁了南方各地分散的反抗势力，平定了南方全部州县。这样，长期以来的南北分裂局面宣告结束，统一的封建帝国重建。

隋帝国建立后，隋文帝杨坚励精图治，政局比较稳定，国力日益强盛。但到了隋炀帝杨广当政时，统治集团内部的矛盾加剧，百姓的负担加重，在统一的封建帝国重建不久，各地的农民大起义很快爆发，统治集团内部的实力派人物也纷纷起来逐鹿中原，隋王朝迅即土崩瓦解，全国重又陷入分裂混乱之中。这时隋朝的太原留守李渊，乘机起兵，打败了各地的割据势力，镇压了农民起义军，统一了全国，开创了唐朝近300年统一帝国的基业。

隋末的战乱与秦末极为相似，都是在帝国统一后不久发生，又都是旋发即终，重归一统，从此出现近三四百年的统一局面。所谓秦隋二世而亡，汉唐数百年一统，说的就是这个历史现象。

唐朝近300年的统治，也并非一帆风顺，没有波澜，唐朝前期政治总的来说比较清明，社会也比较稳定，由“贞观之治”到“开元盛世”，走的是上坡路。但同时，孕育着衰败分裂的因素。开元、天宝之际，即由盛转衰。“安史之乱”就是这一转折的标志。在这之前，唐王朝是中央高度集权、统一的帝国，与边疆各民族的关系处理得也比较好。“安史之乱”以后，国家内部分裂的局面已经出现，中央统治的无力，藩镇的割据与相互间的攻战，使昔日的帝国处在风雨飘摇之中。与边疆各民族的关系，也呈现出错综复杂的局面，总的来看，是摩擦多于和睦，受逼多于控制，且与藩镇之间的相互利用与争夺交织在一起，摇荡着唐朝的江山。但无论是藩镇割据，还是少数民族的进逼，终唐之世，没有出现像两汉中间的那种王朝更迭，统一帝国的形式保持始终。在唐末农民大起义中，在藩镇割据基础上出现的五代十国的分裂局面，也没有像汉末出现的分裂局面那样持久。从形式上看，汉末之后的分裂长达 400 年，唐末之后的分裂只有 60 年，这表明，秦汉开创的统一事业，经过隋唐的加工之后，已基本定型了。

封建制度的沿革

隋唐是中国封建社会发展中的一个承前启后的时期，各项制度的演变，也更多地带有承前启后的色彩。这一时期封建制度的沿革兴替，对当时的经济社会的发展具有直接的推动作用，同时也透露出治乱兴衰的种种信息。

在经济制度方面，这一时期在土地、户籍、赋役制度建设中着力较大，其主旨是促进封建经济的恢复与发展，保障封建国家的各项收入。

隋初颁布均田令，其主要内容与北魏、北齐、北周的均田制相近，但隋初均田制实行的程度和范围如何，史学界至今尚有争议。隋末唐初的战乱，使人口锐减，大量土地荒芜，因此唐初也曾颁行均田令，规定人民所耕田地，由政府分等级授予。但到唐中叶后，由于国家行政管理的懈怠，版籍不实，土地兼并情况较为普遍，均田制逐渐名存实亡，到"安史之乱"后，便不复存在了。

与均田制互为表里的，是户籍制度的沿革。隋初年，为了改变前代户口管理混乱状况和推行均田制，下令在全国"大索貌阅"，颁布"输籍定样"。即由州县官吏检查隐漏户口，并按照户籍簿上登记的年龄和身体状况，与本人体貌核对，以防诳报年龄，诈老诈小；由中央确定划分户口等级的标准，作为征收租调的依据，颁布到各州县，每年正月评定一次。同时，将全国人口分乡村与城市，编为党（族）、里（闾）、保组织，各级组织的负责人，对本级组织中户口不实、租调不纳等问题，负有连带责任。到了唐代，则明确规定每年一造计账，每3年一造户籍；并将全国人户按资产和人丁等情况，划分为3等（后改为9等），每3年评定一次，作为征课的依据。日常的户口管理，也由基层的里、保组织负责。中唐以后，3年一造户籍，3年一定户等之制，渐成具文；里保等基层组织在户口管理方面的作用，也不能正常发挥了。

建立在土地和户籍制度之上的赋役制度，演变的情况更大。隋初的赋役之制，有承袭北周的一面，也有变更减轻的一面。其基本内容，是根据人口受田情况和人口年龄、健康情况，承担不同的租、调、役（出调可以免役）。隋文帝时期，课役负担总的来说较轻。隋炀帝时，虽然也有减轻课役的诏令，但不久即横征暴敛，大兴兵役，法定的赋役制度全成具文。唐前期的赋役制度的主体，是租、庸、调制。除了租庸调外，还有户税和杂徭，通常按照户等高下和人丁多少摊派。到了唐中叶后，由于均田制和户籍制的破坏，租庸调制已经无法实行。当时唐王朝的赋税收入，逐渐变为以户税和地税为主。针对这一情况，唐德宗建中元年（780年），宰相杨炎制定了"两税法"。"两税法"的基本精神是以财产的多少为征税标准，扩大了赋税的承担面，多少改变了赋役集中在贫苦农民头上的情况。但在后来的实行过程中，由于钱物折纳的标准变化不定及地方官吏的上下其手，逐渐成为百姓的沉重负担。而且，在这一制度下，土地兼并不再受任何限制，实行不到 30 年，全国约有 1/3 的百姓土地被官僚地主兼并，到处可见“富者兼地数万亩，贫者无容足之居”的现象，流民大量涌现，成为动摇唐王朝统治的基本力量。

> 在政治制度方面，这一时期在官制、法制、科举制中多有所创新，其主旨是加强和巩固中央集权的封建统治，提高政治运作的效率和质量。

隋唐时期官制的渊源，有两个方面。一个是汉族政权方面的历史来源；另一个是少数民族政权方面的外部来源。隋初年，隋文帝就对南北朝后期的制度加以整理，建立起一套相当严密的统治机构。隋开皇元年（581 年），废北周的六官制度，建立三省六部制度。隋开皇三年（583 年）改革地方官制，取消北齐、北周的郡一级建制，实行州县两级制，省并了不少州县，裁汰了一些冗官，以便节省国家开支，提高行政效率，加强中央对地方的控制。唐代的中央官制，基本上沿用隋代之制，不过更为完备、周密一些，中唐以后，又有所变化。地方初沿隋朝州、县两级制，后来出于监察的需要，将全国划为 10（后又为 15）个道，起初由中央临时派员行使单项职能，后来演变为一级地方组织，形成实际上的道、州、县三级制。

这一时期的法制渊源，也同官制一样，既有历史上汉族政权方面的旧制，又有西北诸少数民族政权所创的新制。隋朝大的立法活动有两次。一次是在隋文帝即位初年，命大臣高颎和苏威等人，参照前代法律，制定和更定新律，形成《开皇律》；

另一次是在隋炀帝时期，制定了《大业律》。《开皇律》和《大业律》基本相同，而前者优于后者，因为它斟酌损益，取适于时，其篇章体例和基本精神，为后世所遵循。律以外，令、格、式等法律形式也已出现。唐朝的立法活动比较频繁，其中大的立法活动有十多次，法律形式也空前完备。前期的立法活动以修律为主，兼及令、格、式，后期则主要是编敕和刑律统类。其中最有影响的是《永徽律》及《律疏》，现存《唐律疏议》即是永徽律疏。此外，唐玄宗开元年间完成的《唐六典》，是系统地记载唐朝官制的行政法典，对后代的行政立法也产生了重要影响。从司法角度看，隋唐时期比较开明的统治者，都比较重视严格、划一、审慎的原则，以解决社会矛盾，维护封建统治；而一旦统治者放弃这些原则时，社会的无序状态就随之而来。

汉魏以来，实行“九品中正制”的选官方法，后来流弊严重。隋朝建国后，隋文帝为了加强中央集权，限制门阀势力，于开皇年间取消“九品中正制”，用分科考试的科举制选拔人才。但当时的科举制还处在萌芽状态，只有常选和特选两种，并且不经常进行，各科的考试内容和方法，也未形成制度。唐朝继承了隋朝的这一制度，并逐渐加以充实、完善，通过科举考试制度，笼络和选拔了一批批有用的人才，改善了吏治状况，有利于削弱汉魏以来士族门阀对仕途的垄断，巩固和加强了中央集权；同时也使一大批有志于仕宦的知识分子的思想局限在统治者所期望的纲常名教之中，削弱了潜在的反叛思想和势力。虽然这一时期科举考试已显出一些弊端，但还不像后世那样严重，总的来说，是正面作用大于负面作用。

在军事制度方面，隋朝和唐朝前期实行府兵制，唐朝中后期，府兵制废弛，开始实行募兵制，军事制度变化较大。虽然统治者力图依靠军事力量维护自身政权，但最终仍衰亡于藩镇割据之中。

府兵制是与均田制密切相关的一种军事制度，它起源于西魏、北周。隋代周后，府兵制未变。隋末动乱，府兵组织解体。唐朝建立后，在全面推行均田制的同时，恢复和整顿府兵制，使之成为唐朝前期的主要军事制度。府兵制的特点是寓兵于农，充当府兵的卫士，主要来自均田制下 21 岁至 60 岁的壮丁，资粮自备，平时在家里从事农业生产，农闲时接受军事训练；主要任务是轮流上番宿卫和征防。府兵制的另一个特点是兵将分离，全国府兵在皇帝总领之下，统领于诸卫，但府兵的调发属尚书省兵部，诸卫长官无权直接调动府兵，平时将不专兵，战时应征，由朝廷派将领统帅，战事结束，即解甲归农，以此防止军将擅作威福。府兵分布的特点是“内重外轻”，唐朝府兵全盛时共 657 个折冲府，其中分布在首都所在地的关内道及临近的河东、河南三道的府就达 526 个，占全国折冲府总数的 80%，充分体现了唐王朝“举关中之众以临四方”的基本方针，并有效地保卫了京师和皇帝的安全。

到唐中叶时，由于土地兼并的加剧，府兵制赖以存在的均田制遭到破坏，出现难以为继的现象，逐渐被募兵制所代替。唐玄宗时，由于府县府兵宿卫人员不足，曾招募 12 万彍骑代替，之后以募兵代替府兵的规模越来越大，到天宝年间，府兵制彻底被破坏，募兵制兴起。同时，唐玄宗出于对边疆用兵的考虑，在军事力量的分布上，也变唐前期的“内重外轻”为

"外重内轻"，边疆地带节度使专兵的现象也随之出现，最终酿成"安史之乱"。唐后期的统治者，为了改变藩镇专兵、尾大不掉的局面，在不能恢复府兵制的情况下，采取了诸如派宦官监军、加强中央禁军等措施，但由于中央禁军（唐后期主要为左右神策军）的控制权落入宦官手中，又导致了宦官专权、左右废立的严重后果。在唐文宗时，曾密谋切除这一恶瘤，但因所托非人、行事不密而失败，这就是所谓的"甘露之变"。从此以后，在藩镇交互用兵、宦官专权作威的夹击之下，摇摇欲坠的唐王朝一步步走向衰亡。

经济社会的发展

由于国家的统一、制度的创新，隋唐时期经济与社会的发展是空前的，在许多方面都达到了封建社会所能达到的高峰。唐中叶后，这种发展与进步遭到破坏，经济文化的重心由北向南转移，但在某些方面仍然保持甚至创造着新的发展势头。从总体上看，隋唐时期是中国封建社会的一个发展高峰时期。

农业、手工业以及商业贸易的进步与发展，直接推动着这一时期经济的繁荣，奠定了隋唐封建盛世的基础。

农业是封建社会最基础、最基本的产业。在以农为本的封建社会中，农业的兴衰直接关系着整个社会的兴衰。隋朝和唐朝前期，实行均田制和租庸调制，在较大范围内实现了"耕者有其田"，公平赋税，减轻了农民的负担，调动了农民的生产积极性；政府组织农民兴修水利工程，灌溉面积扩大，抗旱能力增强；生产工具不断改进，生产技术也不断提高和推广，使这一时期的农业生产迅速得以恢复和发展。隋文帝时“强宗富室，家道有余”，封建国家的中外仓库，无不盈积，西京太仓，东都含嘉仓、洛口仓，华州永丰仓，陕州太原仓等，所储米粟多的达千万石，少的也有数百万石；长安、洛阳和太原的府库所储的布帛，也各有几千万匹。这些，再加上其他地方的储积，可供隋朝统治者支用五六十年。唐朝到玄宗时，百姓家中的储粮，大都可以食用数年，政府仓储的粮食，到天宝八年（749 年）约为 1 亿石。当时的粮价降到历史上的最低价，且较长时间保持稳定。但“安史之乱”后，均田制、租庸调制逐渐废弛，北方大部分地区的水利设施年久失修，人口凋敝，农业生产下滑。南方的农业生产，则因长期的人力、技术积累和开发，保持向上发展的势头，并支撑着中后期已经逐渐腐朽的唐王朝勉强运转。

随着农业的恢复发展与繁荣，手工业也得以发展。隋朝的私营和官营手工业中，都有达到很高水平的种类。丝织业中，蜀郡的绫锦雕镂之妙，世人称叹，豫章出产的鸡鸣布，颇受消费者欢迎；制瓷业中，当时已有白瓷出现，并且已能够制造玻璃，且工艺相当熟练；造船业空前发达，能够制造 4 层，高 45 尺，长 200 尺的“龙舟”。唐代手工业的规模和水平，都达到一个空前的高度。纺织业是唐代主要的手工业部门，唐前期，丝织、麻织、棉织的种类和产量十分可观，成为国家庸调的主要对象。唐后期，南方的丝织业仍有很大发展，丝织品的质量，甚至超过前期的制作水平。采矿业，尤其是铁、铜、锡等矿业，在整个唐代保持兴盛的状态，唐后期的银矿冶炼达到很大的规模和较高的水平。瓷器的制作中，越州的玉类冰，邢州的银类雪，釉下彩的技法开始使用，三彩陶俑为后世称道，由于技术的改进和产量的提高，瓷器开始在民间普遍使用。造纸术更为发达，益州的麻纸，薄州的薄白纸，扬州的六合笺，都享有盛誉；墨、砚、笔的制作，也出现了不少名品。

在农业和手工业发展的基础上，商业贸易也空前活跃起来。隋开皇元年（581 年），隋朝统一货币，更铸五铢钱，解决了周、齐以来货币轻重不等的问题，便利了商品的流通。大运河开凿后，商旅往返不绝，促进了商业的发展。长安和洛阳，是当时最大的商业城市，成为国内外商旅云集之所；丹阳、蜀郡、江都、京口等城市，商业也很繁荣。唐朝前期，一些地方性的政治军事中心和水陆交通要冲，逐渐成为较大的商业城市。唐后期的商业较前期更为发达，长安和洛阳虽经战乱破坏，但很快就恢复了繁荣。扬州、益州、洪州、苏州、杭州、泉州、明州等城市，商业贸易活动日益兴盛。扬州、汴州、长安还出现了“夜市”。在水陆要道或津渡之所，兴起了许多定期集市，俗称“草市”。在交易频繁的情况下，大城市中出现了柜坊，商人将钱存放在柜坊中，柜坊根据商人所出凭证代为支付，收取一定的保管费用。后来由于钱币铸造不敷使用，商人把货款交给本道的进奏院及诸军使或富家，取得文券，回到本地，执券领取，叫作“飞钱”或“便换”，类似今天的“支票”。

与经济繁荣互为表里，隋唐时期的基础设施建设也成就斐然，其中城市的建设和运河的开通，尤为突出。

作为隋唐王朝都城的长安，这一时期在前代营建的基础上，有了新的发展。隋开皇二年（582 年），动工兴建大兴城

（即长安城），一直到唐永徽五年（654年）外郭城完工为止，前后经历了70多年。唐代长安城周围70里，全城总面积84平方公里，等于今天西安旧城（明代建筑）的10倍，大于现在的北京旧城，是当时世界上最大的城市。全城布局严整美观，由宫城、皇城、外郭城三部分组成，宫城为宫殿区，皇城为中央衙署区，外郭城从东、西、南三面拱卫皇城与宫城，是百姓与官员的住宅区，也是工商业区。在外郭城中，列置着108坊，由11条南北大街和14条东西大街分割而成。外郭城内还有100多座寺院，其中的慈恩寺最为有名，唐高宗时安置玄奘从印度带回的经卷而建造的大雁塔，就在慈恩寺内，至今保存完好，是举世闻名的古迹。

隋炀帝认为，洛阳"水陆通，贡赋等"，即水陆交通方便，各地到洛阳的距离相等，以此为中心，最便于控制全国。仁寿四年（604年）下令营建洛阳，以为京都。第二年，宰相杨素和著名建筑家宇文恺设计营建洛阳，每月征发男丁200万人修建，用10个月完工。新的洛阳城修好以后，隋炀帝把原洛阳城的居民和各地的富商大贾，都迁到那里居住，使之成为当时国内著名的商业城市和国际贸易的重要据点。虽然当时京城仍为长安，但隋炀帝却常住洛阳，洛阳遂成为政治、军事、漕运的中心，直到唐朝，洛阳仍保持着东都的地位。

在营建东都洛阳的同时，隋炀帝为了便利漕粮和军事运输，利用天然河流和旧有渠道，开凿了一条以洛阳为中心，沟通南北的大运河。全部完工后的大运河（包括隋文帝开皇四年命宇文恺开凿的由大兴城到潼关的300余里的广通渠）全长5000多里，是当时世界上最伟大的运河工程之一。大运河开通后，成为全国南北交通的大动脉，适应了当时和以后南北经济交流的需要，加强了南北的联系，促进了沿河流域经济的发展，对于全国经济文化的发展交流和统一，起了很大的推动作用。

> 文化科技等项社会事业的发达，与这一时期的经济繁荣有着必然的联系，并与经济的繁荣一起，构成隋唐时期经济社会的整体文明与进步。

这一时期的科学技术领域，发明创造层出不穷。在天文历算方面，唐初王孝通的《缉古算经》，第一次用解三次方程式的方法解决一些复杂的工程计算问题，高宗时李淳风等人审定并注解了10部算经，成为唐王朝规定的算学教本。唐玄宗时，僧一行完成的《大衍历》，比较正确地掌握了地球在绕太阳运行时速度变化的规律，他还与梁令瓒合作，创制了能够直接测量黄道坐标的黄道游仪，制成了以漏水转动的浑天铜仪，是后世天文钟的前身。在医学方面，隋朝巢元方等人的《诸病源候论》，隋和唐初孙思邈的《千金方》《千金翼方》，唐玄宗时王焘的《外台秘要》，唐高宗时苏敬等人修订的《唐本草》，把这一时期的医药学推向一个高峰。在建筑技术方面，隋代工匠李春设计建造的赵州安济桥，隋代建筑家宇文恺、高龙义和唐代建筑家阎立德等设计的长安城，堪称世界之最。隋末唐初发明的雕版印刷术，也是当时世界上最先进的印刷术。

文学艺术领域，更是高峰迭起。以李白、杜甫、白居易等为主要代表人物的诗歌创作，把这一文学形式发展到了极致。以韩愈、柳宗元为核心人物所倡导的古文运动和古文创作，一扫六朝以来柔靡浮艳和形式僵化的骈体文风，对中国古代散文的发展做出了很大贡献。这一时期出现的小说，以及随着佛经的大量翻译和佛教流传而出现的俗讲和变文，也为文学领域增添了新的奇葩，并为后世的文学创作开辟了新的途径。在艺术领域，以石窟寺造像，陵寝前的石雕，墓葬中的俑器为主要类型的雕塑艺术，如敦煌莫高窟、洛阳龙门、太原天龙山、四川大足北山等的石窟雕刻，唐太宗昭陵六骏的浮雕，以及唐代的彩陶俑，最能代表这一时期雕塑艺术的水平。阎立德、阎立本兄弟的人物故事画，吴道子的佛道画，张萱和周昉的仕女画，展子虔、李思训、李昭道的山水画，以及边莺的花鸟画，韩滉、戴嵩、曹霸、韩干的牛马画，把这一时期的绘画艺术不断推向高峰。欧阳询、虞世南、颜真卿、柳公权、孙过庭、张旭、怀素等人各具特色的书法艺术，至今为世人称道。在汉族传统乐舞的基础上，借鉴边疆民族和邻近国家乐舞精华而形成的隋唐宫廷乐舞，更呈现出前所未有的精美绝伦，并广泛地传播到民间和周边地区，至今仍有很强的艺术感染力。

哲学、宗教等思想学术领域的研究，也有很大的成就。宗教方面，汉代传入中国的佛教，从南北朝到隋唐之际，开始出现宗派，隋唐时期的主要宗派有天台宗、法相宗、华严宗、禅宗，各派教义互有异同，繁简不一，消长也不定。在隋唐统治者的提倡下，佛教广为流传，寺院遍布，僧尼众多，虽然唐武宗曾下令灭佛，但不久又兴盛起来，成为中国主要的宗教形式。道教在唐代也很盛行，许多著名的道士为皇帝所宠信，但由于道教多讲炼丹服食之术，主要在上层社会流行，其影响不及佛教广泛。西方的袄教（又称火袄教或拜火教）、景教（基督教的别支）、摩尼教（又称明教）、伊斯兰教等，随着这一时期中西方交通的发展，也相继传入中国。哲学方面，唐初的傅奕和吕才，以朴素唯物主义的观点，抨击宗教迷信；后来的柳宗元、刘禹锡等人，从不同角度，批驳传统的孔孟唯心主义的道统和人性论，力图正确阐释人与自然界的关系，宣传无神论和人定胜天的思想，具有时代的进步意义。学术方面，这一时期的史学和地理学成就最大，隋文帝时曾下令禁止私人撰辑国史，臧否人物。唐太宗则置史馆，修撰前代和本朝的历史，并令宰相监修，使官修正史和宰相监修成为定制；唐代刘知几撰写的《史通》，是我国第一部系统的史学批评和史学理论著作；唐玄宗时编纂的《唐六典》，唐德宗时杜佑编撰的《通典》，都详细记载了当时的各项典章制度，并开创了新的史学编纂形式和体例。唐宪宗时，宰相李吉甫撰写的《元和郡县图志》，是我国现存最古老的一部舆地总志，史料价值很高；唐懿宗时，樊绰搜集有关云南地区的史料写成的《蛮书》，是研究今天云南地区各兄弟民族历史的最珍贵的文献；唐德宗时，宰相贾耽制作的《海内华夷图》，长三丈三尺，宽三丈，图上每一寸表示实际的100里。这幅图虽已失传，但伪齐阜昌七年（1137年）时把它缩成《华夷图》和《禹迹图》，刻于石上，现存西安碑林，《华夷图》中所绘我国山川及平面地形的轮廓，大致和今天的地图相似，这是留传下来的我国最古老的地图。

对外交往的扩大

隋唐时期，中央王朝与边疆各族和邻近各国之间，有战有和，实际控制的版图有伸有缩。对外交往在社会生活的许多领域都呈扩大态势，成为后世称道的“盛唐气象”的重要内容和标志。

> 隋唐王朝主要出于维护和扩大封建帝国的主权与领土的考虑，在不同时期和情况下，对邻近民族和国家，采取了各种不同的措施，既有成功的经验，也不乏失败的教训。其中最值得提及的是灭突厥、和吐蕃、伐高丽。

隋朝初年，突厥贵族经常带领骑兵，在东起幽州、西达河西的边界上，对隋进行骚扰。隋开皇三年（583 年），隋王朝派重兵打败了突厥，促使突厥内部发生分裂，形成以达头·阿波为首的西突厥集团和以沙钵略·突利为首的东突厥集团。唐王朝建立之初，东突厥经常侵犯唐的边疆，并把大批边疆居民掳去当奴隶。唐太宗即位以后，派大将李勣、李靖带领十几万大军，分道出击，于贞观四年（630 年）击败东突厥，俘颉利可汗，并在东突厥故地设置都督府州，置于唐王朝的控制之下。唐与西域诸国的通道，也随着贞观九年（635 年）击溃吐谷浑而彻底打开。接着，唐王朝又派侯君集率军灭高昌国，设置西州，有效地控制了西域通道。唐高宗显庆三年（658 年），发两路大军进击，消灭西突厥，在其旧境设置了许多府州，受唐王朝直接统治。隋唐时期中央王朝消灭突厥，击败吐谷浑与高昌等，总的来说带有防止骚扰、保障内部安定、发展东西贸易及开疆拓土的性质，具有进步意义。

吐蕃在今青藏高原一带。6世纪时，青藏高原上有三股强大的势力。西部是羊同，以畜牧为业；中部和北部是苏毗，以射猎和畜牧为主，部分地方也经营农业；西南部为吐蕃，已有较发达的农业。7世纪初年，吐蕃的朗日论赞吞并了苏毗，他的儿子松赞干布又击灭了羊同，统一青藏高原。在松赞干布统治时期，吐蕃社会进步较快，他曾几次向唐请婚。贞观十五年（641年）唐太宗派李道宗护送文成公主入吐蕃，松赞干布亲自到柏海迎接。唐、蕃通婚以后，双方的经济文化交流频繁，对各自经济社会的发展，都有一定的推动作用。松赞干布死后，吐蕃贵族征服了不少邻近民族，并曾一度攻占唐朝的安西四镇。但长期的战争使吐蕃人民疲于徭役，开始起义，被征服的各族也纷纷起来反抗。长安二年（702年），吐蕃赞普遣使与唐和好，景云元年（710年），唐朝又把金城公主嫁给吐蕃赞普尺带珠丹，唐、蕃又开始和好与交流。在整个隋唐时期，吐蕃虽与中央王朝有和有争，但唐王朝坚持以和为主的政策主旨，创造了妥善处理民族关系的范例。这一时期在处理与回纥等民族的关系上，也曾实行和亲政策，取得一定的成效。

高丽位于今朝鲜半岛。当时朝鲜半岛尚未统一，其北部为高丽，中部为新罗，西南部为百济。主要出于大一统的领土扩张企图，隋和唐前期，曾多次发动对高丽及朝鲜半岛的战争，但败多胜少，对两国人民都造成灾难。

虽然隋唐王朝在处理与边疆各族和邻近各国的关系方面，有得有失，但在多数情况下，这一时期的边际关系是相对安宁的，国内形势是稳定的，经济社会的发展水平在当时的世界上是领先的，这使隋唐王朝较前代统治者有更多的自信，敢于在更多的领域内实行开放政策，对外交往也呈现出前所未有的扩大态势。

在经济领域，这一时期的中外商贸交易更为频繁。凭借便利的交通和繁盛的都市，中外商品贸易的范围和种类较前代更为扩大，出口商品除丝织品外，陶瓷、茶叶、纸张文具等的种类和数量明显增多；进口商品中，除珍珠、宝石、香料、犀角、象牙等奇珍异宝以外，服食等日用品也多了起来。由于对外贸易的发达，隋朝在京城建国门外设有四方馆，管理外国商人和国外贸易的具体事务；唐朝除了管理陆上贸易的机构外，又在广州设置市舶使，这是中国历史上第一个海关机构。此外，隋唐政府为了扩大对外贸易，提高自身的威望，还实行了一些优惠政策，对外国商人在交通食宿等方面给予优待，在“朝贡”与“回赐”贸易中，也有明显的体现。当然，隋炀帝时对外国商人的“夸富”，则另当别论。

在文化领域，中外交流的范围更广，相互影响更大。因仰慕当时中国文化的灿烂，新罗、日本等国曾多次派遣遣唐使、留学生、学问僧来中国，潜心学习中国的文化艺术及科学技术。相应地，中国的一些学者也走出国门，学习外国的文化艺术，其中唐朝前期的玄奘到印度、义净到印度尼西亚学取佛经，影响和成效很大；鉴真几次东渡，并长期居住日本，在宣教受戒的同时，在建筑艺术、医药等方面，也为日本人民做出很大贡献。通过中外学者、人士广泛的往来，这一时期中国的许多科技文化传播到国外，国外的一些先进技术也传到中国。特别是这一时期佛教在中国广为传播后，对中国的文字、文章、文学创作、绘画、雕刻乃至印刷和建筑等许多方面，都增添了新的元素。

最值得重视的，是这一时期的对外开放，已深入到政治生活领域，其主要标志，是外国籍和前来中国学习的外国人士，可以进入中国的政界仕途。如大食人李彦升中国文化造诣很深，在中国参加科举考试进士及第，后来留在中国服务。波斯首领穆诺沙于开元时期两次来唐，被授予军职，留宿卫。天竺人迦叶济，唐德宗时任泾州大将试太常卿。新罗人朴球为皇帝侍从。高丽、百济也有不少人担任唐朝的武将，其中最著名的有黑齿常之、泉男生、高仙芝、王思礼等。日本文学家阿倍仲麻吕，在长安50余年，从校书郎一直到秘书监，得到很高的待遇。唐王朝允许这些外国人进入仕途，一方面是满足他们学习中国行政管理经验的愿望，另一方面，也从他们身上汲取各种可以资治的东西，并不惧怕对自身政治造成不良影响。这一现象说明，唐朝的对外开放的确是全方位的，充满了自信心的，达到了它那个时代所能达到的最高峰。

治乱兴衰的启示

隋唐时期的治乱兴衰之中，值得总结的历史经验与教训很多。对于各种具体的历史启示，我们将在本书以后的各篇中论及。这里只从宏观的历史角度，做一个概括的阐述。

统一国家的重建，以及较长时间的维护，表明秦汉建立的以汉民族为核心的统一国家形态，在经历了南北朝的治乱和隋唐的加工后，已成为历史发展的基本趋势。而隋唐时期，国家统一的长期实现，与这一时期采取的一系列维护统一的措施密切相关；分裂与割据的出现，也与统治者在一些重大问题上处置失当有关。

中央与地方的关系，事关统一与分裂的大局。针对汉末以来的历史教训，隋唐王朝建立伊始，都着力加强中央集权。三省六部制及宰相制度的确立与完善，标志着中央集权统治的成熟；在地方实行州、县两级制，在县以下的基层加强户口编制与管理，由中央政府直接任命州县官员，由监察部门定期与不定期地对地方进行专项或综合的监督考察，都使中央政府能有效地控制地方政权；废除汉魏以来的“九品中正制”，实行科举考试选拔人才，既改变了前代地方门阀垄断仕途的状况，又为中央王朝加强对国家的治理提供了有用的人才；在均田制的基础之上实行府兵制，并有意形成“内重外轻”的格局，更使中央王朝有足够的军事力量威慑和驾驭四方。当这些措施在某些地方处置失当，就会给统一局面造成严重威胁。唐玄宗时出于对边塞用兵的考虑，有意将“内重外轻”的军事力量分布变为“内轻外重”，导致了“安史之乱”，几乎使唐王朝覆灭，此后又因府兵制的彻底破坏和节度使专兵，藩镇割据愈演愈烈。唐后期的中央三省六部制及宰相政事堂议事制度遭到破坏，皇帝在扩大皇权的同时，不得不倚重宦官，又给宦官专权以可乘之机，加剧了统治集团内部的矛盾和地方的分裂与动乱。

汉民族与少数民族的关系如何，也与统一和分裂密切相关。魏晋南北朝长期分裂的局面，在很大程度上是由民族矛盾造成的。而这一时期各民族的磨合，又为隋唐的统一创造了条件。隋唐王朝重建后，民族矛盾问题已远不如前代那样严峻，但与边疆各族政权之间的关系，仍然是国家统一安定的大问题。总的来说，隋唐时期的民族关系处理的是好的，这一时期实行的许多民族政策是正确的和成功的。如对公然入侵内地，肆行残暴的一些少数民族贵族武装予以坚决的打击，有效地维护了国家的统一和人民生活的安宁。对绝大多数友好的边疆少数民族，尽量实行和睦相处的政策，以“和亲”等方式加强民族间的交往与合作，为各族人民都带来了益处。当然，这一时期的某些时候，在民族关系问题上，有处置失当的情况。如隋朝和唐朝前期对高丽的武力讨伐，给汉族人民和高丽人民都造成深重的灾难，也引发了隋唐王朝的社会矛盾，给分裂势力可乘之机。唐朝后期中央与地方藩镇的战争中，中央王朝对某些少数民族武装力量的利用与低眉，在客观上于统一无大益，而有大害。

经济利益的分配与思想文化的导向，与社会的统一和稳定关系极大。隋唐时期采取的一些经济政策与措施，比较注意照顾社会各方面和各阶层的利益，均田制、租庸调制，以及后来的两税法，就政策本身而言，是既要增加国家的财赋收入，又要维护官僚地主的既得利益，还要适当照顾百姓的生活，用心是良苦的，在总体上也较好地协调了各方的利益关系。而一旦这些政策本身出现偏颇，或在实际贯彻中“走样”，就必然伤害某一方的利益，其中在大多数情况下是伤害百姓的利益，从而酿成社会动乱。隋炀帝时期的横征暴敛，唐后期的“两税法”的变态，都严重地加剧了农民及工商业者的负担，引发了农民大起义和统一王朝的动乱与分裂。与经济利益分配同样甚至更为重要的，是思想文化的导向。汉代“罢黜百家，独尊儒术”以后，儒家思想以及忠孝仁义等道德观念，已广泛深入到社会思想文化的各个领域，并在封建法律制度中得到了完美的体现，《开皇律》与《永徽律疏》就是典型的代表，而隋律与唐律的相对稳定及其大力实施，对隋唐社会的长期统一与稳定，起到了不可估量的作用。

> 制度文明是物质文明与精神文明的保障。隋唐时期的制度革新，是广泛而又深刻的，对于当时高度的物质文明与精神文明的形成，起到了极大的推动和保障作用。这一时期制度革新的成败得失之中，有许多值得重视的经验与教训。

把握机遇，顺应时势，是革新制度的首要一环。隋文帝取代北周之际，大刀阔斧地改革北周官制，采用汉魏之制，是因为他看到了北周六官之制早已不适应当时统治的需要，汉魏以来逐渐发展起来的三省六部制，更能顺应时势所需，故能在大动作之中取得大成效。唐初推行均田制、租庸调制、府兵制，也是抓住了当时战乱之后人口凋敝、土地荒芜、经济萎靡，具有推行这些制度的物质前提和社会前提，顺应了人民需要休养生息，经济需要恢复发展，赋税需要均平，社会需要安定的时势要求。唐中期以后，改革赋税制度，变租庸调制为两税法，也是从当时实际情况出发的顺势之举。相反，武则天时期，单凭个人主观愿望，以个人专制为目标，对中央官制屡屡变更，令人目不暇接，鲜有为后人称道的地方。

集思广益，上下一心，是革新制度的一个关键。制度革新，事关重大。决策一旦失误，会造成十分严重的后果。因此，在尽可能的情况下集思广益，在统治集团内部尽量取得共识，是非常关键的。唐太宗贞观时期，注意借鉴历代兴亡的经验教训，在统治集团内部，充分发扬民主，鼓励人们大胆发表不同意见，在重大决策之前，展开争论，然后集中正确的意见，加以施行。故在这一时期出台的一些革新措施，大都比较科学合理，有利于经济发展与社会稳定，并出现了被后世称道的“贞观之治”。直接关系制度革新的隋唐时期的立法活动，在多数情况下，也都注意反复征求各方意见，参古酌今，慎重损益，对当时和后世都产生积极影响的《开皇律》和《永徽律》，就可以说是集思广益、集体智慧的产物。相反，隋炀帝时的一些所谓革新，以及唐朝中后期一些皇帝的变革，尤其是“永贞革新”，在很大程度上带有个人专断和神秘色彩，因而或是决策失误，或是难以推行，最终难免失败。

培养力量，稳步推行，是革新制度的重要保证。一般而言，顺应时势的制度革新，本身具有推行的社会基础。但革新与推行是互动的，因而在许多时候，又需要充分的准备，周密的部署，科学的步骤。其中最重要的，是培养制度革新的力量，积极而又稳妥地推行革新的制度，以降低制度革新的成本，扩大制度革新的效益。在封建时代，所谓培养力量，除了某些时候集中优秀人才外，最主要的是整顿吏治，这既是革新的内容，又是革新的保证。隋唐时期，废九品中正，行科举考试，废弃官员世袭，规定任期与回避等，既是制度革新，又是其他革新制度实施的保证。隋朝和唐朝前期推行一些重大改革措施时，革新者都十分重视聚集志同道合的力量，整肃吏治，扩大宣传力度，并加强督促检查，使这些改革措施得以有条不紊地顺利推行，这在唐前期的均田制、户口调查登记制等的实行中，反映得比较明显。相反，唐中后期实施的“两税法”本身，不失为一种顺时应势的革新，但由于当时推行这一制度的主要力量——官吏队伍的腐败与失控，在贯彻实施中上下其手，造成了立法者始料不及的严重弊端。“永贞革新”的许多内容，无疑是进步的，但因革新者没有聚集更多的力量，又操之过急，结果只能是昙花一现。

掌握动态，适时修正，是革新制度时必须坚持的一项基本原则。法立弊生。一项制度，即使创制者考虑得再周密，一旦实施之后，与多变复杂的实际情况之间，就会出现不相符的地方，而且在实施一段时间后，制度的针对性，会因被针对情况的变化而成无的之矢，甚至由治病的良药变为害民的弊政。从理论上说，制度革新是一个永无止境的过程，任何时候都不可能一劳永逸。从实践上说，则要求革新者必须始终掌握革新动态，适时修正革新措施。隋唐时期比较贤明的统治者，在革新制度的过程中，都比较注意根据实际情况而有不同的实施要求；对那些所针对的情况已经发生变化而显得过时的制度，也能适时加以修正，这在律、令、格、式的及时修订中，可以体现出来。而那些比较昏庸的统治者，则往往满足于一时一事的举动，不懂得也不愿意甚至懒于去掌握动态，适时修正，因而大都难免在“法立弊生”中苟且偷安，由革新变为保守，由进步走向反动。

经济社会的高度发展，造就了隋唐封建文明的基础，并构成这一封建文明的基本内容。国家的统一与稳定，以及制度的创新，为当时经济社会的发展提供了基本的前提和动力；而经济社会的发展，又反过来促进了国家的统一与稳定，滋润着制度的文明创新。在这种辩证的关系之中，昭示出一些值得借鉴的东西。

发展经济的一个重要问题，是调动劳动者的生产积极性。封建时代调动劳动者生产积极性的措施，主要有两条：一是刺激与鼓励劳动者增加生产；二是轻徭薄赋减轻负担。这两条措施，在几乎所有的封建王朝中都曾实行过，但程度有所不同，成效也有大小。隋唐时期，在多数情况下，尤其在前期，都比较注意实行这两种办法，如限制官僚地主占田过多，适当抑制工商业的规模，加重工商业者税收，以促使更多的劳动者归于田亩；政府出面组织兴修水利等工程，改善生产条件等，有利于劳动者增加生产，特别是农业生产。实行租庸调制、两税法，加强对户口的调查统计和对户等的评定，精简政府机构，倡导节俭之风，这些又都利于公平税赋，减轻劳动者的负担。而在灾荒时期实行的各种“荒政”，如义仓、平粜、减赋、免役、救济、就医等等，带有强烈的封建“仁政”色彩，客观上也有利于恢复劳动者的生产能力，调动劳动者的生产积极性。这一切都有效地促进了隋唐经济的恢复、发展与繁荣。

科技是介于狭义的经济与文化之间的一个因素。科技的进步，既有利于经济的发展，也有益于文化的繁荣。隋唐时期，在前代积累的基础上，科学技术有了新的明显的进步，而统治者在通常情况下，也比较注意把新的科学技术推广运用到社会的经济文化领域，使科技、经济、文化相得益彰。如这一时期发明的曲辕犁，较前代的直辕犁，有许多优点；耙和砺峄（用于水田）、碌碡（水旱田兼用），便于平治田地，除去杂质；利用水力转动的筒车，既节省人力，又能把低处的水引到山田，这些农业工具经推广运用后，大大提高了劳动生产率。纺织技术、造船技术、制瓷技术、焙茶技术、造纸技术、采矿技术、建筑技术，都有新的进步，对于手工业各领域的发展，起了很大的推动作用。主要在官方支持和倡导下发明的新的天文历算技术、雕版印刷技术，以及医药学领域的技术进步，对当时文化艺术的发展与传播，更是功不可没。

由国家出面，动员和组织各方力量，集中兴办一些大的基础工程，是中央集权的封建国家经常采取的一项发展经济的措施，也是隋唐时期经济社会得以较快发展的一条重要经验。隋和唐初大规模地营建长安和洛阳，以及对一些地处要冲的城镇的集中建设，都有利于经济尤其是商业贸易的发展。始于隋文帝、毕于隋炀帝的连接南北的大运河，对沟通南北，方便漕运以及沿河经济的繁荣，起到了不可估量的作用。唐朝前后期由中央和地方政府出面组织力量修建的许多大型的水利灌溉工程，对于保持当时农业生产在较大规模和较高水平上持续发展，贡献很大。当然，在由国家出面集中力量办大事的时候，必须注意量力而行，注意社会各方主要是人民群众的实际承受能力，否则，就会出现好心办坏事的结果，如果本来就不含多少好意，情况就可能更糟。隋炀帝修筑大运河，营造东都洛阳，就有这方面的历史教训。

> 实行对外开放，是一个国家和民族发展自身的重要途径，隋唐封建文明的高度发展，与实行对外开放的基本国策密切相关。

隋唐的对外开放，是全方位的，即不仅在经济领域和思想文化领域实行对外开放，就是一直被封建统治者视为禁区的政治领域，也实行对外开放。正是这种空前绝后的全方位的开放，给隋唐王朝社会生活的各个方面增添了许多活力，注入了许多创新的动力，造就了这一时期光辉灿烂的物质文明、精神文明和制度文明。可以说，没有这种全方位的对外开放，隋唐的封建文明就要打许多折扣。如果隋唐以后的历代封建王朝都能坚持这种全方位的对外开放，那么中国社会进步的速度和程度，完全有可能是另一种样子。

隋唐的对外开放，多数情况下是互通互利的。互通互利，是对外开放的本来含义。但历史上，也不乏以强凌弱、有来无往、有往无来、利益独霸的情况。作为当时世界上国力最强、文明程度极高的隋唐王朝，在实行对外开放的过程中，在绝大多数情况下，都能做到有来有往，平等相待，有时还能给予外来者更多的优待。这不能不被当时和后世所称道。正是因为隋唐王朝能做到这一点，才吸引了更多的外来者，在带来国外文明的同时，也传播了中国的文明；而且促使许多中国人走出国门，在传播中国文明的同时，带回了世界许多民族与国家的文明，促进了那个时代人类文明的共同发展。

隋唐时期对外开放的全方位、互通互利的特点，是隋唐王朝自身强大的表现，又是隋唐王朝强大自身的途径。在封建专制制度下，实行对外开放是需要勇气和自信的，没有勇气和自信的国家与民族，是不敢也不能实行对外开放的，尤其是全方位的对外开放。这种勇气和自信，通常植根于自身强大之中，但更重要的，是来自统治者对实行开放的正确认识之中。否则，就只能是强大之国才可以对外开放，弱小之国就必须闭关锁国。这显然不符合人类社会发展的基本规律和趋势。可以说，隋唐王朝的对外开放，既来自统治者基于自身强大的勇气和自信，又来自统治者在大多数情况下对实行开放的正确认识。正因为如此，这一时期的对外开放才持续地保持在空前的规模和水平之上，促使隋唐王朝走上强大自身之途。

在总结隋唐时期治乱兴衰的基本经验时，除了上述各条外，还有三条很重要的经验，即：广开言路，重用贤才，依法办事。“贞观之治”“开元盛世”“元和中兴”，无不因此而实现，反之，衰乱就会接踵而至。

广开言路，是治世的前提，在隋唐治世时期，是处理得较好的。封建时代的广开言路，实质就是在统治集团内部，实行一定的民主。这要求君主有一定的气度，能够虚心纳谏；臣下有一定的胆略，敢于和善于进谏。在君主专制的封建制度中，只有广开言路，在统治集团内部实行一定的民主，才能有效地防止个人决断可能造成的种种失误，实行比较科学民主的决策，使封建国家的各项方针、政策比较符合当时的社会实际，从而促进社会的发展进步。后人称颂的“贞观之治”，就是以唐太宗能够虚怀若谷地纳谏，以魏征为代表的一批大臣敢于和善于进谏为基本特征的。当政前期的唐玄宗，也是在姚崇、宋璟等一批忠直贤能之士的匡谏之中，实现“开元盛世”的。“元和中兴”时期的唐宪宗，更是对转衰为兴的谏言广为吸纳。相反，隋炀帝的拒谏饰非，导致了隋朝的覆亡。唐太宗、唐玄宗、唐宪宗后来的志得意满，不听谏言，又直接导致了治世、盛世和中兴局面的逆转。

任用贤才，是治世的关键。在隋唐治世时期，表现较为突出。唐太宗在贞观初年就强调用人要有正确的导向，用一个好人，好人都来了；用一个坏人，坏人都来钻空子。“贞观之治”的形成，与他任用一批贤良之才是分不开的。尤其是长孙无忌、房玄龄、杜如晦等人被任为宰相，对他的辅佐极大。“开元盛世”“元和中兴”时期，也是贤相毕至的时期，姚崇、宋璟、武元衡、裴度等都是后世仿效的一代名相。除了相才外，凡治世时期，又都十分重视对州县等亲民官员的任用，唐太宗、唐玄宗都是把州县长官的人选牢记在心的，并不时亲自加以简拔。通过广开言路、科举考试等途径来发现、选择人才，不避亲仇，不讲门第，坚持以德才为标准，以有无实绩任用升降官吏，也是这一时期治世得以形成的关键所在。一旦最高统治者背弃这些根本的原则，远贤近佞，朝政马上就会出现弊端，乃至酿成大乱。唐玄宗后来对李林甫等奸佞之辈的任用，就导致了“安史之乱”的爆发。

依法办事，是治世的重要保障，在隋唐治世时期，也比较明显。多少年来，人们有个误解，似乎在封建社会，是无法制可言的，也谈不上依法办事。其实不然。只要稍微仔细研究一下封建社会的历史，就会发现，封建社会中，是有法制可言的。尤其隋唐时期，更是中国古代法制建设取得辉煌成就的时期。而这一时期的治乱盛衰，又都与法制建设的好坏直接相关。隋文帝的“开皇之治”，与《开皇律》的制订和实施不无关系；隋炀帝时期的衰乱，更是直接与法制被践踏相关，这是几乎所有研究这一时期历史的人们所无可否认的事实。贞观时期的唐太宗，更是强调法律的统一、稳定和严格执行，有许多典型的事例，表明这一时期的确做到了有法必依，赏罚严明，并出现了一批能坚持依法办事的良吏、循吏，他们在这方面的所作所为，就是在现代社会中也堪为楷模。

正是因为有这样一批坚持依法办事的官员，才能使社会上遵纪守法蔚为风气，使守法为国者能得到扶持重用，使贪赃枉法者能受到严厉惩处。就是皇帝本人，有时也不得不在他们面前收敛自己不够检点的言行。这又在一定程度上使君主专制下可能发生的不法行为得到遏制。当然，在封建君主制度下，又是不可能做到完全依法办事的。专制皇权及其代表的封建剥削阶级的利益，总要与法制相冲突的，即使这个法制本来是由他们自己制定并基本上代表了他们的意志的。这也就决定了依法办事，只能是暂时的，不能坚持到底，由此而来的封建治世，也只能是一时的，不能长治久安。“贞观之治”后的武则天的坏法，“开元盛世”后的“安史之乱”，“元和中兴”后的国家再度分崩离析，从一定意义上讲，也是君主专制与依法办事相冲突的必然结果。

顺应时势的统一者
隋文帝的武功文治

久乱之后，人心思治，久分之中，孕育一统。这时，只要顺应时势，是极易取得成功的。但，易得者，又往往易失。因为顺势成功的人，功成之后，是极易放纵自己本性中需要克制的东西的。而一旦自我失控之后，所作所为就会与初衷大相径庭，使成功之中，潜伏下失败。在隋文帝杨坚身上，我们就看到了这一点。

隋文帝杨坚，是隋朝的开国皇帝。魏晋以来持续数百年的由分裂走向统一的大业，在隋文帝手中得以最后完成；封建时期的许多重要典章制度，在隋文帝统治时期得到整合与创新，并给后世以很大的影响。但是这位值得称赞的一代良主，晚年的很多作为，又给臻于至治的王朝播下了衰乱的种子。

一个充满神话色彩的人物诞生后，凭借祖辈的勋业扶摇直上。使用各种手段铲除异己和敌对势力，实权在握，步步紧逼。周静帝终于以“禅让”的形式将皇位腾给杨坚，宇文氏的周朝变成了杨氏的隋朝。

西魏大统七年（541 年）六月，杨坚出生在冯翔般若寺。据说，当时寺院内紫气缭绕，祥云笼罩。天明，从外地来了一个尼姑，声称这个小孩生来异常，不可按世俗的方法抚养，便把杨坚带到另外的地方照料。史书上还说杨坚的头上长角、身上有鳞甲，有玉柱直通头顶，眼中神光外射，手上有像“文”字的纹理，身材上长下短，面部表情威严庄重，不苟言笑。完全是一副“真龙天子”的形象。

其实，杨坚诞生的神话，与避讳其生母吕氏出身微贱有很大关系。杨坚是东汉以来有名的“弘农杨氏”的后裔。杨坚的先祖杨震，曾是东汉的太尉，以后祖宗几代都是北朝高官。杨坚的父亲杨忠，因在宇文泰执政和宇文觉建立北周的过程中功勋卓著，被赐姓普六茹氏，封随国公。杨坚的生母吕氏是杨忠在东游时所娶，家境贫寒，在当时的社会上没有地位，故杨忠与吕家后来失去了联系。在封建时代的上层社会中，父母出身微贱，是一件耻辱的事情，所以用天降祥瑞的迷信加以弥补和掩饰。

凭借着“弘农杨氏”祖辈的勋业与地位，杨坚在宦海中一帆风顺。

从 14 岁开始，他就进入仕途。在北周的官场中，他可谓一帆风顺，步步高升，37 岁时便当上了大前疑（相当于丞相）。当时统治北周的宣帝年少无知，又非常昏庸荒淫，上下都有怨愤。杨坚乘机欲取而代之。周宣帝后来有所警觉，曾在召杨坚进宫前，暗嘱卫士：“若他表情一旦有不正常之处，就立刻杀掉。”但杨坚却能做到不动声色，使周宣帝无法下手。为了逃避周宣帝的猜疑，并掌握地方实权，在内史上大夫郑译的帮助下，杨坚出任扬州总管，准备南伐工作。正在这时，周宣帝病重。在召来小御正刘昉、御正中大夫颜之仪欲托后事时，已不会说话。刘昉与郑译、杨坚密谋，矫诏让杨坚做辅政大臣，杨坚乘机控制了京师卫戍部队。周宣帝死后 3 天，才宣布消息，让 8 岁的宇文衍即位，史称周静帝。杨坚掌握了军事、政治大权，接着又自任丞相，设丞相府，拉拢重用高颎等具有政治才能的人，使相府成为中央真正的决策机构。

为了彻底控制朝政，并取代周室，杨坚在这一时期使用各种手段，采取各种措施，为自己登上皇位铺平道路。

首先是剪除周朝宗室宇文氏的势力。

在执政初年，杨坚曾以欺骗的手段，把周宣帝的弟弟宇文赞劝回家中，使其远离了朝政。之后，又采用阴谋手段，诛杀了宇文泰的 5 个儿子，并对周朝宗室大开杀戒，宇文氏的势力基本被消灭。

然后是宣布废除周宣帝时的严刑峻法，停止一些土木工程，以此争取人心，取得广泛支持。

与此同时，杨坚出动当时所能控制的全部军队，镇压地方起兵的敌对势力，派韦孝宽攻打在相州发难的尉迟迥，派王谊攻打在郧州起兵的司马消难，派梁睿攻打益州反抗的王谦。经过半年的战争，平定了三方武装反抗。

在平定三方武装反抗的过程中，杨坚又为自己登基采取了一系列措施，如自封为相国，让自己的几个儿子分掌军政大权，宣扬自己的家世，废除周朝皇帝对汉人的赐姓，使其各复本姓，以获得汉人的普遍拥护。

各项准备工作基本完成后，杨坚征求了亲近下属的意见，一致认为取代周朝的时机已经成熟。581 年 2 月，周静帝被迫退位，以“禅让”的形式把皇位让给了杨坚。杨坚因自己继承父亲的随国公封号起家，故称随王，把新朝国号定为“随”。但他感到“随”字有“辶”，与走同义，不大吉利，便改“随”为“隋”，改元为开皇。

杨坚建立隋朝以后，立即着手进行统一全国的战争准备工作。原本依附于北周的后梁，轻而易举地被攻克。腐败无能的南陈王朝，也是不堪一击。北部边疆的突厥，在软硬兼施下分裂衰弱，不再成为威胁。一个侔于秦汉的统一的封建帝国，在隋文帝手中重建。

隋朝建立以后，杨坚在革新内政，巩固中央集权的同时，积极进行统一南方的工作。

南朝的梁朝亡于陈霸先后，西魏立萧詧于江陵称帝，为后梁，一直是北朝的附庸。杨坚代周后，为了巩固内部，进行了改革，对后梁政权则采取笼络的政策。当杨坚的统治已经巩固，经济与军事力量有了较大发展，并为统一江南做好准备后，自然不能再容忍在自己的疆域内存在一个独立王国。开皇七年（587 年）八月，杨坚邀请后梁帝萧琮到长安，乘机派崔弘度率大兵以助其防守为名，开进江陵。梁国百官率男女十余万人投奔陈朝，梁国遂亡。

这时地处江南一隅的陈朝皇帝陈叔宝，史称陈后主，仍然生活在“无忧天子”的梦想之中。他大兴土木，建筑了临春、结绮、望仙三阁，所有的门窗栏杆都用珍贵的沉香木、檀香木做成，微风吹来，满院生香。三阁建成后，陈后主和他宠爱的妃子张丽华、孔贵妃，带着江总、孔范等人，经常登临游宴，并作《玉树后庭花》《临春乐》等乐词，整天沉湎在歌舞酒色之中。上层社会极端奢侈腐化的生活，加剧了对百姓的盘剥欺压。当时在南方流传着这样一首歌谣："桃叶复桃叶，渡江不用楫，但度无所苦，我自迎接汝。"反映出陈朝人民十分痛恨这个腐朽的统治集团，渴望有人来消灭这个政权。

在陈朝君臣醉生梦死的时候，杨坚灭陈的计划也在紧锣密鼓的推进中。陈后主即位之际，杨坚就派大将韩擒虎任广州总管，进驻庐江，派贺若弼任吴州总管，隔江钳制陈朝首都。开皇八年（588年）末，设置淮南行台省于寿春，以次子晋王杨广为尚书令，总领平陈战役，以杨广、杨俊、杨素为行军元帅，发兵50余万，杨广出六合，杨俊出襄阳，杨素出永安，刘仁恩出江陵，王世积出蕲春，韩擒虎出庐州，贺若弼出广陵，燕荣出东海，在东起大海，西至今四川的整个长江沿岸，八面出击，水陆并进，大举攻陈。

隋兵步步进逼，陈朝边关上书告急，陈后主置之不理，还大言不惭地说："王气在这里，从前齐兵、周兵来攻，都无功而返，今天隋军前来，又能怎样？"大臣孔范自称文武双全，也奉承说："长江天堑，自古以来阻隔南北，隋军能够飞渡吗？这肯定是边将想邀功，妄言奏事。"于是，便把告急的边报压了下来。此时，朝廷上下忙于元旦的大庆筹备。建康的十几万军队全无防备，而一再请战的萧摩诃等将领，却得不到重用。

元旦之夜，陈朝皇宫里灯火辉煌，满朝文武围着一桌桌丰盛的酒席，恣意狂欢，陈后主喝得酩酊大醉，昏昏沉沉，十万火急的军事奏报未拆封便丢在床下。守卫采石矶的将士，也一个个喝得东倒西歪。隋将韩擒虎乘机率领500人夜渡采石矶，全歼酣醉的陈军。翌日晨，大将贺若弼乘漫天大雾，偷渡长江，陈朝守军竟毫无察觉。隋军以迅雷不及掩耳之势占领江口，直奔陈朝首都建康。隋军兵临城下，陈朝大将萧摩诃与不学无术的孔范出来迎战。隋军集中力量先攻孔范，守军招架不住，大将任忠投降韩擒虎，引隋军进了朱雀门。守城士兵准备抵抗时，任忠对他们说："老夫尚且选择投降，你们为何还要起事？"陈军一哄而散。其他各地陈军也纷纷投降。躲在景阳宫内的陈后主及文武百官，全都做了俘虏，陈朝灭亡。

隋文帝以摧枯拉朽之势南伐之际，对威胁北部边疆的突厥族采取软硬兼施的办法，予以控制。杨坚初执周政，便以千金公主嫁突厥，与之和亲，缓和双边关系。代周以后，突厥贵族沙钵略可汗以为周复仇为名，大举南下，攻掠今甘肃和陕北一带。文帝派杨弘、高颎等率兵击败沙钵略。为阻止突厥南下，又在开皇元年（581年）、六年（586年）、七年（587年）三次征发兵夫修筑长城，与原来北齐所筑长城连接，加强对北部诸州的守备。在此期间，突厥因内讧分裂为东西两部，西突厥向西发展，东突厥逐渐南附，受隋朝控制，北部边防渐趋巩固。

隋朝统一南北，并控制了突厥以后，使历经数百年的分裂割据、动乱不已的国土重归统一与稳定。到隋朝极盛之时，国境东南至海，西至且末，北至五原，东西9300里，南北14815里，户近900万，人口近5000万，一个比肩秦汉的统一的大帝国再现了。这其中既有隋朝统治者的功劳，但更为重要的，却是各族人民反对分裂、渴望统一安定的历史大趋势使然。

当初拥戴杨坚代周的几人满以为自己会得到重用。杨坚心中却十分清楚，他们多是阿谀奉承之辈，难堪大用。于是，他重用了以高颎为代表的一批贤德之才，对久乱之后的内政多有整治与革新，促使国家走向兴盛。

杨坚能够以隋代周，刘昉、郑译等人出力颇多。杨坚当上皇帝后，这些人恃功自傲，满以为会得到重用，可以攫取更大的权力。但杨坚深知这些人在北周时就多是依靠阿谀逢迎得宠的，并不具备治理国家的才能。他曾明确表示：没有这几人，我就没有今天。但我知道他们是不堪重用的反复无常的小人。我若重用他们，他们也不会老老实实做事；若不用他们，他们就会满腹牢骚，蓄谋叛乱！因此这些人很快被疏远、罢免或者诛杀。一批享有盛誉的贤德之才，受到重用。如高颎被任命为尚书左仆射兼纳言，虞庆则被任命为内史监兼吏部尚书，李德林为内史令，韦世康为礼部尚书。后来又提拔了颇有军事才能的杨素和极具经济头脑的苏威等人。

在建立新的领导集团之后，杨坚对久乱之后的内政，进行了一系列整治和改革。

北周官制多模仿《周官》设置，混乱不堪。杨坚执政后，接受崔仲方的建议，恢复汉魏之制。在中央，设三师、三公及五省。三师，即太师、太傅、太保，不掌实权，不置官署，是给予德高望重者的荣誉职衔。三公即太尉、司徒、司空，虽置僚属，有参与国家大事的责任，但也只是顾问性质，没有实权，且不常设。五省，即尚书省、门下省、内史省、秘书省、内侍省，是真正的权力机构。其中内侍省是宦官机构，只掌管皇宫中的琐事；秘书省掌管国家图书历法，比较清闲，这二省在五省中居于次要位置。门下省和内史省都是协助皇帝执政的决策机构，掌管机密，共议国政，并负责审查皇帝发布的诏书，批阅大臣的奏章，对皇帝提出自己的意见或建议，对奏章可以驳回或另行处理。尚书省是主持日常政务的机构，置尚书令和左右仆射各一人，下设吏部、礼部、兵部、度支（后改称民部，唐时避李世民讳，称户部）、都官（后改称刑部）、工部等6部，分掌各项行政事务。

在地方，北周仍实行州、郡、县三级制，当时全国有211州，508郡，1124县，每州所辖平均不到3郡，每郡所辖平均只有2县，"民少官多，十羊九牧"的状况非常严重，造成极大的财政浪费。开皇三年（583年），杨坚下令废郡，实行州、县两级制，又合并了一些州县，裁汰了一批冗官，既节省了开支，又有利于政令的推行。

针对东汉以来地方势力威胁中央政权的情况，杨坚在改革中央和地方官制时规定：九品以上官员全部由吏部统一任免，并且每年都要接受吏部的考察；后来又规定，刺史、县令三年一换地方，以防形成地方割据势力；县佐不能任用本郡人，以免豪强地主把持地方行政。

为了限制士族门阀把持选举，加强中央集权，杨坚还于开皇年间废除汉魏以来的"九品中正制"，创行科举考试之制。当时科举大体有两种，一类属临时的特科，有贤良、志行修谨、清平干济等科；一类是常设科目，有秀才、明经、进士等科。隋朝的一些重要人物，如刘悼、王贞、杜正玄、杜正藏、许敬宗等都是秀才出身，房玄龄、侯君集、孙伏伽等都是进士出身，孔颖达、韦云起等都是明经出身。

北周的刑律十分混乱而又残酷。开皇初年，杨坚即命人着手制订新律。开皇三年（583年），苏威、牛弘等制成《开皇律》。《开皇律》废除了北周刑律中枭首（即杀头）、镮身（即车裂）等酷刑，将刑罚定为死、流、徒、杖、笞五等；确定了“十恶”罪名（即谋反、谋大逆、谋叛、恶逆、不道、大不敬、不孝、不睦、不义、内乱），并规定谋叛、恶逆、不道等十恶者不在赦免之列；优待贵族、官员，对他们的一般犯罪，予以减免，可分别按照情况享受议、请、赎、官当等特权。《开皇律》在篇章体例上继承了《北齐律》“法令明审、科条简要”的特色，对后世的封建法典产生了重要影响。在杨坚统治的前期，比较重视依律办事，他本人也有一些不徇私情、秉公执法的事例。

对于北朝以来的均田制等经济制度，隋文帝予以沿用。同时，从当时的实际情况出发，有所革新与调整。如针对北周以来人民为逃避赋税徭役而隐瞒户口和诈老诈小等情况，实行保（五家为保）、闾（五保为闾）、族（四闾为族）的户口编制；在此基础上采取“大索貌阅”（即调查核实户口）和“输籍定样”（即根据财产等情况评定户等，作为征收赋税的根据）两项措施，以尽量准确地掌握全国户口和赋役对象。推行均田制时，在尽量多给一般民户分配土地的前提下，对贵族官员给予一定数额的职分田、永业田、公廨田，以节省财政开支，增加国家收入。对劳动人民负担的租、调、力役，根据不同地区的不同情况，予以适当调整，以尽量公平赋税，调动了劳动者的生产积极性。此外，为发展生产，保障供给，隋文帝还组织力量开凿了通济渠等大型水利工程；在关东等地广置粮仓，并设立主要用于灾年救济的“义仓”；下令改铸五铢钱，完全废除其他古币和私人铸币，只准五铢钱流通，并统一其他度量衡，以利于工商业的发展。

隋初仍沿用西魏、北周以来的府兵制，士兵和家室、土地自成一体，不受地方州县辖制，且影响国家的租税收入。灭陈之后，杨坚于开皇十年（590年）对府兵制进行了较大改革：所有军人的户籍全部归入当地州县，土地分配和赋税征收也与原来的农民一样，只是他们仍有军人职责，受军府管辖。这种兵归于农、兵农合一的措施，既增加了国家的财政收入，又加强了政府对军人的控制。与此同时，杨坚又下令，除边疆和京师守卫军队以外，其余部门的兵器等军事装备应停止制造，民间兵器应全部销毁；军人子弟应尽力改从学文，功臣后代应熟读一经，作为做官台阶。开皇十五年（595年）、十八年（598年）又曾严令收缴民间兵器和大船。这些措施，当然含有明显的加强中央集权、严防作乱的政治意图，但在客观上，也有利于偃武修文的相对安定的社会环境和风气的形成。

在隋文帝统治时期，国家由分裂走向统一后，国内政局基本上保持稳定，政府的行政工作颇有效率，没有发生大的社会动乱。法制建设基本上是健康的，吏治也比较清明。隋文帝还经常亲自审问囚徒，甄雪冤滥，对贪污受贿的官员，严惩不贷，使人知法畏法，不敢轻越雷池。他还非常注意身体力行，关心百姓疾苦，倡导节俭之风，并注意发现和表彰政绩突出的各级各类官员，倡导优良仕风。开皇二十年（600年），齐州有个小官王伽，执法认真，关心百姓，能使归家的罪犯自己按期到京城报到，隋文帝知道后，深为感动，立即召见王伽，同时敕令全国官员向王伽学习，以诚待民，以增强百姓对国家的信任和对朝廷的拥戴。

当时经济社会的发展，也达到空前的程度。无论是农业，还是手工业、商业，以及科学技术领域，都有新的进步。其中最令人惊叹的，是当时粮食的储备情况。据历史记载，主要由于农业生产的发展，收获的增加，同时也由于政府非常注意储积粮帛，当时全国几乎所有的仓库，特别是一些大的仓库，如洛口仓、黎阳仓、含嘉仓等，经常是粮满为患。有人估计，到开皇末年，天下的储积，可供五六十年使用。库藏之多，亘古未有。到唐朝贞观十一年（637年），马周对唐太宗说："隋家洛口仓的储积，为李密占据，西京（长安）的府库，也为本朝所用，至今没有用完。"马周的言语，颇含对隋炀帝贪婪聚敛而又为他人作嫁衣裳的讽刺，但隋朝灭亡20多年后，他们储积的粮食布帛还没有用完，库藏之丰，也确实惊人。

> 晚年的杨坚，与前期大相径庭，判若两人。他内怀猜忌，对功臣勋将大开杀戒；苛察的本性，使《开皇律》成为具文；自身的不学无术，发展到后来的废除学校；对佛怪的崇尚，反映出他的某些意图和某种程度的无知；节俭的外表下露出了贪婪奢侈的欲望；惧内与不明，导致太子易人。封建专制时代的一代良主，在晚年埋下了乱亡的种子。

隋文帝是凭借祖辈勋业，通过使用阴谋诡计登上皇位的。以己之心，度人之腹。他对自己手下的文武大臣，不能不时时警惕，处处猜忌。到了晚年，猜忌心更重。稍有不合，或弃或杀，毫不留情。如当年帮他讨伐敌对势力王谦的功臣梁睿，只因任益州总管时颇得人心，便使他生疑，终被罢官；平尉迟迥和平陈之战中素有大功的王世积，在遭受没有任何根据的诬陷之辞后，被立即处死。在安抚突厥和灭齐之战中曾立下大功的虞庆则，后来在讨伐李贤叛乱的回师途中，曾指着一个地方说这里易守难攻，被人告发后，隋文帝即以谋反罪杀了虞庆则。在南征北战中屡立战功的史万岁，被杨素埋没功绩，并被诬告是废太子杨勇的同党，隋文帝召史万岁进朝时，史因蒙在鼓里而大谈自己及所率将领的功绩，言辞直爽而激烈，文帝大怒之下，将史万岁乱棍打死。就连他很早就视为心腹，亲密无间，委以重任，多有建树的高颎，因在废立太子的过程中恪守正道，也遭到猜忌。当有人诬告高有谋反之意时，文帝不做任何核实，就剥夺了他的全部官职。杨广即位后不久，便杀了高颎。

开皇初年，文帝命人制定的《开皇律》，取适于时，刑网疏阔，为后世称道。到了开皇末年，他把自己亲手制定的刑律置之脑后，以苛察的本性，肆意法外用刑。他经常派人四处查访，凡稍有过失者，即加以重惩。鸿胪少卿陈延主管接待四方宾客的宾馆，只因庭院中发现有马粪，文帝便命人把专门负责宾馆的主客打死，陈延也被打成重伤。为便于行刑，他命人在宫廷中放置杖棒，稍不如意者，当场施以杖刑，有时一天要打死好几人。为了禁止社会上的偷窃行为，文帝命天下人相互揭发，凡属实者，没收被告者全部财产，赏给告发者。这个办法实施后，盗窃罪很快开始减少。但不久便引发另一种现象，即有人故意把东西扔在别人面前，若东西被人捡起，则捡者被捉送官府，成为人赃俱在的“窃贼”，他的财产便要移交给故意扔东西之人。许多人因此破产，一些无赖则因此而发家。后来，文帝干脆发布更严厉的诏书：凡偷窃 1 钱以上者都应杀头，还要抛尸示众；凡地方官吏受贿 1 钱以上者，知情者不去告发，也要处死；4 人共偷 1 只桶，3 人合窃 1 只瓜，只要被抓住，就要杀头。开皇初的刑罚适中，到杨坚晚年终于变成严刑苛法，乃至滥杀无辜。

隋文帝本是个不学无术的人，这一点，他自己也曾供认不讳。在他执政的前期，虽然不得不重用一些有学问的贤德之士，但他骨子里是看不起读书人的。由于认为文化无用，他便不大重视建立学校。仁寿元年（601 年），他下令全国只保留供王公贵族子弟读书的国子监，废除郡县的所有学校。

与不重视文化教育相反，也可以说是相应的，是他非常迷信佛道、符瑞、阴阳五行和各种鬼怪。他在北周初任丞相时，便表现出对佛道的高度重视。称帝之年，即下令听任天下百姓出家做和尚、道士，在各地大建佛寺，当时民间的佛经比儒家的六经还要多出 10 倍。开皇二十年（600 年），又下令凡毁坏佛像及其他神像者，一律处死。仁寿元年，还大张旗鼓地派员到 30 个州送佛骨，建佛塔，大做道场，令州、县停止办公，专门做佛事。主要出于维护自己皇位的需要，他对符瑞之说大加提倡，本是学者的王劭，猜到了杨坚的心事，便编造、搜集了种种“符瑞”，撰写出多种图谶纬书，受到文帝的赏识，一大批效仿者因此而升官发财。

早年的杨坚，以节俭和仁慈闻名，史籍中也载有不少这方面的典型事例，但这种节俭的外表，终于掩饰不住他奢侈、贪婪的本性。杨坚称帝的第二年，他便以旧长安城规模太小，且宫中经常“闹鬼”为由，下令在旧城西北修筑新都城，并于年底完工，因他最早的封爵是大兴郡公，新城被命名为“大兴城”。到开皇十三年（593年），他对大兴城失去了兴趣，又以杨素为总管，宇文恺为主要设计者，在岐山营造仁寿宫。杨素为讨好文帝，督促民工非常严苛，两年时间，死者达数万人，仁寿宫终于在民夫的白骨上建造完成。文帝初次去验工，听说杨素把大量死亡的民工埋在这里，表示很不满意，觉得有伤自己“仁慈”的面孔。他的皇后独孤氏却说：“我们年纪已老，没有其他可以娱乐的地方，如今是太平盛世，这点享受也不算罪过，杨素能为我们设想，是个忠臣。”杨坚听完，态度大变，立即赏赐杨素铜钱百万，锦绢3000段。开皇十八年（598年），他又在仁寿宫和大兴城之间，修筑行宫12座，专供往返途中娱乐休息。后人读史到此，评说道，文帝在那个时候，北边筑长城，东边巡泰岳，又修仁寿宫和行宫12座，丁夫死者数以万计，接二连三地大兴土木，役使百姓丁壮，就是没有炀帝后来的骄淫，老百姓也几乎没有求生的余地了！

杨坚的皇后独孤氏，是北周重臣独孤信的女儿。杨坚因专权而称帝，与独孤氏有很大关系。独孤氏才能出众，且嫉妒心极强。杨坚对自己的这位皇后，一直心存畏惧。为了讨独孤氏欢心，他曾发誓绝不与其他女人生子。杨坚称帝后，独孤氏便经常参与政事。杨坚上朝，独孤氏与他同车相随，停在宫门外，并派宦官跟随他上朝，一旦发现他对朝政处理有失当之处，便出来报告，独孤氏便把自己的意见转达进去，杨坚便马上改正。杨坚退朝后，二人再同车回到寝殿。由于杨坚处处顺从独孤氏，独孤氏便成了不坐殿的皇帝，当时宫中把二人合称“二圣”。平时，在独孤氏的严密监视下，杨坚与后宫的嫔妃根本不敢亲近。一次，杨坚在后宫偶然发现一个宫女很有姿色，心血来潮，亲热了一番。不想，很快就有人把这件事报告给了独孤氏，独孤氏随即命人暗杀了那个宫女。杨坚非常窝火，又不敢公开发作，为发泄胸中闷气，骑马在野外狂奔。高颎等人劝说杨坚“岂能为了一个女人，而放弃自己治理天下的责任”。高颎的话后来传到独孤氏的耳中，她便时常在杨坚跟前说高颎的坏话，高颎终被罢官。

也多亏了独孤氏的威压，杨坚在独孤氏死前（独孤氏死时杨坚已 62 岁），没有走上荒淫之路。只是由于独孤氏喜欢次子杨广，杨坚本就惧内，加之听信谗言，便废了长子杨勇，立次子杨广为太子。虽然据传说，在他临终之际，发现了杨广种种不善行为，并有重新立杨勇为太子的打算，但为时已晚。他晚年埋下的种种不良种子，在炀帝杨广时期广为生发，终于结出了衰亡的恶果。

张弛失度，重负覆舟
隋炀帝的大业与亡国

文武之道，一张一弛，是古代治国的至理名言。无论是谁，要想治理好国家，要想建功立业，必须掌握好这条原则，做事适度。一个再如何聪明有为的帝王，如果一切不从实际出发，不考虑百姓的承受能力，不愿听到真实情况的反映，做事过度，一意孤行，就会事与愿违，落得个可悲的下场。

提起隋炀帝杨广，人们都知道他是历史上有名的暴君，隋文帝开创的一统江山，就断送在他的手中。其实，隋炀帝时期，还是多有建树的。他的主要问题，是不切实际、好大喜功，张弛失度，并且过分奢靡，拒谏饰非，终于重蹈二世而亡的覆辙。

从少年起，杨广就历负重任，有些功业。乘兄长杨勇有失检点之机，杨广以矫情得宠，以离间栽赃等手法夺得太子之位。在杨坚病危，准备重立太子的危急关头，杨广以果断凶狠的动作，抢登皇位。

杨广是隋文帝杨坚的次子，又名杨英，小字阿麽。他生来眉清目秀，容貌出众，气度不凡。当杨坚还是北周大臣时，就因父亲的功劳被封为雁门郡公。文帝开皇元年（581 年），又封为晋王，并担任并州总管。这时杨广才 13 岁。

隋文帝开皇八年（588 年），杨广被任命为伐陈的最高统帅，率领 50 余万大军，于次年灭掉了陈朝。隋军进入陈朝首都后，杨广诛杀了陈后主身边的施文庆等佞臣，又收图籍，封府库，资财一无所取，表现出一个政治家的方略与气度。在此后的内征外战中，又多有功绩。

随着政治资本的增加，杨广妄图继承皇位的野心滋长起来。只是杨坚称帝不久，就立长子杨勇为皇太子，成为法定的皇位继承人。杨广明白，要夺取太子之位，必须讨得父皇母后的欢心，并且要有自己的亲信党羽的配合，按照这两条策略，他同杨勇展开了一场惊险残酷的争夺战。

杨坚是一个注重节俭的皇帝，独孤氏是一个嫉妒心极强，痛恨男子宠爱姬妾的皇后。太子杨勇则缺少心计，我行我素。他有一套蜀人精心制作的铠甲，还嫌不够华丽，又装饰上漂亮的纹饰，杨坚见了，很不高兴。他明目张胆贪恋女色，把父母为他娶的嫡妻元氏冷落在一边，恰巧这位红颜薄命的元氏突遇心疾而亡，独孤皇后误以为被杨勇毒死，早已对他心存芥蒂。冬至那天，杨勇大张旗鼓地接受百官的朝贺，更引起了隋文帝的猜忌。父母都不喜欢这个太子，杨勇的太子之位开始动摇了。

杨广呢？则要比杨勇聪明得多。为了博得父母的欢心，他只和王妃萧氏同处，一旦和后庭女子同居生了孩子便赶紧杀掉。有时杨坚和独孤氏到杨广府中，他便把年轻美貌的姬妾藏起来，让年老丑陋的仆人穿上粗劣的衣服出来服侍，还故意弄断乐器上的弦，不拭灰尘，杨坚夫妇见杨广节俭而又不好声色，非常喜欢。每当父母派人来时，杨广和萧妃都亲自到门口迎接，并用丰盛的酒席招待，临走再送些礼物，来人回去后便在杨坚夫妇面前大肆称赞杨广仁孝。杨广还用同样的方式奉承朝中大臣，其声望自然越来越高。

与此同时，杨广开始离间陷害太子杨勇。他在赴任扬州总管、入宫辞别母后时，跪在独孤氏面前痛哭流涕，好像离开父母心里非常难过的样子，又好像受了很大的委屈。他说："我平时以至诚对待兄弟，不知为何得罪了太子，早晚要遭毒手，死在他手里！"独孤氏想起太子的种种劣迹和杨广平日的仁孝，当即表示要为杨广做主。随后，杨广又接受亲信宇文述的建议，用金钱贿赂深得文帝宠信的大臣杨素。杨素一方面在文帝夫妇面前称颂杨广，攻击杨勇，促文帝另立太子；另一方面，他在朝中大肆活动，广造舆论，诽谤太子，甚至还利用阴阳天文之术，诬陷太子谋反。于是，文帝对太子采取了一系列防范措施。太子惊慌失措，试图用迷信之术摆脱厄运，这又给杨素污蔑太子图谋不轨提供了证据。文帝盛怒之下，将杨勇贬为庶人。

杨勇被废不久，杨广如愿以偿，被立为皇太子。

仁寿四年（604年），文帝病卧仁寿宫。杨广与尚书仆射杨素、兵部尚书柳述、黄门侍郎元岩入宫侍疾。杨广急不可耐，询问杨素如何处理后事，不料杨素的回信被送到文帝手中，文帝看后非常生气。这时文帝宠幸的宣华夫人陈氏入侍，杨广在门外遇见后动了情欲，动手逼奸，文帝闻听大怒，悔立杨广，命柳述、元岩速召杨勇进宫，想重立太子。杨广得知这一消息后，立即命心腹宇文述、郭衍率东宫卫士包围皇宫，撤换文帝的卫士，赶走服侍文帝的后宫姬妾。据说又派人入宫杀了文帝，并矫诏囚禁了柳述、元岩，杀掉了杨勇。这年七月，杨广登上了皇帝的宝座，改元大业。

> 杨广即位后，曾对文帝晚年的一些朝政有所革新。同时，凭借文帝积攒的雄厚国力，掘长堑，建东都，修驰道，筑长城，开通大运河，这些大都有利于国计民生，但行之过急，超出了人民的承受能力。至于广治宫室，巡幸天下，荒淫无度等行为，则纯粹是蠹政害民之举了。

杨广即位之初，在内政方面，颇有一些善举。刚办完文帝的丧事，他就下诏免除妇人和奴婢、部曲的课役，男子成丁服役的年龄由 21 岁改为 22 岁。大业二年（606 年），遣使者 10 人并省天下州县，改变以前“民少官多，十羊九牧”的状况；次年，又改州为郡，地方行政机构成为郡、县二级制。在科举方面，创立进士科，扩大了选人渠道。恢复文帝时一度取消的国子监、太学、四门学和州县学。整理、保存图书典籍，并创经、史、子、集四部分类法。针对文帝末年法令峻苛的情况，修订法律，史称《大业律》，与《开皇律》相比，虽立法技术不甚高明，但更为轻简，除去了“十恶”之条，“五刑”改重就轻的条款有 200 余条。

为了巩固隋王朝的统治，消除分裂割据，他凭借文帝时坚实的国力为基础，修建了一系列大型工程。

仁寿四年（604 年），杨广调发数十万丁男，修建了一条自山西龙门，越黄河而达上洛的弧形长堑。大业三年（607年），发河北丁男开凿太行山，修驰道，达并州；又从榆林东至涿郡修筑长达3000里、宽百步的御道。同年七月，又调丁男百余万，修筑西起榆林，东至紫河的长城，次年又发20万丁男，再修长城。

隋朝都城长安，地偏西北，政令不易远达四境，对东方的控制更是鞭长莫及；洛阳古号中州，地处全国中心，可以控制山东，威服江南。而且，当时长安所在的关中地区物产有限，各地物资供应长安，漕运艰难，耗费很大；洛阳四通八达，“水陆通，贡赋等”。为此，早在秦汉时期，洛阳就屡次成为帝王都居的理想之地。杨广即位后，凭借文帝积累下来的丰厚财富，动用了200万民工，营建洛阳，以为东都。这项工程从大业元年（605年）开始，到次年完工。东都的建造，在当时的经济重心逐渐向南方转移的过程中，使国家的政治布局趋于合理，物资调动更加平衡。

当时修建的最大型的工程，是举世闻名的大运河。早在开皇四年（584年），隋文帝命宇文恺率水工修广通渠，由大兴城至潼关，长达300里。大业元年（605年），炀帝命尚书右丞皇甫议征调河南、河北的100万民工修通济渠，从洛阳西苑引谷、洛二水到黄河，进入黄河后，利用黄河的一段河道直达板渚，从板渚再引黄河水南流，入汴水，又从大梁以东引汴水入泗水，最后达淮水，同时征调淮南民工20余万，整修早在春秋时吴王夫差所开的邗沟，使淮水直达长江。大业四年（608年），开凿永济渠，动用百万民工，引沁水南达黄河，北到涿郡。大业六年（610年），征调10多万民工，开通从京口到余杭的江南河。这样，历时 6 年（不算文帝时开凿的广通渠），以洛阳为中心，北起涿郡，南到余杭，全长 5000 多华里的大运河，全部开通。大运河的开通，使南北贯通一气，成了以后南北经济、文化交流的大动脉。

如果说以上这些工程，虽然极大地消耗了隋朝的财力，极大地加重了人民的负担，但就工程本身而言，都具有积极作用的话，那么隋炀帝广治宫室，巡游天下，荒淫无度的诸种行为，则基本上属于蠹政害民之举了。

早在营建东都洛阳时，杨广就命宇文恺、封德彝于城西营造显仁宫，征集大江南北、五岭以北的奇材异石，以及海内花草禽兽，充实花园。又在城西筑西苑，周围 200 里，其内有海，周围 10 里，海内修蓬莱、方丈、瀛台 3 座神山，苑内及海内的建筑布置，穷极华丽。杨广居玩一段后，即生厌烦。他命人准备了许多山川地图，亲自观看，寻找建筑宫室的理想之地。史书上说他“无日不治宫室”，一处处豪华的离宫别苑拔地而起。

与前代某些帝王贪恋京师、不愿离开一步不同，炀帝生性好动，喜欢游玩，而且出游的方式经常变换。他即位的第一年（605 年），就坐船去游江都，第二年四月才回到洛阳；大业三年（607 年），北巡榆林，直至突厥启民可汗牙帐；大业四年（608 年），又到五原，出长城巡行到塞外；大业五年（609 年），西行到张掖，接见西域使者；大业六年（610 年），再游江都；大业七年到十年 3 次亲征高丽；大业十一年（615 年），又北巡长城，被突厥始毕可汗围困于雁门；解围回来的第二年，又三游江都。直到灭亡，仍是马不停蹄地到处巡游。在位期间在京城的时间，还不足一年。其出巡主要是为了游玩，且每次出巡，气派大得惊人，花样不断翻新。如第一次游江都，造大小船只数千艘，皇帝坐的龙舟和皇后坐的翔螭舟，规模之大，装饰之华丽，令人叹为观止。妃嫔以及王公贵族等乘坐的船只，也都按规格装备，耗资巨大。出巡时，共用挽船士兵8万余人，一路上舳舻相接200余里，骑兵沿运河两岸而行，旌旗蔽野。所过州县，500里内都要贡献食物，水陆珍奇，佳肴美馔，吃不了的，多在临行时掩埋。杨广就在这仪仗千里，倾动天下，靡费资财的巡游中，享受着他做皇帝的时光。他曾讥笑那些深宫常坐的南朝帝王不能到各地与百姓相见，其实他到处游幸，并不是为了与百姓相见，而百姓付出的代价，不知要比他老老实实在京师享乐大多少倍！

杨广本是一个好色之徒。早年为了迎合母后的偏好，谋取太子之位，不得不加以掩饰。平陈朝时，听说陈后主的贵妃张丽华色冠江南，唯恐不能到手，一反往日不喜女色的矫态，急命先锋留人，可惜被高颎杀掉，杨广从此怀恨在心，最终赏了高颎一刀。父皇病危之时，侍疾中企图逼奸宣华夫人，因此差点断送了皇位。即位后，宣华夫人以为自己惹恼了新皇，必死无疑，不料炀帝派人送来“同心结”，当晚二人就同床共枕了。炀帝的后宫中，除了萧皇后和众多的贵人、美人外，还有在西苑的16院夫人和宫女数千人。大业八年（612年），杨广命江都郡每年挑选姿质端丽的童女送入宫中，无论在两都宫苑中，还是在巡游途中，炀帝都要携她们寻欢作乐。末年住在江都，仍命王世充选江淮美女送到宫中，宫中有100多房，各房美女无数，炀帝让各房轮流做东，盛排酒席，他同萧后每日都去吃喝玩乐，醉生梦死，一直到宇文化及把刀架在脖子上。

为了扩展帝国的疆域，杨广以经济和军事两手，四面出击。他对西域的大规模经营，既有安边通商之利，又充满虚荣与靡费。3次讨伐高丽，则纯粹是穷兵黩武之举，并直接引发了国内的动乱。

炀帝刚刚即位的大业元年（605年），北方的契丹侵犯营州，炀帝命通事谒者韦云起发突厥兵讨击。东突厥启民可汗发骑兵2万，交由韦云起使用。韦诈称欲向柳城（即营州）与高丽交易，契丹没有防备，韦乘机偷袭，大获全胜。这次没有动用隋朝军队的意外胜利，引起了本来就好大喜功的杨广的兴趣，也引发了他四出扩张的欲望。

大业三年（607年），炀帝开始大规模经营西域。

当时西域诸国商人多至张掖与隋朝贸易，这项工作由黄门侍郎裴矩负责。裴矩留心勘查西域诸国的山川形势、物产风俗等，并撰写《西域图记》3卷，上奏炀帝，声称以现在国家的威德，经营西域易如反掌，只是西突厥和吐谷浑控制这些国家，使朝贡不通。现在西域诸国都通过商人向我们表示诚意，如果我们进行安抚，派人出使，不动兵戈就能平定西域，吐谷浑、西突厥轻易就能消灭。炀帝见了裴矩的奏章，十分高兴，也唤起了他远慕秦皇汉武之功的雄心。他派裴矩回张掖，用重金引诱西域诸国来朝。此后，西域诸国相继往来，所经州县，送往迎来，靡费动辄以万计。

为了打通与西域交往的渠道，大业四年（608年），炀帝派司朝谒者崔君肃会见西突厥处罗可汗，处罗遣使进贡汗血马。次年，炀帝巡陇右，处罗未来相会，炀帝采用裴矩的策略，使其部下射匮击败处罗，处罗降隋，除掉了经营西域的一大障碍。大业五年（609年），炀帝派宇文述、杨雄大败吐谷浑，其王伏元逃窜山谷，隋朝在其地置西海、河源、鄯善、且末4郡，中原与西域的交通商贸基本打通。随后，炀帝派薛世雄为玉门道行军大将，率军出玉门关击伊吾，伊吾投降，薛世雄遂留兵千余人戍守伊吾。

中原与西域的交通畅通后，炀帝于大业五年（609年）西巡至燕支山，高昌王和西域27国使节同来谒见，炀帝让他们佩金玉，披锦罽，又强逼武威、张掖仕女穿上艳丽的衣服，乘坐漂亮的车马前来观看，由地方官负责督察。接见时，方圆数十里，人山人海，车马填塞，以此向西域人夸示中原的富有。大业六年（610年）正月，西域诸国酋长毕集洛阳，炀帝命在端门大演百戏，戏场周围5000步，使人都穿锦绣缯彩，歌舞者穿妇人服，鸣环佩饰以珍贵的羽毛，达3万人，声闻数十里，从傍晚直至第二日清晨，彻夜不停，灯火光烛照耀天地，一连持续一个月。自此，习以为常，而且越演越烈，国家每年仅此项耗费达亿万。西域商人请求入洛阳交易时，炀帝又命人排场一番，店肆檐宇，整齐划一，盛设帷帐，珍货充积，卖菜的小贩也要使用贵重的龙须席，以至用绵帛缠在树上表示豪华。西域商人路过酒食店，便请进去饱餐一顿，分文不要，并且要说："中原丰饶，酒食从不要钱！"

如果说，对西域的经营，主要作用还是互利、进步的话，炀帝对高丽的三次讨伐，则纯粹是穷兵黩武，给人民造成了严重的灾难。

高丽是隋朝东北最强的邻国。隋文帝开皇十八年（598年），高丽曾侵扰辽西，被隋朝的辽西总管韦冲打退。由于高丽的领土扩展到辽河并曾侵扰营州，隋文帝曾派汉王杨谅率军征伐高丽，但一败即收兵，没有再伐。到大业三年（607年），炀帝巡幸东突厥启民可汗牙帐，恰巧高丽使者也在，遵照裴矩的建议，炀帝遂胁迫高丽王高元入朝，高元拒绝不至，炀帝便以此为借口，大兴讨伐之举。

大业四年（608年）至大业七年（611年），炀帝为讨伐高丽，做了大量的准备工作。如开洛口至涿郡的永济渠以通漕运；在涿郡营建临朔宫，作为炀帝亲征的指挥所；命幽州总管元弘嗣到东莱郡督造了300艘大海船，船工昼夜立于水中，不敢稍停，自腰以下，无不生蛆，役死者达十之三四；命河南、淮南、江南等地制造戎车5万辆，送到高阳，作为陆路运输工具；命各军府大造兵器，务求精新，滥者立斩；在山东增置军府，扫地为兵；令天下富人按其资产买马备战，一匹马价值10万钱。临战前夕的大业七年（611年），炀帝亲至涿郡临朔宫，诏各地陆军，不分远近，都到此集中，又征发江北水手1万人，弩手3万人，岭南排镩手3万人，充当水军。与此同时，调发江淮以南民夫和船只，转运黎阳仓和洛口仓的粮米、兵甲到涿郡，舳舻相接千余里，往返于路者数十万人，昼夜不绝，死者不计其数，填塞于道，臭秽盈路；又发山东一带车牛和民夫，运米积于泸河、怀远二镇，仅车夫就有60多万，2人共推3石米，因道路险远，3石米还不够充路粮，至镇已无粮可交，只好逃亡。百姓耕稼失时，土地荒芜，财力俱竭，长白山王薄领导的农民起义，也就在这一年爆发了。

大业八年（612年）正月，炀帝开始了对高丽的第一次战争。隋军100余万，号称200万，分24军，另有炀帝亲率的6

军共30军。转运粮食的民夫又倍于此数。第一军出发后，每天发一军，相隔40里，经过40多天，才从涿郡出发完毕。前后相继，千里不绝。这是陆军主力。另外，由右翊卫大将军来护儿率领的水军，从东莱海口出发，指向浿水，接应陆军。来护儿的水军进到距高丽首都平壤60里的地方，打了一个胜仗，乘胜进攻平壤城，纵兵掳掠，被高丽伏兵击败，4万人的队伍只剩下几千人，逃回到船上，仓皇撤退。陆军则在大将宇文述、于仲文的率领下，渡过鸭绿江，行进中兵士不堪兵器粮饷负担之重，偷偷扔掉粮食，才到中途，粮饷已尽；高丽大将乙支文德采用诱敌深入战术，隋军攻到距平壤30里的地方，无力再战，只好退回，退到萨水遇高丽军痛击，右屯卫将军辛世雄被打死，隋军兵败如山倒，渡江的30万人仅剩不足3000人逃过鸭绿江，军资器械丢失殆尽。第一次对高丽的战争彻底失败。由于这次出征给国内人民带来无穷灾难，各地农民起义风起云涌，如齐郡王薄、孟让，北海郭方预，清河张金称，平原郝孝德，河间格谦，渤海孙宣雅等，多者数十万人，少者数万，已给隋王朝造成严重威胁。

大业九年（613年），不甘心失败的炀帝发动第二次对高丽的战争。军事部署基本与第一次相同，炀帝坐镇辽东，由宇文述、杨义臣等进趋平壤，来护儿率水军出东莱。但正当陆军到达前线，水军尚未起程时，隋朝贵族杨素之子、礼部尚书杨玄感于黎阳发动叛乱，围攻东都洛阳。炀帝得知后惊慌失措，赶忙从前线撤军，回救洛阳，军资器械等全都丢在高丽战场上，二征高丽又未成功。

两次进攻高丽的失败，国内农民的起义和统治集团的内部叛乱，使隋王朝元气大伤。但炀帝不达目的，不肯罢休。大业十年（614年），又发动第三次对高丽的战争。这年七月，来护儿的水军在平壤附近击败高丽军，高丽不想再折腾，遣使讲和，炀帝也感到自己无力再战，就借此收兵。但后来，当他招高丽王入朝不至时，又准备四伐高丽，不过其时国内的形势已不允许他再对高丽穷兵黩武了。

> 炀帝天赋不差，也有一定的文武才干。但他刚愎自用，拒谏饰非，远忠近佞，不愿也听不到真实情况。在各地农民起义和统治集团内部的纷纷叛乱中，隋朝的一统江山土崩瓦解。在宇文化及的逼迫下，他自缢于江都，“但求死看扬州月，不愿生归驾六龙”了。

在封建帝王中，隋炀帝可算小有聪明，略具文采。他对自己的才学非常自负，曾对侍臣说：“天下都说我是凭借世袭而有四海，假令让我与士大夫平等选拔的话，我也应为天子。”他经常与当时的文士计较高下，妒贤嫉能，高出自己者，总要千方百计伺机除掉。如内史侍郎薛道衡，早在北齐时，才名就冠绝南北，每有新作，上至南朝陈后主，下至一般文人，竞相吟诵。他的才名遭到炀帝嫉恨，当他被诬杀时，炀帝得意地讽刺说：“你还能作‘空梁落燕泥’的佳句不？”著作佐郎王胄，文辞为天下称道，被杀时，炀帝一边诵其佳句“庭草无人随意绿”，一边问：“你还能作此语吗？”

炀帝不仅嫉贤妒能，而且把自己的聪明才智，主要用于拒谏饰非上，他曾露骨地对秘书郎虞世南说：“我生性就不喜欢人进谏，那些威望高的人为了显名而进谏，我一听就烦。至于地位低下者，我虽能容忍一时，但终不能让他活在世上，你知道吗？”尚书仆射高颎，是隋朝名臣，无论在文帝时还是在隋炀帝时都多有建树。他见炀帝纵欲声色，大兴土木，就对太常丞李懿说：“周天元帝（指北周皇帝）好乐而亡，应接受教训，焉能如此？”炀帝对突厥启民可汗恩礼太多太厚，高颎深为国家担忧，对太府何稠说：“启民可汗知中国虚实及山川地形，恐为后患。”礼部尚书宇文敹，光禄大夫贺若弼，也同意高颎的意见，炀帝以诽谤朝政的罪名杀了3人。三征高丽后，炀帝又要去东都游玩，太史令庾直说：“陛下连年征高丽，百姓困敝，应镇抚关内，使百姓尽力农桑，喘口气，然后再去东都。”炀帝听完便杀了庾直。大臣们见炀帝如此拒谏，也就不敢再拿自己的生命开玩笑，只好随声附和，任其所为。

不听忠直之言，疏远忠直之士的另一面，是炀帝被一帮凶残歹毒、贪得无厌、阿谀奉承之徒所包围。如被炀帝宠信的大臣杨素，虽有文武之才，但十分残暴贪婪，住宅一再修饰，极其华丽，邸店、水硙、田宅以千百数计，家童数千，后庭姬妾穿锦绣之服者千数，因他专会奉迎主上，虽有人检举，也曾引起炀帝猜忌，但还是安度一生。杨素的弟弟杨约奉炀帝之命亲手缢杀了太子杨勇，炀帝高兴地对杨素说：“你弟弟果堪大用。”没几天，就封为内史令。曾帮炀帝夺嫡的宇文述，极善察言观色，随从炀帝巡游，常以奇异之物进献，因而备受恩宠。郭衍为迎合炀帝，竟劝炀帝每隔5日一视朝，以免被政事所累，炀帝不以为奸，反以为忠，说：“唯有郭衍心与我同。”尤其是在巡游中，凡搜括进献多者，炀帝就赏升，反之则贬降。最后一次游江都，江淮一带地方官来谒见时，炀帝仍然是专问礼饷丰薄，丰则超升，薄则停职。江都郡丞王世充献铜镜、屏风，迁升通守；历阳郡丞赵元楷献异味，迁江都郡丞。上有所好，下必行之，于是各地郡县肆无忌惮地刻剥百姓，竞相贡献，自己也乘机从中贪污受贿，政治日益腐败。

由于炀帝远贤近佞，拒谏饰非，不愿也听不到多少真实情况。他统治初年，农民起义已经爆发，之后，更是风起云涌。他晚上睡不着觉，要几个妇人摇抚着才能入眠。即使这样，他还是要自欺欺人，只要臣下说盗贼少就欢喜，反之，就很不高兴，轻者贬官，重者杀头。内史侍郎虞世基见炀帝恶闻盗贼，凡诸将及郡县向朝廷告急求救的奏章，都加篡改或扣押，只对炀帝说："一些狗窃鼠盗之徒，很快就会剿灭，陛下不用担心。"如此，起义者遍布海内，朝廷仍麻木不知。

到大业末年，炀帝终于认识到形势有些不妙。为了避开农民起义的锋芒，他再次南游江都。许多朝廷大臣都知道，他这时候去江都，怕是一去难返了，但谁也不敢明说。在宇文述等人的劝阻下，炀帝留下越王杨侗留守东都，自己去了江都。

在江都一年多的时间里，农民军杜伏威部向江淮逼近，攻克高邮，占据历阳。中原的翟让、李密领导的瓦岗军也击溃隋军主力张须陀、裴世基等。他们传檄周围郡县，揭露炀帝的种种罪状，说："罄南山之竹，书罪无穷；决东海之波，流恶难尽。"（意思是：把南山的竹子都砍了做毛笔，也写不完炀帝的罪恶；把东海的水放出来冲刷炀帝的罪恶，也冲刷不尽。）炀帝派王世充率江淮劲旅与留守东都的越王杨侗继续与瓦岗军周旋。这时，许多隋朝官员，见隋朝气数已尽，也纷纷起兵自立。炀帝完全成了众叛亲离的孤家寡人。

在深感末日来临之际，炀帝仍然要及时行乐。他对萧后说：“现在许多人都想推翻我，然而我最差也不失为长城公，你也不失为沈后（指亡国后的南陈陈叔宝和沈后），咱们还是饮酒取乐吧！”一天，他又照着镜子，悲观地对萧后说：“好头颈，不知谁来砍掉它！”他还准备了毒药带在身边，预备危急时吞服。

但是，炀帝最后的下场，既没有像陈后主那样做个长城公，毒药也没有派上用场。大业十四年（618年）三月，炀帝见天下大乱，无法挽回，命修治丹阳宫，准备迁居那里。从驾的都是关中卫士，他们怀念家乡，纷纷逃归。这时，虎贲郎将司马德戡、元礼，与直阁裴虔通共谋，利用卫士们思念家乡的怨恨情绪，推举宇文述的儿子宇文化及为首，发动兵变，宇文化及逼缢炀帝。这个奢侈腐化一生的帝王，死后连副像样的棺材也没有，由萧后和宫人拆掉床板做了一副小棺材，偷偷地葬在江都宫的流珠堂下。宇文化及率众离开江都后，江都太守陈棱将炀帝改葬于江都宫西侧的吴公台下。唐朝平定江南后，于贞观五年（631年），移葬于雷塘。后人作诗嘲讽说：“君王忍把平陈业，只博雷塘数亩田。”意思是，隋炀帝早年平定陈朝，统一南北，功业很大，只因荒淫残暴，葬送了一统江山，自己死后只落得几亩雷塘田葬身了。

盛唐气象的奠基者
李渊建唐述略

在社会大动乱已经出现的情况下，如何选择举旗的时机？在群雄并立、政纲废弛之际，如何收拾整顿残局？在发生严重的宫廷变故时，如何决定取舍去留？唐高祖李渊在建立唐朝的过程中，较为明智、妥善地处理了这些问题，功不可没。

隋末的社会动乱中，各种政治势力交相争雄。身为隋朝太原留守的李渊，雄才大略，深思熟虑。他适时起兵，定鼎关中，征服群雄，再建一统，并革新制度，奠定了有唐一代的统治基础。晚年虽因“玄武门之变”退居二线，但顺时应势，颇识大体，终获善终。在开国皇帝之中，称得上是一位佼佼者。

出身于关陇高门的唐高祖李渊，早年颇具盛名，也很有功绩。在隋炀帝末年任太原留守时，他适时起兵，攻占长安。一旦时机成熟，便果断“受禅”，建立了唐朝。

李渊祖籍陇西成纪，自称是十六国时期凉武王李暠的七世孙。他的祖父李虎，父亲李昞，均为北周功臣，封、袭唐国公。李渊也因此在 7 岁时袭唐国公的爵位。青年时代的李渊，倜傥豁达，宽仁容众，加之出身于关陇高门，颇有盛名。他的妻子窦氏，是隋朝贵族神武公窦毅之女，隋文帝独孤皇后又是李渊的姨母，因此在隋文帝时，他历任谯州、陇州、岐州刺史。

大业十三年（617 年），李渊被任命为太原留守。当时天下乱象已显，太原是隋帝国的军事重镇，兵源充足，粮饷丰沛，李渊自然十分高兴。在太原期间，他积极发展自己的势力，以图大举。在军事上，他以自己所统帅的五六千余军队，一举击溃由甄翟儿率领的号称“历山飞”的几万农民起义军，充分显示出他的军事指挥才能，军威也因此而大振。在政治上，他积极笼络晋阳一带的官僚、地主、豪商，如晋阳令刘文静、鹰扬府司马许也绪以及唐俭、武士彟、崔善为等都投靠了李渊，其长子李建成、次子李世民也分别在河东、晋阳一带交结英俊之才。就在这年的二月，马邑人刘武周起兵，杀掉了太守王仁恭，并自称天子。李渊遂以讨伐刘武周为名，自行募兵，李世民、刘文静等人也在李渊指挥下，四处活动，招揽人才。

面对当时国内变乱四起、分崩离析的局面，包括李世民在内的许多人，都劝李渊公开起兵，逐鹿天下。但李渊老谋深算，不肯轻易举旗。史传上曾说，为了迫使李渊下定决心，在李世民的指挥下，太原令刘文静和晋阳宫监裴寂，以灌醉李渊，乘机让隋炀帝的两个爱妃侍寝的办法，把李渊“逼上梁山”。其实，李渊不肯过早地起兵，是有其道理的。因为在不引人注目的情况下积蓄力量，在混乱中审时度势，看准时机后，果断行动，更容易取得成功。当李渊有了一定的军事、政治实力，国内的局势也有利于他起兵的时候，他当然不会蓄而不发。

就在李渊大力扩充实力的时候，太原副留守王威和高君雅，对李渊借讨伐刘武周之名招兵买马产生怀疑，隋炀帝也对当时社会上流传的关于李姓之人要夺取江山的谶语十分警惕，王、高二人密谋杀害李渊。李渊得知后，以王、高勾结突厥准备入寇为名，迅速将二人收捕，恰巧这时突厥入侵，恰好坐实了王、高的罪名，李渊立即杀掉王威、高君雅。之后，宣布与突厥和亲，并派刘文静出使突厥，突厥可汗送良马千匹来太原与李渊交易，并答应遣兵护送李渊到西京长安。在得到突厥的承诺后，李渊无后顾之忧，公开传檄天下，宣布起“义兵”，以安隋朝天下。

晋阳起兵后，李渊决定进军关中，直取长安，以号令天下，图谋大业。当时的西河郡丞高德儒不服，李渊派李建成、李世民兄弟二人率军攻下西河，斩了高德儒。西河告捷后，李渊置大将军府，自任大将军，以李建成、李世民兄弟二人统帅三军，对裴寂、刘文静、殷开山等人也各委以官职，于大业十三年（617 年）七月，遣四子李元吉留守太原，亲自率兵西图关中。一路攻取霍邑、临汾和绛郡，至汾阴，渡黄河，避实就虚，直指长安。此时，李渊的女儿平阳公主招募的几万军队也来会师。大业十三年（617 年）十一月，李渊及其子女所率的 20 万大军，攻破长安。

进入长安后，李渊下令封府库，收图籍，禁掳掠，深得人心。立隋朝代王杨侑为皇帝，史称恭帝，改元义宁，遥尊炀帝为太上皇，以表示自己仍恪守为臣之道。同时，封自己为假黄钺、使持节、大都督内外军事、大丞相，晋位唐王。以武德殿为丞相府，设官治事，独揽军国大权。立长子李建成为世子，次子李世民为京兆尹，改封秦王，四子李元吉为齐公；同时大封功臣，笼络人心，垄断朝政。大业十四年（618 年）三月，隋炀帝在江都被宇文化及缢杀。这时，李渊感到时机成熟，不需再使用隋恭帝这块挡箭牌了。于是逼隋恭帝让位，“受禅”于太极殿，国号唐，改元为武德，以长安为首都。从晋阳起兵到进军长安，在短短一年多的时间里，就建立了一个李唐王朝。显然，这与李渊巧妙地利用隋末农民起义与统治集团内部反叛造成的空隙发展势力，注意先举旧王朝正统地位的旗子，利用矛盾，缩小敌对面的策略，以及善用人才，有很大的关系。

面对农民起义军、原统治集团内部的割据势力以及少数民族力量遍布内外的状况，李渊以政治家和军事家的雄才大略，把握时机，剿抚兼施，逐个征服，终于在隋王朝四分五裂的废墟上，再建一统帝国。

李渊在长安建唐称帝之时，全国仍处在四分五裂之中。具有政治抱负的李渊，并不满足于偏安关中一隅。他积极储粮积粟，厉兵秣马，开始统一全国的战争。

矛头首先指向的是对关中构成直接威胁的薛举、薛仁杲父子。薛举原本是隋朝金城郡的富豪。大业十三年（617 年），见天下大乱，遂驱逐隋官，自称西秦霸王，不久又称帝，迁都天水，封儿子薛仁杲为齐公，占据陇西全境，兵力达 13 万，虎视关中。李渊攻占长安后，薛举父子以 10 万兵力进逼，构成严重威胁。李渊派李世民率军迎战，打败薛军。武德元年（618 年）五月，李渊在长安称帝时，薛举又率骑兵骚扰，纵兵掳掠，并击败迎战的唐军，意欲直取长安。不巧这时薛举病死，其子薛仁杲即位。李渊抓住这一天赐良机，命秦王李世民为元帅，再次率军讨伐薛军，薛仁杲不敌李世民，投降唐军，从此陇西并入唐域。

武德二年（619 年），颠覆李轨政权。李轨为凉州豪民，曾任隋朝武威司马。隋末动乱中，李轨结纳豪民，攻克内苑城，自称凉王。在唐军与薛军交战时，李轨又自称天子，占据张掖、敦煌等河西五郡之地。李渊意欲一统全国，自然不能容忍李轨称孤道寡。于是，密遣李轨的户部尚书安修仁之弟安兴贵入凉，取得李轨信任，被封为左右卫大将军。武德二年（619 年），安氏兄弟智擒李轨，凉亡。河西五郡并入唐境。

武德三年（620 年），击溃刘武周。刘武周曾任隋朝马邑鹰扬府校卫。大业十三年（617 年），与同郡张万岁等人杀太守王仁恭，聚兵万余，自立为太守，北依突厥，攻占楼烦、雁门、定襄等郡，被突厥封为定杨可汗，不久又自称皇帝。武德二年（619 年），刘武周勾结突厥，南侵并州，唐并州总管、齐王李元吉为其所败，太原危急。李渊派右仆射裴寂督军抗击，也被打败，刘武周进逼太原，李元吉逃归长安。刘武周兵锋进抵夏县、蒲坂一带，关中震骇。李渊命李世民率军自龙门渡河，进攻刘武周。李世民渡河后，厉兵秣马，坚壁不出，待敌军粮草不济之时，一鼓作气，击溃刘武周。刘武周率残兵北逃突厥，后被突厥所杀。

西北地区的这三股主要割据势力被消灭后，关中形势稳定下来。李渊开始了争夺中原的战争。这时中原的霸主是王世充。王世充本是隋朝江都通守，炀帝被宇文化及缢杀后，王在江都立杨侗为帝，并击败瓦岗军，收降了众多将领。武德二年（619 年），王世充废杨侗，自立为帝，国号郑，占据洛阳，成为河南最大的割据势力。武德三年（620 年），李渊派李世民攻打洛阳，王世充所属河南州县，相继降唐。王世充见大势已去，率领群臣两千余人降唐，河北诸县也相继降唐。唐王朝基本控制了黄河流域。

在争夺中原的同时，李渊派李靖至夔州，进攻占据长江中下游地区的萧铣。萧铣本是隋朝官员，武德元年（618 年）在巴陵称帝，不久迁都江陵，攻占巴、蜀等地，兵力达 40 余万。武德四年（621 年），李靖、李孝恭围江陵，萧铣战败，投降唐朝。长江中下游地区也为唐占领。

隋王朝统治集团内部产生的上述割据势力被一一剪灭后，李渊把矛头指向尚存的农民起义军的主要力量。其中最强大的一支便是瓦岗军。

瓦岗军首领是李密与翟让。李密本是当时的士人，翟让领导瓦岗军起义后，李密前去投靠，后取得首领位置。李密与李渊、李世民早年已有交往。李渊进军长安时，李密曾写信给李渊，相约共同灭隋。李渊从大局考虑，卑辞答谢，并假意推李密为主，以使李密的军队阻挡东都洛阳的隋军，便于自己进攻长安。正因为有李密的牵制，隋军无暇西援，才使得李渊顺利进军长安。王世充击败瓦岗军后，李密降唐，武德三年（620 年），李世民与王世充争夺中原时，河北起义军首领窦建德应王世充的请求，进攻李世民。被李世民打败，窦建德被俘，英勇不屈，被李渊杀害。窦建德被害后，其部将推刘黑闼为主，在漳南起兵反唐，并在不到半年的时间内，完全恢复了窦建德为首领时所占据的地域。武德五年（622 年），刘黑闼在洺州自称汉东王，并屡败唐军。后来李渊派皇太子李建成亲征刘黑闼，李建成采纳魏征的建议，实行安抚政策，争取民心，瓦解刘黑闼的部队。武德六年（623 年），刘黑闼终于溃败，被俘后遇害。唐王朝又控制了河北、山东之地。

杜伏威领导的农民起义军占据江淮地区，也是唐统一全国的障碍。大业十三年（617 年），杜伏威进据历阳，自称总管。武德元年（618 年），移丹阳，上表当时的隋越王杨侗，被任命为安南道大总管，封楚王。唐军围攻洛阳时，招降杜伏威，并封杜为吴王，任江、淮以南安抚大使。刘黑闼兵败被杀后，杜伏威命部将辅公祏留守丹阳，自请入朝，李渊乘机将杜伏威扣留。武德六年（623 年）秋，辅公祏率军在丹阳反唐，自称宋帝，唐王朝便借故杀了杜伏威。又派大将军李孝恭、李靖、李世勣等分路进攻丹阳。武德七年（624 年），辅公祏被地主武装捕获，送唐营处斩。至此江南、淮南成为唐朝辖区。

唐朝最后一个进攻对象是梁师都。梁师都也是隋朝官员，于大业十三年（617 年）在朔方起兵反隋，攻占雕阳、弘化、延安等郡，建梁国，自称为帝，并依附突厥，受封为“解事天子”。到唐太宗贞观二年（628 年），为唐消灭。至此，李渊父子既兼并了封建割据势力，又征服了农民起义武装，再次统一了全国。

李渊建唐后，在组织军事力量进行统一全国的战争的同时，注意总结隋朝兴亡的经验教训，厘定各项制度，为唐朝前期之治，打下了一定基础。

隋朝制定的各项制度，其本身大都不错。问题在后来的实施中，多有不尽本意的地方；而且由于实际情况的变化，有的制度本身也需要一定的变革。李渊建唐伊始，在内政方面，面临一个百废待举的局面。因此，在进行统一战争的同时，按照轻重缓急，对许多封建制度加以重新厘定。

隋末刑律废弛，统治者肆意为虐，人民无所措手足。李渊攻占长安后，以汉高祖刘邦为师，与民约法为 12 条。建唐称帝后，宣布废除炀帝时期的《大业律》，并令裴寂、刘文静等人，依据隋文帝时期的《开皇律》，重新修订法律。并强调“务在宽简，取便于时”。武德七年（624 年），正式颁布新律，即《武德律》。《武德律》大致以《开皇律》为准，只将 53 条新格订入新律，用刑较隋律有所减轻，维护中央集权统治的意图加重。虽不十分完备，但使官民有所遵循，并为后来的《贞观律》奠定了基础。

李渊建唐之初，就设立京师和地方学校，注重培养、收揽人才。为了笼络当时仍有一定实力的士族阶层，武德七年（624 年），恢复被隋朝废除的中正官，依照北周、北齐之制，每州置大中正一人，以本州高门士人充任。不过，大中正在很大程度上是名誉职务，权力主要在吏部。而吏部用人的主要途径则是创立于隋朝的科举制。这一时期的科举制，与隋朝大体相近，但进士科显得更为重要，通常主持科举考试的为吏部考功员外郎。

隋末战乱，人口锐减，武德初年国家掌握的全国人户仅为200多万户，不及隋朝兴盛时的1/4。为了把流亡人口尽快招回到土地上，迅速恢复生产，增加国家赋税收入，唐高祖沿用北魏、隋朝以来的均田制和租庸调制，并针对当时的实际情况，有所损益。从武德七年（624年）颁布的均田令来看，武德年间的均田制中，对土地买卖的限制比前代放宽了，说明封建国家面对土地兼并的趋势和现实，不得不开"绿灯"；妇女和奴婢一般不再授田，解除了妇女的赋役，表明奴婢数量大大减少，在农业生产中已不占主导地位；工商业者和僧、尼、道士、女冠（即女道士）也可授田，表明商人地主和寺观势力仍旧不容忽视。至于对官僚贵族在授田上的特权规定，则是历代一致的，只是程度略有不同。在均田制的基础上，继续实行租庸调制，只是与隋朝相比，以庸代役的条件放宽了，隋朝规定50岁以上的人可以庸代役，武德之制则取消了年龄的限制，并且规定了役期的最高限度，显然带有轻徭薄赋的色彩。

隋末社会战乱，府兵制遭到极大破坏。李渊自太原起兵时只有3万人，到长安时已达20余万。为了安定军心，并解决军粮问题，李渊逐步把军队纳入府兵组织系统，并初具雏形。武德元年（618年），李渊即置军府，完全因袭隋朝，并任用功臣和投降军将为卫大将军、将军。但当时十二卫大将军一般为崇号，真正领兵的，是骠骑、车骑两将军，显然含有便于控制之意。武德二年（619年），置十二军，以关中诸府分隶十二军，又分关中为十二道，与十二军相对应，每道都设骠骑、车骑府。十二军是唐初关中地区比较固定的基本禁卫部队。每军有将、副各一人，以督耕战。兵士平时在家生产，农闲时由兵府加以训练。较为经常性的任务，是轮流到京师宿卫，称"番上”；若遇战争，则出征打仗。府兵在服役期间，可免本身租调，但“番上”和出征时兵器、衣服、粮食等均需自备。之所以如此，根本原因在于府兵制是建立在均田制基础之上的一种兵制，寓兵于农，也就是寓资（军资）于兵了。

作为唐朝的开国皇帝，李渊的晚年是无可厚非的。虽然“玄武门之变”的发生与他有一定的关系，但这类事件在封建时代是屡见不鲜的。难能可贵的是李渊能顺应时势，随遇而安，总的来说是在优乐的生活中得以安度晚年。这在开国皇帝中，也是不多见的。

近代的一些史学家，包括国外的一些研究中国史的专家，都提出了这样一个问题，即由于李渊建唐后在位时间不长，加之他的继任者是一位享有盛名的杰出人物，他的许多业绩被无意或有意地抹杀了。以致长期以来，人们一直认为李渊是一个平庸无能之辈。但只要不存主观偏见，即使在留传下来的被精心文饰了的史料中，我们也可以看出，李渊称得上是一代具有雄才大略的开国之主。这在以上所述中已有描述。此外值得一提的，是他的晚节，也无可厚非。

作为封建帝王，李渊当然过着封建特权式的宫廷生活。在他统治的武德之年，也曾有过一些不良行为。如宠爱嫔妃，以致有时怠政；听信裴寂的谗言，错杀刘文静，等等。史书上还讲，武德年间，李世民平洛阳后，他让贵妃等人到洛阳，选阅隋朝宫人，收取府库珍物，贵妃等人私下向李世民索要宝货，并为自己的亲属求官，遭到李世民的拒绝后，心怀不满。后来李世民因为淮安王李神通有大功，以“教”（秦王的指令）的形式给田数十顷。张婕妤（李渊贵妃之一）之父也通过张婕妤向李渊求此田亩，李渊即手敕赐予。李神通因为李世民教给在前，不给婕妤之父，张婕妤就在李渊面前告状，说："皇上赐妾父田，秦王（李世民）夺去后给了淮安王！"李渊不问情由，大发雷霆，指责李世民："我的手敕不如你的教管用吗？"

这些行为，当然属于不良之列，况且，在封建帝王之中，并不为尤。相反，在李渊的身上，有许多值得称道的东西。特别是他以民为本，注意虚心纳谏，如武德年间，万年县法曹孙伏伽上表，以隋亡为鉴，直言指责李渊有逸乐行为，并指出对皇太子和诸王的教育，也需要更加注意，慎择左右之人。虽然言辞直切，一无所隐，但李渊阅后，非常高兴，认为言之有理，下令褒奖，并擢升孙伏伽为治书侍御史，赐帛300匹，以鼓励人们敢于直谏。后来唐太宗贞观时期的虚心纳谏，不能说与李渊的影响毫无关系。

武德末年发生的兄弟相残的"玄武门之变"，作为父皇，李渊当然应负一定的责任。但这类事件，在封建时代可以说是屡见不鲜的。当初李渊立长子李建成为太子，是符合封建社会传嫡立长的基本原则的，不能说有什么不对。至于史书上说他曾给李世民许愿更立太子，信其无则无，信其有则有。以李世民当时的功业才干和后来的成就，也不失为父皇的一种明察。说他听信妃嫔及大臣谗言，偏溺太子、元吉，危及世民安全，也不可尽信，况且即使按正史所讲，也是在李渊表示要第二天召见几个儿子评断是非之前，发生了"玄武门之变"，这只能说明李世民动作之迅捷狠辣，连乃父也始料不及。当李渊听到李世民残杀兄弟的报告后，当时气得连一句话也说不出来，停了好一会儿，才气愤地说："想不到逆子竟会杀害自己的亲兄弟！”这时在旁的萧瑀说：“请陛下息怒，太子（李建成）和齐王（李元吉）本来就没有秦王（李世民）功高，陛下如把国事都托付给秦王，一切事都了结了。”李渊虽然十分气恼，但面对木已成舟的事实，他顾大局，顺大势，当即命所有军队听秦王处置，以免更大的流血事件发生，于当年六月七日下诏立李世民为皇太子，八月，让位李世民，自己以“太上皇”的身份退居二线。

李渊以太上皇的身份退位后，徙居太安宫，不再干预朝政。这换来了李世民的隆礼相敬。贞观七年（633 年）冬，李世民在未央宫举行盛大宴会，邀李渊上座，十分恭敬，李渊高兴之际，命在座的突厥颉利可汗跳舞，又命南蛮酋长唱歌，李世民还亲自手捧酒杯，送到李渊面前，说现在胡越一家，四夷征服，都是您老人家教诲的结果。李渊又过了一把皇帝瘾，也就心满意足了。李渊自知李世民已控制大局，也就乐得对政事不闻不问，过着清闲优乐的生活。这种态度和做法，对减少当时宫廷内部的矛盾和斗争，同时也对李世民施展雄才大略，起到了积极作用，创造了良好的环境。贞观九年（635 年）五月，李渊病重，崩于太安宫，享年 71 岁，庙号高祖，葬于献陵。作为一代开国皇帝，唐高祖李渊得以善终。

势难雌伏，实力问鼎
争夺皇位的“玄武门之变”

预立嫡长子为皇太子，以皇太子为皇位的合法继承人，是封建社会的一条基本原则。但考诸史籍，真正按此程序登上皇位的，又不是多数。这一现象说明了什么？从“玄武门之变”中，可以找到一些答案。

在初唐的皇位更替中，“玄武门之变”是影响极大的一个事件。当时和后世的人们，对这一事件评说不一。从“玄武门之变”的基本过程和结果看，它充分显露出封建社会皇位接班人制度中无法克服的弊端，对当今社会人事制度的改革，也有借鉴作用。

唐高祖的诸子中，李世民尤具雄才大略。在佐父起兵建唐、统一全国的过程中，李世民功勋卓著。随着地位和实力的与日俱增，已是势难雌伏。

唐高祖李渊与皇后窦氏，共生有 4 子 1 女。长子李建成，次子李世民，三子李元霸（史载讳“元”为“玄”），四子李元吉，女为平阳公主。三子元霸早年夭亡，其余3子1女，均跟随李渊，在建立唐朝一统江山的战争中，各有建树。其中次子李世民的功业尤大。

李世民于隋开皇十八年（598年）十二月二十二日，生于今陕西武功的一座李氏别馆之中。当时其父李渊刚被隋文帝任命为陇州刺史，荣迁新职之际，又得贵子，李渊自然十分高兴，当即为子起名“世民”，希望将来能济世安民，为李氏门庭再增光辉。

李世民自幼聪明敏捷，胆识过人。作为将门之后，他从小受到尚武习俗的熏陶，喜欢骑射征战，颇有文韬武略。青少年时代，随着父亲职务的不断调动，他先后到过陇州、岐州、荥阳、楼烦等地，14岁时来到京师长安。这种迁徙不定的生活，虽不免遭受颠沛流离之苦，却使他饱览各地山川河谷、军事要塞，接触民情风俗，了解社会现实，开阔眼界，增长见识，并形成了勇敢坚韧、刚烈豪放的性格，在青少年时代就开始显露杰出的才华。

隋炀帝大业十一年（615年），18岁的李世民因父亲调任山西、河东抚慰大使而随家迁居河东。这年八月，炀帝北巡边塞时，被突厥始毕可汗率领的数十万骑兵围困于雁门，在万分危急的形势下，炀帝接受臣下建议，将诏书系在木头上，投入南流的汾水，命各地募兵勤王。李世民奉父命毅然应征从军，参加了屯卫将军云定兴的勤王部队。他认真分析当时敌强我弱的形势，向云定兴将军提出虚张声势，多设旌旗，以为疑兵的退敌策略，深得云将军的赞赏，夸李世民“小小年纪，竟有如此见识，将来必有一番作为”。

就在李世民随父进驻山西的这一年，隋王朝内部的动乱局面已十分严重。颇具雄才大略的李渊也开始密谋策划，准备伺机起兵。李世民作为父亲的得力助手和参谋，参与了起兵的全部密谋和决策活动，并做了大量的组织发动工作。他一方面协助父亲招募军队，集结力量；另一方面又在父亲授意下，利用各种关系和手段，结交大批英豪俊杰，隋军将领孙顺德、刘弘基、窦琮等人就在这时成为李渊父子的心腹好友，晋阳令刘文静和宫监裴寂，也在这时进入核心决策圈。据说，当李渊面对错综复杂的形势有些举棋不定时，又是李世民与刘、裴商议，促成李渊最后下定了起兵的决心。

隋大业十三年（617 年）五月，李渊在晋阳正式宣布起兵，这时李渊长子李建成、四子李元吉、女婿柴绍等也先后率领一些军士从河东、长安，秘密赶至晋阳会师。在确定西入关中夺取长安的战略目标之际，西河郡丞高德儒拒不服从，李渊命李建成与李世民兄弟二人率军攻取西河，二人受命后，率军直逼西河，斩高德儒，开仓济贫，甚得民心。李渊遂在这年七月，以李元吉为镇北将军，留守太原，自己和建成、世民率军 3 万，西图关中。

大军进至灵石县，在贾胡堡安营扎寨。隋将宋老生在霍邑屯兵抵挡。恰逢淫雨连绵，粮饷不给，军中又流言突厥与刘武周联合，乘虚袭击太原，李渊召集诸将商议，裴寂认为太原是军事重镇，又为义军家属所在地，应立即还师太原，再伺机西图。李渊也认为合情合理，准备回师。这时李世民指出：突厥并未对太原构成严重威胁，应迅即先入咸阳，以号令天下，若现在班师，不仅会挫伤士气，而且以后也难遇大举的机会。李建成也反对回师太原。经兄弟二人苦谏，李渊追回已后撤的部分军队，按原计划行动。之后，大军力克霍邑，取临汾和绛郡，到达龙门。在农民首领孙华的引导下，兵渡黄河，围攻河东。

隋朝骁骑大将军屈突通镇守河东，李渊久攻不克。裴寂主张以重兵力克河东，以绝后患；李世民认为兵贵神速，应避实就虚，先取关中。李渊权衡后，决定兵分两路，由李世民带兵渡河入关，直取长安，同时以部分兵力对付河东的屈突通。这时，平阳公主率招募的六七万军队与李世民会师，李建成与李渊也先后至灞上，20 万大军合围长安，大业十三年（617 年）十一月，攻克长安。

占领长安后，李渊于次年（618 年）称帝建唐，李建成因嫡长子身份被立为皇太子，李世民被封为秦王，李元吉被封为齐王。李渊称帝后不再亲自挂帅出征，身为皇太子的李建成也需要留在京城协助处理日常政务。领导和指挥统一战争的重任，就落在秦王李世民的身上。当时年仅 22 岁的李世民，在西攻东伐、征服群雄的统一战争中，屡建殊勋。

在平定割据陇右的薛举、薛仁杲父子时，李世民正确地分析了敌我双方的态势，确定了坚壁不出、以逸待劳的方针。初次交战之际，李世民因患疟疾，交由刘文静、殷开山指挥军队，二人不听李世民劝诫，轻敌躁进，在浅水原一战中遭大败。薛举死后，其子薛仁杲即位。李世民吸取上次战败的教训，坚守 60 余天不战，薛军粮尽，军心动摇，士气低落，李世民分兵两路，以南北夹击之势，一举破敌，并身先士卒，率少量人马乘胜追击，使薛军无法会合，薛仁杲被迫率军投降。

当盘踞在代北的刘武周勾结突厥，南下太原，李元吉逃回长安，形势一度十分危急之时，李世民率军北上，渡黄河，入山西，讨伐刘武周。刘军主将宋金刚十分勇猛，李世民仍然采取坚壁不战的方针，两军对峙5个多月，宋金刚粮尽北撤，李世民抓住机会，穷追猛打，一天之内交战8次，大获全胜。宋金刚只带10名骑兵逃回太原。刘武周见此惨状，自知不敌，北遁突厥，后被突厥所杀。

平定刘武周后，李世民率军回到长安，休整两个月后，于武德三年（620年）三月又率军东征，与王世充、窦建德角逐于中原地区。面对王、窦两股强大的武装力量，李世民表现出非凡的胆略，他临危不惧，果断决策，在围攻洛阳王世充的同时，集中主力与前来救援的窦建德决战，一举击溃窦军，俘虏窦建德，使王世充闻风丧胆，出城投降。统一全国的战争，至此取得决定性胜利。

从武德元年（618年）六月挂帅出征，到武德五年（622年）七月胜利班师回朝，历经4年，李世民英勇善战，消灭了当时国内主要的割据势力，为建立唐王朝的一统帝国做出了重大贡献，威望与日俱增。他担任尚书令之职，位居宰相，又掌握着大量军队，权力逐渐扩大，地位迅速上升。这一切都促使他对帝位产生觊觎之心。据说有一天，李世民曾和谋臣房玄龄微服拜访一位名叫王知远的道士，这位道士告诉李世民，说他有天子相，将来可登九五之尊（即当皇帝）。李世民听后，很受鼓舞，暗记于心。

因为胸怀大志，李世民在晋阳起兵和统一全国的战争中，非常注意利用自己的特殊地位和身份，收罗谋臣猛将，并逐渐形成了一个以他为核心的政治集团。在这个集团中，武有秦琼、程咬金、尉迟敬德、公孙武达、徐世勣等，文有刘文静、裴寂、杜如晦、房玄龄等，均为一代俊杰名臣。武德四年（621年）七月他从关东前线返回长安后，被加封为天策上将，位在诸王之上，并设立天策府及其属官，作为他军事上的顾问、决策机构。同时他又在自己的秦王府设立文学馆，收罗四方文人学士，经过挑选，杜如晦、房玄龄等18人入选。李世民让他们轮流在馆内值班，以备顾问咨询，并让著名画家阎立本为18人画像，让文学家诸亮作赞，号为“十八学士”，“十八学士登瀛州”的说法，据说便由此而来。天策府与文学馆的设立，表明秦王李世民的核心政治集团正式形成。这时，就是李世民没有争夺帝位的念头，他的文武功臣也不会甘居府馆，真正是“势难雌伏”了。

面对雄心勃勃的秦王李世民，太子李建成由妒生惧。双方围绕皇位继承权，以各种方式展开了一场争夺战。在部下的鼎力支持下，李世民先发制人，在玄武门杀兄戮弟，取得了最终的胜利。

对于李世民的胆略、才干和抱负，作为兄长的太子李建成深有体会。因此，父皇李渊对李世民的每一次重用与褒奖，几乎都会引起李建成的嫉妒。随着李世民的实力与威望的与日俱增，李建成更是由妒生惧，越来越感到自己皇位继承人的地位受到直接的严重的挑战。据说李建成出于对付李世民的需要，大力拉拢四弟齐王李元吉，而李元吉胸怀大志，企图先与李建成联手扳倒李世民，然后再图谋长兄之位，于是二人各怀异图，联合起来，与李世民展开了一场殊死争夺。

双方都明白各自的实力消长将起决定性的作用。因此，都在努力扩大自身实力的同时，千方百计挖对方“墙脚”，以削弱对方势力。建成利用皇太子的身份与权力，凡遇调兵遣将，总是竭力设法把秦王李世民的部将调走。程咬金是秦王府一员得力干将，建成便设法将程咬金调任康州刺史。尉迟恭也是秦王手下一员猛将，建成先是用一车金银收买他，遭到拒绝后，又派人暗中行刺，行刺者未敢下手；建成又在高祖面前诬陷尉迟恭，将尉迟恭下狱，后在李世民再三请求下，才免于一死。李世民也针锋相对，在派人积极争取山东豪杰的同时，瓦解建成的部下，原为太子部曲、担任防卫宫城重任的常何、敬君弘，便在秦王的拉拢之下，暗中脱离了太子集团，成为秦王的助手。

在互挖“墙脚”的同时，双方又利用宫中各种关系，在父皇面前，不断诋毁对方。建成与齐王元吉常住京城，在这方面占有优势。据说二人曲意侍奉父皇跟前诸妃嫔，贿赂无所不至，以求在父皇跟前献言。而世民则不事父皇妃嫔，遇事还要坚持原则，故多有得罪之处，妃嫔们自然不会在高祖跟前说他的好话。一次李世民侍宴宫中，因思及生母早亡，不禁流下泪来，高祖见后大为不满，诸妃嫔乘机进谗说：“现在天下无事，皇上年龄已大，正应该好好享乐高兴，而秦王却流泪，肯定是憎恨我们这些人。您一旦万岁以后，秦王还能容得下我们母子？”随后痛哭流涕：“皇太子仁孝，陛下如果能将我们托付于太子，太子一定能保全我们！”高祖听了，自然越发对李世民不满。

随着双方矛盾日益激化，从肉体上消灭对方的谋害行为也时有发生。可能由于史传者的掩饰，似乎这类行为均由建成和元吉所为，世民则除了玄武门之变外，并无它举。据历史记载，元吉曾不止一次要亲自动手消灭世民，但建成曾加以阻止，多少反映出建成仁厚的一面。史载谋害李世民的行为，至少有两次。一次是乘高祖郊外行猎之时，建成将自己的一匹烈性胡马让给世民，并请世民陪猎。世民乘此马逐鹿时，烈马几次狂跳，将世民摔出一丈多远，险些丧命。世民后来对从人说："他（指建成）想用此马害我，但死生有命，这有什么用处！"建成获悉后，又让妃嫔在高祖耳边进谗："秦王说他有天命，将为天下主！"高祖大怒，把世民召进宫中训斥："天子自有天命，不是智力可求的，你急什么？"并要下狱审讯，恰逢突厥入寇，不得不用李世民，方才免审，让世民带兵迎战突厥。另一次是建成请世民赴宴，酒中下毒，世民饮后心痛不止，并吐血数升，幸亏回府后解救及时，方才保住性命。

对双方愈演愈烈的明争暗斗，作为父亲的李渊当然比谁都感受深切。但他处在两难之中，一方是按照传统原则确定的皇位继承人，另一方是功业盖世的实权人物。在通常情况下，他只能居中调停，希望缓解双方的矛盾。在特殊情况下，他也曾动过解决一方的念头，但最终没有采取实际行动。史载武德七年（624年）六月，高祖带世民、元吉去了仁智宫，留建成守京都。原任太子东宫侍卫的庆州都督杨文干私募壮士送往长安。建成在元吉陪父皇去离宫时，曾暗嘱元吉伺机除掉世民，同时又派手下二员郎将给杨文干送去甲杖，欲里应外合。但派出的两人却前往离宫向高祖报告，高祖大惊，手诏建成赴离宫，建成犹豫再三，还是遵命前往，被高祖囚禁；高祖同时派人去庆州召杨文干，杨遂举兵反叛。高祖立即派李世民去剿灭，并在临行前有所许诺。李元吉与妃嫔在高祖面前，再三为建成说情，封德彝等朝臣也为之劝解，高祖又改变初衷，复让建成回京师留守。世民大失所望。既然作为父皇的高祖李渊不愿也无法解决问题，剩下的途径，好像就只有兄弟相残、流血宫门了。

就在双方闹得不可开交的时候，突厥南侵。建成推荐元吉率军北征，并准备乘机带走世民手下的一些将领，高祖同意。据说建成与元吉密谋，要在世民送行之际，除掉世民。有人将这一机密告诉了世民。眼见大难临头，世民召集手下文武商议，长孙无忌、尉迟敬德等人力劝世民先发制人，迅速除掉建成与元吉。世民下定决心后，秘密入宫见高祖，状告建成、元吉种种不法行为，并将欲借送行之机加害自己的阴谋也一并告发。高祖听后，愕然半晌，说："明天我亲自鞫问。"

世民料定建成、元吉明早会进宫见父皇，便在必经之处——玄武门设下伏兵。第二天早上——武德九年（626年）六月四日早上，李建成和李元吉在得到宫内张婕妤派人送来的密报后，果然直奔玄武门而来，要进宫见高祖去辩驳。这时早已埋伏在玄武门的伏兵突然袭击建成和元吉，建成被李世民射杀，元吉被尉迟敬德射杀。建成的随从本想反击，但见主人和齐王元吉已被杀，立刻土崩瓦解。李世民见大功告成，随即派尉迟敬德进宫向高祖报告。高祖当时正在宫内湖上划船，闻听大怒之余，也只好面对现实，3天后即顺势立李世民为皇太子，两月后，正式传位于李世民。世民即位，号太宗，次年改元贞观。这就是“玄武门之变”。

> 对于“玄武门之变”，当时及后世的人们，评说不一。但无论褒贬扬抑，大都囿于事件本身及相关人物。如果我们将眼光放长远一些，则可以从这一事件之中，发现封建时代皇位接班人培养制度中无可克服的一些弊端，对现代社会人事制度的改革，也不无借鉴之处。

“玄武门之变”发生后，当时的史传记载，多有曲饰。据说唐太宗非常关心对这件事的记载，几次提出要看实录。房玄龄等人把删减后的实录呈上，太宗看后，觉得文字记载，语多隐晦，就对房玄龄说：“从前周公讨平了管叔、蔡叔的叛乱而周朝安定，季友毒死了叔牙而鲁国安宁。我做的事，其大义与这些事相同，是为了安定国家，有利于百姓罢了。史官提笔记录，何必费神去隐瞒？应立即删除虚饰多余的文字，直截了当把事情原委写出来。”魏征也乘机进言说：“我听说皇帝处在极尊贵的位置上，没有什么顾虑惧怕，国史是用来惩罚坏的奖励好的，记载不真实，后代有什么可看呢？陛下现在命令史官改正文辞，符合最公正的修史原则。”无论唐太宗对自己一手策划的这一事件的性质的评价是否正确，他对修史者的这种要求，无疑是值得称道的。

尽管如此，后人对“玄武门之变”的史载真实程度，仍颇多怀疑。至于对这件事的评价，则更是见仁见智，众说纷纭。但无论是褒是贬，是扬是抑，大都是就事件和人物本身加以分析评说。直至今天，国内外的史学界，也还没有一个比较统一的认识。这也是很正常的。

如果我们将视野稍微放宽一点，将眼光稍微放长远一点，就不难发现，唐朝的“玄武门之变”，以及封建社会中其他一些类似“玄武门之变”的事件，揭示出了封建时代皇位接班人制度中无法克服的一些弊端。这些弊端，对当代社会的人事制度改革，也有一定的借鉴作用。

有人曾对正史所载的中国封建社会中历朝皇位继承的情况作过一个粗略的统计，结果发现，按照封建社会皇位继承原则，以嫡长子为皇太子，以皇太子继承皇位的，不到历朝历代皇帝总数的一半。就是说，大多数后来登上皇位的人，并非按正常的接班人制度和程序培养出来的。“玄武门之变”中登上皇位的李世民，只是其中的一个。这难道不令人深思，我们是否应该从接班人制度中，而不是从单纯的具体的接班人身上去寻找原因吗?

预立嫡长子为皇太子，以皇太子为皇位的法定继承人，这种皇位接班人选择培养制度，有其必然性和合理性，但在封建专制制度下，又有其自身无法解决的弊端和矛盾。

首先，它不能保证所选择的继承者的优秀。这是因为，既然是嫡长子继位，那么，不管这个嫡长子本身的素质如何，够不够资格，他一生下来，就是法定的皇位继承人。嫡长子的皇位继承人地位一旦确定，其他人就无法与之进行公平的竞争，只能诉诸非法渠道和手段，这既不能保证竞争者一定能够取而代之，又加剧了统治秩序的混乱。嫡长子的皇太子地位一旦明确后，他往往会失去更多的实践机会，不能更好地培养、造就自己所需的优秀品质、才干和业绩，这本身难免给自己顺利接班带来不利的因素。李建成被立为皇太子后，大部分时间坐守京师应付日常事务，李世民则经常挂帅四出征战，二人的业绩与威望差距越拉越大，随着实力的变化，地位的易换也就在所难免了。

其次，它极易招来各方势力的或明或暗的攻击。在权力之争中，皇位是最具诱惑力的。一个人一旦被立为皇太子，就等于在社会上，尤其在权力角逐场中竖起了一块最大的靶子，任各种人物从四面八方来攻击。不用说那些原本平庸之辈，就是品质才干极为优秀者，也常常防不胜防，难以招架。多少被立为皇太子者，其中也不乏极为优秀者，在帝位之争中，被打得遍体鳞伤、气息奄奄，有的就是在坐上帝位的最后一刻，倒了下去。在没有普遍的、平等的、公开的竞争中，以一人之身去敌万人之争，成功率能有几何，是不难想见的。

还有，它常常会造成皇储与皇权之间的矛盾。在封建专制制度下，皇权是不可分割的，具有极强的排他性。皇权与相权的长期矛盾和斗争，就是明证。皇储与皇权之间，同样极易产成矛盾和斗争。在多数情况下，皇储在受到四面八方的攻击时，如果与皇权尚无大的矛盾，还可抵挡一阵，若本身已与皇权发生严重矛盾，则前途就会非常渺茫。多少被立为皇太子者，他的安危成败，往往系于皇帝一念之间。以一人之身敌万人之争，难；以皇太子一人之身应付皇帝一人之身，也难；有时，甚至更难。就这一点而言，在“玄武门之变”前，唐高祖李渊自始至终没有对太子李建成采取废黜的行动，是十分难得的，尽管他和皇太子之间并非没有任何矛盾。虽然他的努力没有成功，最终还是发生了兄弟相残的宫门喋血事件，但在这一制度的框架之中去评价高祖，确实不能苛责于他。李世民以实力问鼎并且获得成功的事实说明，符合人类社会生存进化基本规律的力量，总要与有碍于社会文明进步的制度之间发生冲突，并在不断的胜利中推动社会进步。

对于封建时代皇位继承制度的弊端，在当时的社会中也不是无人知晓。为了减少矛盾和可能产生的弊病，也曾做过一些调整。如清朝的皇位继承人，采取由皇帝选择人选后秘藏手诏而不宣的办法，这似乎减轻了被立为皇储者所受的攻击和压力，但同样没能从根本上避免上述的种种矛盾和弊端，有时，还会把问题弄得更加复杂化。如雍正皇帝即位问题，至今仍是一个谜；在他即位的过程中，兄弟争斗相残的程度，也不亚于前朝前代。历史的经验教训一再告诉我们，只有采取与当时社会发展程度相适应的办法，尽量用平等的、民主的、公开的原则和办法选拔人才，才能确保真正有才德的人在合适的时候走上合适的岗位，推动人类社会一步步向文明进步的方向发展。

封建治世的榜样
“贞观之治”评价

千百年来，“贞观之治”一直是人们交口赞誉的封建治世的榜样。“贞观之治”的内涵非常丰富，广开言路，选用贤能，依法办事，是其中最基本的特色，而“贞观之治”之所以在唐初出现，则反映了封建社会盛衰交替中的一些基本规律。

“玄武门之变”后，李世民当上了皇帝，改元贞观。贞观年间，李世民以隋朝覆亡的教训为借鉴，注意在统治阶级内部发扬民主，按照“民为邦本”的思想原则治理国家，社会的政治、经济和对外关系等方面，都呈现出欣欣向荣的景象，被后人称为“贞观之治”。

目睹隋炀帝拒谏饰非、一意孤行，终落得身死国亡的下场，唐太宗对魏征“兼听则明，偏信则暗”的主张非常欣赏。他鼓励臣下直言进谏，注意广开言路，虚怀纳谏。为了兼听博采，他还在某些制度方面做了改进，把封建时代“君臣相得”努力制度化。

贞观初年，刚当上皇帝的唐太宗就对王公大臣们说：“一个人要看到自己的面容，必须要有一面明镜；一个国君要想知道自己的过失，必须借助于忠臣。国君如果自以为贤能，臣子又不匡正，就会陷入危亡失败的境地。而一旦国君失国，臣子也不可能保全自己。隋炀帝虽然聪明，但他拒谏饰非，臣下也闭口不言。结果呢？他自己身死国亡，他的大臣虞世基等人不久也被诛杀。这都是不久前发生的事，你们都看到了。今后凡是发现我有不对之处，一定要直言规劝。”他又说，“正直的国君任用了奸邪的臣子，不能使国家治平；忠正的臣子侍奉邪恶的国君，也不能使国家治平。只有正直之君遇到忠正之臣，如同鱼得到水，这样天下才能安定。我虽然不聪明，幸而有你们匡正补救，希望你们耿直进言，使天下达到太平。”他曾问魏征：“皇帝怎样才能明智，怎样做就会昏暗？”魏征回答：“兼听则明，偏信则暗。”意思是说多听取各方面的意见，就会明智；偏信一方之言，就会昏暗，并且列举历史上的一些事例加以说明。唐太宗听后非常欣慰。

唐太宗仪表威武，面容严肃，臣下晋见时，大都战战兢兢，举止失当。为此。唐太宗每次上朝，尽量做出一副和颜悦色的样子，以便大家敢于直言。一次，他下诏将一个叫元律师的人处死，当时主管刑律的大理寺少卿孙伏伽上书表示反对，认为量刑失当，元律师罪不至死。唐太宗见孙说的有道理，接受批评，并把价值百万的兰陵公主园赏赐给孙。有人说赏赐太厚了，唐太宗说：“我登基以来，没有敢批评朝政的。这次厚赏孙伏伽，就是为了鼓励大家关心朝政，多提意见。”当上书奏事提意见的人多了，内容条款也多起来，唐太宗便把它们贴在墙壁上，以便出入都能观看思考，以尽量详尽地了解情况，改进朝政，有时要到半夜三更才能睡觉。

在君臣之间，一般性意见还好处理，但对于一些重要问题，敢于直言的人就少了。因为君主难以接受，弄不好就会引来杀身之祸。针对这种情况，唐太宗提倡臣下敢于“批逆鳞”。他说：“做一个贤明的国君不容易，当一个忠直的臣子也很难。我听说龙可驯养降服，但它的颌下有逆鳞，触及逆鳞就会杀人。国君也同样如此。希望你们能不避触犯逆鳞，我一定不忘你们中肯规谏的心意。”过了不久，陕县县丞皇甫德参上书奏事，言辞较为激烈，“触了逆鳞”。太宗看后大为恼火，认为皇甫德参有意诽谤朝廷。这时魏征进言道：“过去贾谊在汉文帝时上书奏事，其中说‘有可以为君王痛哭的，有可以为君王长声叹息的’。自古以来，上书奏事，通常多激烈而迫切的话，如果不这样，就不能打动人主的心。”太宗听后省悟过来，反而赐给皇甫德参 20 段帛。

贞观年间敢于进谏的群臣之中，魏征最为突出。有人统计，这期间仅魏征一人所谏，就达 200 多事。由于魏征不仅敢谏，而且善谏，只要他认为是正确的意见，就坚持到底，毫不退缩，常常使得唐太宗左右为难，但唐太宗还是喜欢魏征进谏，只要是正确意见，大都接受。有时因畏惧魏征刚正而又锲而不舍的精神，不得不让步。有时做了一些不该做的事，遇见魏征，不等开口便马上停下来，或者连忙承认不该如此。一次魏征见皇帝车驾准备出巡，不知何故忽然停下了，魏征见到太宗便问：“人们都说陛下准备巡幸南山，车驾已经准备完毕，为什么突然不去了？”太宗笑着说：“原本有这种想法，但怕你生气，所以又停下了。”还有一次，魏征在朝堂上犯颜直谏，使太宗在群臣面前大失颜面，罢朝回到后宫，他连声说：“这个乡下佬太可恶，我一定要杀了他！”长孙皇后问明原因后，立即换上礼服并对太宗祝贺说：“古人说过，君主英明，臣就正直。现在魏征这样正直，说明陛下英明啊！”太宗听后转怒为喜，之后对魏征更加器重。魏征死后，太宗十分痛心，曾感慨地说：“用铜做镜子，可以正衣冠；用历史做镜子，可以知道国家兴衰的道理；用人做镜子，可以看到自己的过错。现在魏征死了，我失去了一面镜子。”

为了更好地达到兼听博采的目的，充分发挥各级官员的作用，唐太宗还在制度上做了一些改进。他诏令五品以上的京官，轮流在中书省值班，以便自己随时召见，咨询政务。在一般政事的处理程序上，要求中书、门下两省官员要充分发挥互相监督的作用；凡军国大事，负责起草文告的中书舍人要各抒己见，诏旨要经中书侍郎、中书令审查，再送交门下省审定，有不合适的地方要据理力争，不能苟且雷同，马虎从事。他还明确指示，宰相入阁商议军国大事时，必须让谏官和史官列席，既能让他们当面提出批评建议，及时纠正偏差，又便于他们掌握第一手材料，记录下来以为后人之鉴。

由于君臣相得，言路广开，贞观年间的各项决策，相对来说，比较民主、科学，符合当时社会的实际情况，对“贞观之治”的形成，起了重要作用。

唐太宗深知“为政之要，唯在得人”，把选拔优秀人才作为自己和宰相的首要职责，十分留意各种有用之才。

他强调要坚持正确的导向，德才兼备，不避亲仇，注重品德，加强教育。对地方亲民官员的任用，尤为重视。对科举制度的进一步完善和发展，也为广选人才开辟了重要途径。贞观年间的朝廷与地方，可谓“人才济济，文武兼备”。

早在佐父晋阳起兵建唐、统一全国的战争中，唐太宗就十分注意笼络人才。当上皇帝后，他更是深刻体会到“为政之要，唯在得人，用非其才，必难致治”。只有选用大批具有真才实学的人，才能达到天下大治。他不仅把选拔人才作为自己的首要职责，而且一再告诫宰相们，要以选用人才为第一要务。贞观年间，他曾先后 5 次颁布求贤诏令，求贤若渴。

贞观二年（628 年），他曾对宰相房玄龄、杜如晦说：“你们身为仆射（尚书仆射，即宰相），应当为我分忧，协助我操劳国事。要耳听得远，眼看得宽，寻求察访贤明有智的人。近来听说你们听取诉讼的状子，一天之内竟达数百件。公文都看不完，哪里还能帮助我寻求贤士呢？”随后下诏，凡细琐事务都由左右丞（仆射的下级）处理，以便宰相腾出时间访贤求能。当时的宰相封德彝很长时间没有推荐一个人，太宗责问时，他说现在还没有发现有才能可荐的人。太宗生气地批评他说：“前代的圣明君王，使用人才就像使用器物一样，用其所长，不向别的朝代借用人才，都是在当代选拔人才。难道要等梦见傅说（商朝的名臣），遇到吕尚（周朝的名臣），然后再治理国家吗？哪一个朝代没有贤能的人，只是被遗漏罢了。你自己不善知人，怎能诬一世之人没有贤才呢？”

贞观三年（629 年），太宗令文武百官上书议论朝政得失。

中郎将常何所奏的20多件事，件件符合朝政实际，唐太宗既高兴又奇怪，因为常何是不涉经文的武将，本不应有如此高明的见解。经询问，才知是常何家的食客马周代拟的，于是，立即召见马周，经过交谈，发现确实是个人才，便任命他为门下省官员。同时，太宗赏赐常何上等好绢300匹，以示嘉奖。马周才思敏捷，有机辨，识事端，处事平允，敢于直言，深受太宗喜爱和重用，成为贞观时期著名的枢要大臣。

唐太宗还非常注意用人的导向，坚持德才兼备的原则，不徇私情，不避亲仇。他多次强调说："用人必须以德行学识为本，选拔人才要谨慎，不可滥选乱用。用一个好人，别的好人就都来了；用一个坏人，别的坏人也都来了！"凡是有德才之人，他不计较资历地位和亲疏恩怨，都能够兼收并蓄，为己所用。"玄武门之变"后，东宫太子集团中曾想谋害太宗的有数百人，但他完全不计较这些，仍然量才加以重用，如骁将薛万彻，在"玄武门之变"中，曾带兵攻打过秦王府，失败后逃往终南山，唐太宗把他请回来，让他继续为将；魏征、王珪、韦挺等人，都曾是太子集团中的重要谋臣，都受到太宗重用而成为贞观名臣。当有人请求将太宗为秦王时的旧部加以重用时，太宗说："我以天下为家，不能私于旧部，用人只能唯才是任，而不可以新旧亲疏为标准。"

针对官员中出现的不注重德行修养、浮夸邪僻的情况，他又接受魏征进谏，强调要用大义来教育官员，加强"忠"的教育，使他们能成为龙逄、比干那样的忠臣；加强"孝"的教育，使他们成为曾参、子骞那样的孝子；加强"言"的教育，使他们成为尾生、展禽那样恪守信约的人：加强"廉"的教育，使他们成为伯夷、叔齐那样廉洁的人。并且一再要求，把公平作为衡量是非的标准，将仁义作为区别善恶的准绳，通过考察官员的是非功过来确定他们堪任的职务，按照所担任的职务，去了解官员的工作优劣，戒浮夸，重实绩。

对于刺史、县令等地方亲民官的选用，唐太宗尤为重视。他说："我每天夜里常想百姓当中的事情，有时到深更半夜还不能入睡。最担心的，是都督、刺史是否胜任安抚百姓的重任。所以我在屏风上记下他们的姓名，坐着和躺着都经常看看，如果谁做了好事，我就写在他的名字下边，做了坏事，也要记下来，作为升迁和处罚的依据。我居住在深宫之中，看不远也听不远，只有委托都督与刺史，这些人决定着国家的安危，尤其需要称职的人才。"他规定，地方官每年年终进京汇报一次工作，由吏部负责考评，依据政绩来论定品级，决定升降。贞观八年（634 年），他还派遣李靖等 13 人为黜陟大使，到全国各地巡查，对有功的官员加以升迁，对失职的官员加以惩处。

为了扩大选拔人才的渠道，贞观时期，唐太宗对科举制加以完善，增加科目，并扩大应试的范围和人数，使更多的人能通过科举考试，展露才学，进入国家机构。有一次，唐太宗登临端门，看到新科进士结队而出，不禁笑逐颜开，高兴地说："天下英才，都落入我的掌中了！"

由于唐太宗重视人才的选拔使用，贞观年间，罗致了大量优秀人才，形成了"人才济济，文武兼备"的局面。贞观十七年（643 年）二月，唐太宗命画家在凌烟阁描画的 24 位功臣，就是其中的杰出代表，他们是长孙无忌、房玄龄、杜如晦、魏征、尉迟敬德、李孝、高士濂、李靖、肖瑀、段志宏、刘弘基、屈突通、殷开山、柴绍、长孙顺德、张亮、侯君集、张公瑾、程知节、虞世南、刘政会、唐俭、李勣、秦叔宝等。此外，还有著名的文士姚思廉、陆得明、孔颖达、颜师古等；卓越的书法家和画家欧阳询、褚遂良、阎立本等；杰出的少数民族将领阿史那吐乐、执失思力等。这些谋臣猛将、文人学士，都为“贞观之治”贡献了自己的聪明才智，集中体现了“贞观之治”中“任贤”的显著特点。

在《武德律》的基础上，唐太宗制定了《贞观律》及其他令、格、式，立法空前完备。他注意带头守法，维护法律的划一和稳定；强调刑赏要分明，不徇私情；量刑要慎重，要经过会审并多次覆奏。他在位时，几致“刑措”，犯罪分子也能自觉服刑，成为“贞观之治”的又一特点。

贞观元年（627年），唐太宗即位不久，便命长孙无忌、房玄龄等，在高祖时期制定的《武德律》的基础上，修订新律，至贞观十一年（637年）完成，即《贞观律》。与《武德律》相比，《贞观律》充分体现了唐太宗的宽简、划一、稳定的立法指导思想，尤其是刑罚方面，更为轻减。此外，又定令1546条，主要是关于国家各种制度的法规；修改武德九年的制敕，把3000条精简为700条，称为格，专门规定文武百官的职责范围，作为考核的依据；最后又制定了尚书省各部及诸寺、监、卫的工作章程，称为式。律、令、格、式的内容包罗万象，涉及当时社会朝野生活的各个方面，使封建国家的立法达到空前完备的程度。

作为国家至高无上的统治者，唐太宗十分注意维护法律的统一与稳定。他曾说："国家法律，不是帝王一家之法，是天下都要共同遵守的法律，因此，一切都要以法为准。"他一再强调，法令一经制定，就要严格执行，不能轻易变更，否则，便会使人无所措手足，又给了犯罪分子可乘之机，司法人员也不易熟记和掌握，容易出现问题和矛盾。他非常注意以身作则，带头维护法律的统一。贞观初年，他发现备选官中诈冒出身者很多，就以敕令的形式让诈冒者自首，不自首者处死刑，不久，发现有诈冒者来自首，便要杀掉。这时，大理少卿戴胄说，按照刑律，只能处以流刑。太宗大怒，说："你守法，难道想让我失信于天下吗？"戴胄接着说："敕，是出于一时喜怒发布的；法，是国家取大信于天下的东西。陛下对诈冒者非常愤怒，想要处死，知道不能这样做，又按刑法来处置，这是忍小仇而存大信的美德呀！"太宗听后，觉得有道理，说："你能这样来执法，我还有什么可担忧的呢！"为了维护法律的稳定，他除了强调出令要慎重，令出必行，不能轻易变更之外，还反对前代动辄就赦免犯罪，虚图仁慈之名的做法。他说："凡宽宥赦免的恩典，只给了那些不遵守法令的人。古人说'小人的幸运，就是君子的不幸'，'一年两次赦免，好人就默不作声。'培养害草，就伤害禾苗，施恩给犯法作乱的人，就是伤害好人。诸葛亮治蜀国，十年不赦，蜀国大治；梁武帝每年大赦几次，最终倾覆败亡。施小恩惠的人伤害大德。所以，我自从有天下以来，绝不发布赦令。"据历史记载，太宗的妻子长孙皇后病重，皇太子对皇后说："现在医药都用尽了，我想请求父皇发布大赦令，并命人出家奉佛，使您得到神灵保佑。"深知太宗秉性的长孙皇后坚决不允。

在带头维护法律的统一和稳定的同时，太宗强调刑赏要公平严明，不徇私情。他的叔父江夏王李道宗是开国元勋，为唐朝立下汗马功劳，一旦犯罪，即依法免官下狱。太宗的儿子吴王李恪，因打猎踩坏了农民的庄稼，御史柳范上书弹劾，李恪不以为然，不料太宗不仅将李恪免官，还削去了他的300户封邑。岷州都督高甑生是太宗的老部下，犯罪以后，有人在太宗面前替高说情，太宗说："自从晋阳起兵以来，功臣很多，现在如果不处理高甑生，将来国家法令就无法推行。凡是为朝廷立过功的人，我是不会忘记的，但是如果犯法，无论什么人，都要依法处理。"贞观初年封赏功臣之时，淮安王李神通自恃宗族身份，不服房玄龄、杜如晦等人功劳高过自己，太宗对自己的这位叔父说："当初起兵，你虽首先响应，但也是为了免脱你的祸患；窦建德攻山东时，你几乎全军覆没；刘黑闼再次叛乱时，你又望风而逃。房玄龄等人运筹帷幄，坐安天下，论功行赏，理应在你之上。叔父虽是国家至亲，我也不能以私恩滥加行赏呀！"众人听了心悦诚服。

对于定罪量刑，太宗一再强调要慎重行事。贞观元年(627年)，他对侍臣说："人死了不能再活过来，执法务必宽大简约。古人说，卖棺木的人，希望每年发生瘟疫，并不是仇恨别人，只不过是为了求利而已。现在掌管刑狱的人，审案务必求严，想借此来应付考核，得到提升。要改变这种情况。"又说，古时候审理讼案，要询问三槐九棘这些官员；现在三公、九卿就是这样的官员。从今以后，判死罪的，都要中书省、门下省四品以上官员，以及尚书、九卿等议论会审，这样做才有可能避免冤案和量刑过度。对于判错了的案子，一经发现，太宗就要求改正，并注意从中汲取教训。贞观初年，曾规定死刑要 3 次上报中央，批准后方可执行。贞观五年（631 年），太宗错杀了大理丞张蕴古，后来又错杀了都督卢祖尚，追悔莫及。在为死者平反的同时，他下诏：死刑在京城要 5 次上奏，在地方者也要 3 次上奏。后来又下诏说，在京城的各执法官署，近来奏请犯死罪者处刑，虽说复奏 5 次，但仅仅在一天之内就复奏完毕，根本来不及认真思考，5 次复奏又有什么用呢？纵然有追悔之意，也来不及了。从今以后，在京城的主管机关，请求处决死囚，应该在 3 日内分 5 次复奏。地方仍按 3 次复奏。在具体的定罪量刑中，唐太宗比较注意以儒家礼教来衡量轻重，贯彻“德礼为政教之本，刑罚为政教之用”的基本原则。贞观五年（631 年），他曾亲自书写诏书告诫执法官员：“近来审判案件，都只按照条文，虽情有可原的，也不敢减轻，完全按条文办事，有的恐怕还有冤屈。从今以后，门下省再有按照条文判处死刑，而情有可原的，应记下情况上奏。”所谓情有可原，大都是礼与法发生矛盾。要求上奏，就是要以礼为准，而不是以法为准定罪量刑。

由于唐太宗以身作则，依法行政，赏罚严明，不徇私情，使贞观年间法制情况明显好于前代，社会安定，吏治较为清明，犯法的人很少，被判死刑的更少。史载贞观二年（628 年），全国判死刑的只有 29 人，几乎达到封建社会“刑措”的最高标准。贞观六年（632 年），全国在押的死囚共 390 人，这年年底，唐太宗在察看监狱时对他们动了恻隐之心，下令全部释放回家，与亲人团聚，约定第二年秋天重回京师服刑。第二年秋天，390 人全部按时回来报到，无一人逃亡。唐太宗高兴之余，全部赦免了他们的死罪。对此，后人也有批评他违犯法律，沽名钓誉，有害无益，甚至怀疑他故意制造假象，但从中也反映出“贞观之治”法制状况之一斑。

面对因隋末战乱灾荒造成的人口锐减、经济凋敝的状况，唐太宗继续推行在当时有利于经济恢复和发展的均田制和租庸调制等经济制度。注意轻徭薄赋，不误农时，兴修水利，增加户口，发展生产。同时大力戒奢崇简，精简机构，以减轻人民负担，节约财政开支。贞观年间，社会经济得到迅速恢复和发展，呈现升平景象。

隋末的战乱灾荒，使得人口锐减，经济凋敝。虽经唐高祖时期一定程度的恢复，到唐太宗即位时，情况仍比较严重。贞观初年，又连续出现霜灾和旱灾，米价昂贵，饥馑遍地，到处是流亡人口。面对这种局面，唐太宗着力推行武德年间就已颁布的均田制和租庸调制，在有限的范围内，尽量平均土地，使流亡人口回到家乡，从事农业生产，发展经济，增加国家财政收入。

唐太宗深知，隋末的农民大起义主要是由于“赋繁役重，官吏贪求，饥寒切身”引起的。他反复引用“君臣，舟也；庶人者，水也；水则载舟，水则覆舟”的古语来警诫自己，并对侍从大臣说：“当国君的必须先保护百姓，如果损害百姓来奉养自己，就好像割自己大腿上的肉来填饱自己的肚子，肚子虽然饱了，人却死了。”因此，他积极推行轻徭薄赋、与民休养生息的政策，以促进农业生产的迅速恢复和发展。即位之初，他就宣布免除全国一年租税，免除遭受战乱灾荒严重的地方两年租税。尽量减少徭役的征发，有些非征不可的徭役，也尽量改在农闲时进行。他一度想征发中男（不满 18 岁的人）当兵，并想修建洛阳宫殿，均因接受臣下劝谏而作罢。贞观五年（631 年）二月，皇太子李承乾年满 13 岁，应举行加冕大礼，征发各地府兵作为仪仗队。唐太宗认为当时正是农忙季节，举行大典要影响农事，便下诏推到秋天农闲时举行。在唐太宗的大力倡导下，贞观初年，关中、河南等地原有的渠道都相继恢复，并新修了不少排水和引水工程。针对当时全国人口锐减的情况，唐太宗下诏规定：民间男 20 岁、女 15 岁以上，尚没有婚配的，由州县官吏负责帮助他们结婚成家，家贫无力成亲的，由本村的富户和亲戚资助完婚，并把婚姻和户口的增减情况列为考核地方官员政绩的一个重要内容。

为了切实减轻人民负担，贞观年间，唐太宗还注意从自己做起，大力戒奢崇简。他即位后，仍住在隋朝的旧宫殿里，虽然大都已经陈旧，但在贞观初年，一直没有修缮。他患有气疾，居住在潮湿的旧宫殿中，容易复发，有的大臣以此为由劝他新建宫殿，他也没有答应。为了减少宫中花费，他曾一次下诏释放宫女 3000 人。同时，严厉禁止厚葬，并明诏要求五品以上官员和勋亲贵族都必须遵守。为了给臣下做出表率，他在安排自己的陵寝时，亲自制定规格，“以山为陵，容棺而已”。对地方官吏进贡珍奇宝物，他下令禁止，以防扰民。有一年，工部尚书段纶带了一位名叫杨思奇的巧匠进宫，准备制作傀儡戏（木偶）道具，以讨好太宗，太宗不仅没有接受，反而严厉地训斥了段纶一番，并免去了他的官职。由于太宗大力倡导并身体力行，贞观初期逐渐形成了一种崇尚节俭的风气，并出现了一大批以节俭闻名的大臣。如户部尚书戴胄，生前一直住在一座破旧的房子里，死后甚至连个祭祀的地方都没有。一代名臣魏征，为官一生，家里连正堂屋也没有，病重时，太宗亲临看望，见到这种情况，才命人为他修建了一座房屋。

贞观初年，主要为了理顺政府机构的关系，加强对地方的控制，提高行政工作效率，唐太宗合并了很多州县，并把中央各行政机构从7000多人精简到600余人。这在客观上，也有利于节约财政支出，减少浪费，减轻人民负担，为后世所称道。

每当发生水旱霜蝗等自然灾害时，唐太宗都迅速实行各种“荒政”，以解民于倒悬之中。如命令灾区迅速开仓赈济；准许百姓到别的地方“就食”；由官府出钱，帮助因灾自卖的人赎身，回到家人身边。由于灾荒和赋役过重，有的地方出现“盗贼”，当有人主张以重刑惩治时，唐太宗说：“百姓之所以走上这条路，主要是因为赋役太重，官吏贪贿，饥寒交迫，不得不行窃为盗。我们正应该轻徭薄赋，去奢省费，选用廉吏，使百姓能有饭吃，有衣穿，这样谁还会行窃为盗，哪里用得上什么重刑处置？”有一年蝗灾严重，太宗进入宫苑中，发现有蝗虫，拾了几个，祷告说：“百姓以谷为命，而你却吃了谷，我宁愿让你吃我的肺肠。”说着就要吞食蝗虫，旁边的人劝谏道：“这是害虫，吃了可能会中毒生疾。”唐太宗说：“我为百姓承担灾荒，还避什么疾病！”说罢，将蝗虫吞进肚里。据说当年就没有了蝗灾。

由于唐太宗实行的一系列有利于恢复发展生产的积极措施，使社会经济在贞观年间得到迅速发展。从贞观三年（629年）开始，全国连续出现农业大丰收，粮价下跌，由原来的1匹绢换1斗粮食，下跌到1匹绢换10斗粮食。社会秩序趋于安定，以往成群结队的流浪灾民不见了，人民开始过上安居乐业的生活。全国的户口由高祖武德年间的180万户，增加到贞观二十二年（648年）的380万户，增长了1倍还多。尽管全国各地发展并不平衡，但总体处在上升阶段。史传贞观中期，牛马遍野，丰衣足食，夜不闭户，道不拾遗，一片升平景象，可谓有史以来并不常见的太平盛世。

> 唐太宗注意总结以往的经验教训，妥善处理民族关系问题。对突厥、高昌等的武力打击，维护了边疆的安宁，打开了民族交往的通道，创造了民族融合的条件。在以“和亲”等形式力促友好相处方面，也取得了显著成效。这一时期唐朝与世界各国的交往不断扩大，影响也颇为深远。

汉民族和边疆少数民族的关系问题，一直是历代统治者十分重视的问题。贞观初年，唐太宗注意总结以往的经验教训，在国力逐渐增强的情况下，进行了统一边疆、维护国家安宁的战争，并且妥善处理了与边疆各民族之间的关系，为建立和巩固强盛的多民族的大唐帝国奠定了基础。

东突厥是对唐朝威胁最大的一个少数民族政权。唐朝初年，东突厥支持怂恿北方各割据势力，阻挠统一，不断骚扰内地百姓。唐太宗即位之初，东突厥便出动20万骑兵突袭长安，一直到达长安城附近渭水以北地区，唐太宗以善谋、果断、无畏的气概，震慑了突厥颉利可汗，二人在渭水桥上杀白马祭天结盟，突厥暂时退兵。此后，唐太宗加紧备战，并充分利用突厥内部的矛盾，与薛延陀部建立联盟，使突厥另一首领突利可汗归附唐朝。贞观三年（629年）十一月，唐太宗任命兵部尚书李靖为统帅，率领李世勣、柴绍、薛万彻等大将，统兵10万，分兵4路讨伐东突厥。李靖善于用兵，唐军大获全胜，颉利可汗在兵败逃亡吐谷浑的途中被活捉，东突厥被消灭。唐朝统一了北部边境，收复了阴山至大漠的广大地区，解除了长期以来东突厥对中原地区的威胁，同时，也使东突厥奴役下的各族人民获得解放。这次战争的胜利，使唐王朝在当时边疆各族中的威望大增，周围各部落、部族的首领纷纷臣服，并尊唐太宗为“天可汗”，意即最高的首领。

北部边疆平定后，唐太宗开始扫除“丝绸之路”上的障碍，完成统一西域的事业。当时的西域，主要指巴尔喀什湖以南以东的新疆、青海广大区域。隋末国内动乱不已，本来已开通的西域，又被两股势力阻隔。一股势力是汉族麴氏建立的高昌政权；另一股是西突厥。高昌地处西域和中原之间，是中西交通的枢纽。贞观初年，高昌首领麴文泰多次进行分裂破坏活动，有意堵塞中原与西域交通，引起其他少数民族人民的不满，也加剧了其国内的矛盾。贞观十三年（639年）十二月，唐太宗令侯君集和薛万钧率兵讨伐麴文泰，次年五月，侯君集到达高昌。麴文泰束手无策，惊吓之中，患病而死，其子智盛即位。侯君集等高昌办完麴文泰的丧事后，随即发动攻击，高昌本以为可以获得西突厥的支援，不料援兵半道折返，无奈之下，只得开城出降，侯君集乘胜出击，连下22城，彻底平定高昌。唐朝在高昌故地设立西、庭2州，其后又建立安西、北庭都护府。

平定高昌后，唐太宗把目光转向当时正利用龟兹破坏西域商路的西突厥。贞观二十一年（647年）十二月，唐太宗派阿史那社尔和郭孝恪讨伐龟兹。次年四月，从西突厥内部分化出来的叶护阿史那贺鲁率众降唐，加入唐军统一西域的战争行列。阿史那社尔军力大振，又有了向导，前后数战，破龟兹5座大城。唐朝把安西都护府迁到龟兹，管辖焉耆、龟兹、碎叶、疏勒4镇。从此，西域大部分归于唐朝。唐高宗初年，在庭州设立北庭都护府，最终完成了统一西域的事业。

唐太宗在通过战争手段统一边疆地区的同时，又通过实行比较开明的民族政策处理民族矛盾，改善民族关系。对于那些被征服的以及主动归附的少数民族部落，主张不强行改变他们的生活方式和风俗习惯，并且任命他们原来的首领担任各级官吏，管理本地区或本部落的人民。同时，送给他们农具、耕牛等物品，帮助他们发展农牧生产。许多少数民族的首领在京帅任职，有文职，更多的是武职，如东突厥的贵族中担任将军、中郎将官职的就有500多人，五品以上的高级官员共有100多人。有的少数民族首领甚至在唐朝皇室中任禁军首领，表明唐朝对他们的充分信任。此外，唐太宗还十分注意用“和亲”的方式，来加强与少数民族间的联系和团结。他多次把宗室之女嫁给少数民族的首领，其中影响最为深远的是唐朝与吐蕃的“和亲”。

唐太宗战、和两手的成功运用，实现了边境地区的统一和安定，各民族间的交往日益密切。一方面，中原地区的先进生产技术传到少数民族地区，推动了这些地区经济文化的进步，促进了边疆地区的开发；另一方面，少数民族的一些生产技术和文化传入内地，对汉民族经济文化的发展也产生了积极的影响。

在国内民族和睦，边境统一安定的局面下，贞观时期，唐朝和当时世界上其他国家的各种交往也越来越频繁。亚洲、非洲地区的许多国家派出使者、商人、学者、艺术家、僧侣等，不断来唐朝访问，长安不仅是国内各民族的大都会，也成为世界性的大都会。唐太宗对中外交流采取极为友好的态度，专门设立鸿胪寺来接待各国使者，设立商馆来接待外商。据历史记载，当时与唐朝交往的国家达 70 多个。大批外国商人从陆路、海路来到长安、洛阳、扬州、广州等大城市，唐朝政府允许他们长期居住，还可以与中国人通婚。许多外国植物品种如胡椒、菠菜、郁金香、天竺、干姜等，相继从波斯和印度传入中国，佛教经典也大量传入，并被译成汉文，其他宗教如景教、回教、摩尼教等，也得以在中国传播。

与此同时，贞观时期高度发展的封建文化，也对亚洲各国以及世界其他地区产生了深远的影响。中国的丝绸、茶叶、瓷器、纸张等大量销往波斯等国家，又通过他们销往西方。中国四大发明之一的造纸术也在这一时期传到阿拉伯和印度，又通过阿拉伯传到欧洲和非洲，对西方文化事业的发展产生了巨大的推动作用。这个时期的唐朝文化，对日本、朝鲜的影响更大。贞观五年（631 年），日本派遣了第一批遣唐使来中国学习，之后日益频繁。贞观十九年（645 年），日本发生“大化革新”，全面吸收唐代的官制、均田制、租庸调制、府兵制以及刑制等，大大加快了其封建化进程。中国使者、僧侣、商人的足迹遍布亚洲各国。“唐家子”就是当时外国人对中国人的称呼。直到今天，西方国家的语言中，还有以“唐人”称呼中国人的习惯。

随着时间的推移而对隋亡这面“殷鉴”的逐渐淡忘，

地主阶级政治家本身的局限性开始在唐太宗身上显露出来，尽管魏征等人曾一再提醒他要“慎终如始”，唐太宗还是未能“如始”般地“慎终”，因而给“贞观之治”抹上了一层阴影。

贞观十一年（637 年），魏征曾上书太宗，其中有这么一段话：“许多国君，在秉承天命开创基业时，没有哪一个不是深怀忧虑，谨慎行事，德行显著的。而一旦大功告成之后，德行就开始衰减了。开始时做得好的事情确实很多，能够坚持到最后的则很少。这难道不是创业容易守业难吗？过去打天下时尚感到力量有余，如今守天下时却常感到力量不足，这是什么原因呢？因为创业时处在深切的忧虑之中，必然尽心竭诚地对待下属；一旦得志，就放纵欲望，傲视他人。当尽心竭诚地待人的时候，即使像北胡南越那样极其遥远的人也会亲密得像一个整体；当傲视别人的时候，即使是骨肉兄弟也会疏远得如同路人一般。虽然用严酷的刑罚来督察，用威严与愤怒去震慑，但下属总是采取苟免祸患的方法应付，内心并不怀好意。表面上恭恭敬敬，骨子里却不服气。怨恨不在于大小，可怕在于人心背离。水能载舟，也能覆舟，所以应该高度警惕。用腐朽的绳索去驾驭奔驰的车子，它的危险是可以忽视的吗？”

不幸的是，魏征担心的情况，正在出现。尽管他一再提醒唐太宗要“慎终如始”，防止“渐变”的危害，但随着时间的推移，隋朝灭亡的这面“殷鉴”被太宗逐渐淡忘了；随着文治武功方面种种成就的取得，太宗开始傲视他人，放纵欲望了。封建帝王的贪欲和专制的本性，在他身上越来越明显地体现出来。

贞观初年的唐太宗，不知说了多少“爱民”“子民”，以

"仁义"抚民的话，并且的确有许多节俭自身、施惠于民的德政善举。到贞观十二年（638 年），魏征上疏，提出皇帝应该时刻加以警惕的 10 个"渐变"而难以"善终"的问题，其中第二条，就是唐太宗对待百姓的态度发生了变化，他说："贞观初年，陛下对待人民就像对待自己身上的伤口一样，关心备至，怜悯非常。爱护人民就像爱护自己的子女一样，总是保持简朴节约，没有营建什么宫室。近几年来，您的心思在奢侈纵欲方面，忘记了谦虚节俭，轻易地使用民力，还说，'百姓没有事做就会放纵，劳累才容易驾驭他们。'自古以来，没有由于百姓清闲安乐而造成国家倾覆败亡的，哪有反而因害怕百姓放纵而故意去役使他们的呢？"魏征所言，当然不是无的放矢。史载贞观中后期，唐太宗过分追求奢侈，不断营造宫室，使百姓的徭役负担越来越重。贞观十六年（642 年），还出现了农民为了逃避赋役，自己折断手足，谓之"福手""福足"的情况，唐太宗知道后，不但不肯轻减赋役，反而下令："从今以后凡有自残，逃避徭役的，要按照法律加重处罚，并仍要承担赋役。"与当年的言行对比起来，简直判若两人了。

在纳谏和用人方面，也远不如从前了。贞观初期，唐太宗是唯恐人不进谏，用各种办法鼓励人们犯颜直谏。到贞观中后期，开始变得厌恶直言，有时虽然勉强纳谏，心里却十分不满。尤其是贞观十七年（643 年）魏征死后，除了刘洎、马周等少数人还敢直谏外，其余大臣大都是一味阿谀奉承，使得唐太宗更加飘飘然，骄横专制，为所欲为起来。在用人方面，也不再强调什么唯才是举、以德行学识为先了，许多勋亲子弟充塞于朝廷，大都没有实际工作能力，还互相掣肘，行政效率大大下降。而且，唐太宗也开始对大臣猜忌起来，特别是到了贞观后期，对大臣动辄问罪，轻者贬，重者杀，连尉迟敬德、房玄龄这些佐命功臣，也不能幸免。贞观十七年（643 年），发生废立太子事件后，其猜疑心更重。魏征在世时，对唐太宗废立太子一事表示反对，魏征死后，太子因谋反罪被废为庶人，与之有牵连的大将侯君集被杀，中书侍郎兼太子左庶子杜正伦也因此获罪。由于魏征生前曾举荐杜正伦和侯君集，唐太宗便怀疑魏征与他们是朋党，加之又有人在唐太宗面前诋毁魏征，唐太宗便解除了他曾亲口答应与魏征的子女婚约，并派人推倒了自己亲自撰写的魏征墓碑。

贞观后期的唐太宗，在处理民族关系问题上，也走上了隋炀帝当年的老路。他出于对外扩张的思想，两次发动对高丽的战争，最后都以失败告终。在对高丽的战争中，他大规模地征调人力、物力，剑南的人民为建造长百尺、宽五十尺的大战船，出卖田产和儿女。雅州、邛州、眉州一带，还爆发了农民起义。这一切，都给“贞观之治”投下了阴影，使之逐渐失去了原来的光彩。

唐太宗及“贞观之治”的出现，不是偶然的。在中国古代，大规模农民起义后出现明君，几乎是一条规律。隋朝覆亡的具体原因和特征，直接警戒着贞观时期君臣的行为。没有隋炀帝的“大业”，就没有唐太宗的“贞观”。唐太宗本身所具备的一些素质，当然也是“贞观之治”形成的一个重要原因。

唐太宗晚年的一些不良行为，给“贞观之治”投下一层阴影。但从总体上看，“贞观之治”是值得称道的封建治世。在对“贞观之治”称颂的同时，人们不禁要问，“贞观之治”的出现是不是带有偶然性？它的出现，又说明了什么？

纵观中国古代史，可以说，“贞观之治”的出现，不是偶然的，它的出现，从一个侧面揭示出封建社会治乱兴衰的一些基本规律，值得后人深思。

首先，在大规模的农民起义后，出现明君，出现治世，几乎是一条规律。秦末农民大起义后，出现了西汉初年的“文景之治”。隋末农民大起义后，出现了唐初的“贞观之治”。宋高祖、明太祖、清康熙年间，都曾出现过类似“贞观之治”的封建治世。在封建专制制度下，皇权的恶性膨胀，最终导致自身覆亡的倾向，这是因为专制制度本身没有可以有效限制皇权恶性发展的力量，唯有农民大起义，才是可以有效制约它的社会力量。农民大起义后，往往能使封建统治者清醒一阵子，认识到“水能载舟，亦能覆舟”的道理，从而产生畏惧心理，不得不实行一些让步政策，这在主观上是为了统治阶级自己的利益，但在客观上也有利于社会经济的恢复发展与进步。唐太宗是在隋末农民大起义后不久当上皇帝的。农民起义的力量巨大，隋亡的殷鉴不远，使他常怀畏惧。纵观他的一生，尤其是贞观初年的言论，几乎口不离一个“怕”字。“怕”什么？就是怕惹怒了广大农民，把自己送上隋炀帝国亡身丧的道路。因此，他念念不忘要“居安思危”，要“以古为镜”。他说：“秦始皇算得上一代英雄，做出了平定六国那样大的事业，也才仅仅保全了自身，传到儿子手中，就失国而亡了。历史上的桀、纣、幽、厉等帝王都自身丧亡了。我每每想到这些，不得不害怕。”又说，“看看近代的帝王，有的传位10代，有的只是一两代，还有的是一身得又一身失，我因此而常怀忧惧。”他还对自己的太子说，“船好比是国君，水好比是百姓，水能浮起船，也能掀翻它。你刚做了太子，难道还不害怕吗？”“当皇帝的，你有德行，百姓就拥戴你；你没有德行，百姓就会抛弃你，真可怕呀！”贞观时期一系列与民休养生息的内外政策，就是在这种“畏民”的思想支配下制定和实施的。

其次，唐太宗根据隋朝覆亡的具体原因，非常注意研究总结“君道”。隋朝的覆亡与秦朝的覆亡有一个共同的基本原因或特征，就是二者都不是亡于土地兼并等封建社会常见的经济问题，而是亡于皇帝个人的残暴所引起的农民暴动。也就是说，没有注意皇帝个人的自我约束，没有掌握好“文武之道，一张一弛”的治国大道、为君之道。贞观初年的魏征在给太宗的奏疏中，对此说得很清楚：“隋朝统一天下，军力强盛，30多年间，声威远播万里，震动异国。一旦被百姓抛弃，就为别人所有了。难道是隋炀帝厌恶天下大治、百姓安宁、国家长久，故意要实行像夏桀一样的暴政来促使自己夭亡吗？显然不能这样说。只是他一味倚仗自己的富足强大，不考虑后患。他驱使天下的人顺从自己的奢欲，耗尽天下的财物供自己享受，搜刮天下的美女，寻求远方的珍宝，宫室苑囿装饰华丽，楼台亭榭构筑峻伟，征发徭役没有时限，用兵打仗没有休止。外表显得威严持重，内心充满狠毒与猜忌，献媚进谗的人得到福禄，忠诚正直的人不能保全性命。上下之间互相蒙蔽，君臣间的礼义互相背离。百姓不能忍受这种暴政，起而反叛，国土分崩离析。于是，一个全国至尊的皇帝，竟死在普通人的手中，子孙灭绝，被天下人耻笑，这能不让人痛心吗？”对此，唐太宗当然是十分恐惧的，因此他一再强调，为人君者，要讲究“君道”，而“君道”的内容与原则，是非常丰富的。唐玄宗时大臣吴兢编撰的主要记录贞观时期君臣言行的《贞观政要》，开宗明义第一篇，就是《君道》，其中较为详细地记载了唐太宗与魏征等大臣对“君道”的研究与总结，成为“贞观之治”的纲领性指导思想。

再次，隋炀帝自身的一些暴行，使唐太宗有一个直接的反面教训。有人曾有疑问：西汉初年与唐朝初年的历史条件相似，两朝统治者都注意总结前朝的惨痛教训，但为什么唐太宗的很多特点，如从谏如流，知人善任，坚持法制，开明的民族政策等等，在汉高祖、文帝、景帝身上或者并不突出，或者付诸阙如呢？显然，是因为隋炀帝比秦始皇具有更多的反面教员的特点，如拒谏饰非，猜忌臣下，对人民的残暴，穷兵黩武等等，都尤为突出。唐太宗只要能反其道而行之，即是正道。在这个意义上可以说，没有隋炀帝，就没有唐太宗；没有隋炀帝的“大业”，就没有唐太宗的“贞观”。

此外，唐太宗本身的品德修养，也是形成“贞观之治”的一个重要的主观因素，这一点也不容置疑。尽管他晚年有许多不良行为，但瑕不掩瑜，功大于过。贞观二十一年（647 年）五月，唐太宗与臣下探讨自己成功的原因时，总结了五条：第一，自古帝王多嫉妒才能胜过自己的人，而我看见别人的长处，像看到自己的长处一样高兴；第二，无论任何人都不能做到十全十美，我往往能弃其所短，用其所长；第三，有的帝王爱贤者恨不得抱入怀中，恨不肖者恨不得推入沟壑，而我对贤者很尊敬、重用，对不肖者则很可怜他，使两者都能各得其所；第四，自古帝王多厌恶正直之士，或者公开杀害，或者暗中杀害，而我从即位以来，正直之士，比比皆是，我不曾罢免一个人，也不曾给一个人治罪；第五，自古帝王皆看重汉族，看不起少数民族，我却能做到一视同仁，一样爱护关怀，所以他们都来归附。次年（648 年）春天，即唐太宗逝世的前一年，他亲自为太子李治撰写了《帝范》12 篇，并把自己所做的错事一一说给儿子听，让他以古代圣贤为师，不要效法自己。作为一个封建帝王，在即将盖棺论定之际，给接班人剖腹掏心地讲明自己的过失，希望能引以为戒，这种品质，是非常难得的。这也正是尽管他晚年有错，但人们都承认他的功大于过，并没有使“贞观之治”完全失去光彩的重要原因所在。

空前绝后的一代女皇
也说武则天

武则天，是中国封建社会中空前绝后的一位女皇帝。多少年来，人们对这位女皇的是非功过，评说不一。客观地分析一下武则天的所作所为，可以说，她是一位极富进取心和创造性的人物。在她身上，既有封建时代男性帝王所有的优点和缺点，也有男性帝王所无的优点和缺点。而史无前例的“武周革命”，与其说是中断了李唐江山，不如说是奠定了李唐王朝盛世的基础。

在陕西乾县，有一座唐高宗李治与女皇武则天的合葬陵——乾陵。在乾陵朱雀门外东西两面，各有一座大石碑。左边的叫“述圣记碑”，为颂扬唐高宗的文治武功而立，上面刻有武则天撰文、唐中宗李哲（即李显）手书的8000余字，详述了高宗的功德。右边的，为武则天而立，虽然高、宽等规格与左边的石碑大致相同，但未刻一字，故称为“无字碑”。多少年来，每当人们来到“无字碑”前时，就会对这种“有碑无字”的现象做出种种猜测；对“无字碑”的主人——一代女皇武则天，更是充满了好奇与疑问。那么，武则天究竟是个什么样的人呢？

武则天出身于宦家寒族。曾在唐太宗时为宫中才人，但终未得宠。唐高宗即位后，二度进宫。她凭着自己的容貌与才智，利用宫中后妃之间的矛盾，以残忍狠毒的手段，战胜对手，当上了皇后。在高宗因病倦于朝政的情况下，她把持朝政，排除异己，连废四子，镇压反抗，终于当上了皇帝，这在当时是空前的。

唐高祖武德七年（624 年）正月二十三日，武则天诞生在唐朝开国功臣武士彟家中。她是武士彟与其继室杨氏所生的第二个女儿。据传说，武士彟当利州都督时，夫人杨氏到龙潭边玩，忽然潭中跃出一条金龙，与她交欢，杨氏因此有孕而生下武则天。又说，武则天还在襁褓中时，当时有名的相术大师袁天纲为武士彟一家看相，见武则天长得“日角龙颜”“神色爽彻”，大为惊奇，曾断言“若是女，当为天下主也”。这些迷信传说，当然是后人对武则天当皇帝的附会，但也表明武则天的相貌天资，非同一般。

武则天的父亲虽是唐朝功臣，但原本是富商。在唐太宗编定的《氏族志》中，不列武氏。少女时代的武则天，一方面可以宦游于荣华富贵的上流社会；另一方面，又难免遭受寒门根底所要承受的鄙视与攻击。贞观十一年（637 年），当唐太宗听说武则天貌美色丽，要召入宫中为才人时，其母杨氏非常担忧，武则天却说：“见天子说不定是福气呢，何必悲伤？”

入宫后的武则天，被唐太宗赐号武媚，人称媚娘。媚娘虽媚，但在唐太宗面前，并未得宠。据说，当时宫廷中盛传天象谶语，说唐朝三世之后，会由女主武王当朝。唐太宗心存疑忌，想把与谶言相似的女子全部杀掉，以绝后患。太史令李淳风加以劝止，认为人力不可挽回天意，反而会招致更为严重的后果。唐太宗虽然因此而作罢，但自此对武姓女子不无忌恨。故武则天 14 岁进宫，在宫中待了 12 年，没有生育，也没有晋升，基本上是在半幽禁的生活中度过青春的。

贞观二十三年（649 年）五月，唐太宗驾崩。这年武则天已 26 岁，被削发为尼，送进感业寺，空守青灯梵钟。次年，即唐高宗永徽元年，唐太宗周年祭日时，高宗李治来到感业寺进香。李治在做太子时，曾在王皇后那里见过武媚娘，并且一见钟情，据说二人私下恋情甚深。这次在感业寺进香之时，又见到媚娘。旧日的恋情，如今美人的哀容，使高宗大为感动，决心再迎媚娘还宫。恰巧这时王皇后与肖淑妃争宠，为离间高宗与肖淑妃的关系，王皇后也力主接纳武则天入宫，并让武则天蓄发等待。时隔不久，高宗不顾当时的礼教与佛规，毅然将武则天接入宫中。武则天二次入宫后，深得皇帝和皇后的喜欢，很快晋升为昭仪，位于九嫔之首，仅次于皇后和四妃。

武则天并不满足。她的第一目标，是取代王皇后。凡后宫中与皇后交恶的人，她都竭力拉拢，安插在她的周围，以为自己的耳目。她先利用王皇后与肖淑妃的矛盾，联合皇后扳倒肖淑妃。接着，把矛头指向王皇后。王皇后不能生育，武则天却生下 4 男 2 女。大约在永徽五年（654 年）初，武则天第二胎生下女儿，很讨人喜欢，王皇后也去看望，逗弄一番，在皇帝要来之前走了。武则天趁无人时掐死亲生女儿，然后轻轻盖好被子。不一会儿高宗进来，要看爱女，武则天佯装欢笑，一同来到床前，掀开被子，看着女儿的尸体，放声痛哭起来，高宗十分震惊，忙问有谁来过，侍女回答王皇后刚走不久。高宗断言是皇后亲手杀了他与武则天所生的女儿，武则天又乘机进谗，哭诉自己受的种种“委曲”。高宗本就对王皇后不能生育颇为不满，遭此变故，就下了废掉王皇后的决心。

围绕皇后废立问题，宫廷展开了惊心动魄的斗争。长孙无忌、褚遂良等元老坚决反对废王立武，理由之一就是武则天出身卑微，又曾侍奉过先帝太宗，立为皇后与礼不合，且有损高宗名声。褚遂良因此被贬官。但高宗几次动议，都没有获得重臣支持。正在这时，开国功臣李勣说“这是皇帝的家事，用不着去征求别人的意见”，等于助了武则天一臂之力。武则天又指使追随自己的臣僚散布言论，如许敬宗就在朝廷中说：“种田的农夫多收几十石麦子，都想换个老婆，何况是贵为天子，这算得了什么事情！”于是，高宗决定册立武则天为皇后。

永徽五年（654 年）十月十三日，高宗下诏，废皇后王氏、淑妃肖氏为庶人；十九日，诏立武则天为皇后；十一月一日，由司空李勣主持，举行册立皇后大典，31 岁的武则天，身着皇后礼服，昂首登上肃义门，李勣、于志宁献上玺绶，率领百官朝拜，开创了百官朝拜皇后的先例。

武则天当上皇后不久，唐高宗李治因患风疾，对朝政有所倦怠，武则天顺势把持朝政，并为登上皇位开辟道路。

当时对武则天心怀不满的朝廷元老大臣颇多，尤以长孙无忌为首。显庆四年（659 年）春，武则天授意许敬宗编造朋党案，将长孙无忌下狱。唐高宗不得不将长孙无忌流放黔州，后被许敬宗逼迫自杀。受此牵连的宰相于志宁免官，柳奭、韩瑗不久被杀，来济被贬往新疆一带，长孙、韩、柳、于等家族成员几十人，或杀或流或贬。反对武则天的长孙无忌集团被彻底摧垮。与此同时，效忠武则天的李义府、许敬宗等人被提升为宰相。唐高宗因对武则天的这一做法不满，与宰相上官仪密谋废后，武则天获悉后，对高宗软硬兼施，高宗不得已将上官仪抛了出来，武则天当即指使许敬宗诬告上官仪与废太子李忠图谋不轨，将上官仪及其子上官庭芝下狱处死，籍没家属，尚在襁褓中的上官婉儿——上官庭芝之女，也随母一起没入宫中为婢。上官婉儿天资聪慧，后来反倒成了武则天的心腹。

自此，高宗对政事愈加倦怠，武则天协助高宗理政，形成“天下大权悉归中宫，天子拱手而已”的局面。朝廷内外，称皇帝、皇后为“二圣”。

但武则天并不满足，她加紧攫取皇位的准备工作。先是命人修订《姓氏录》，将武姓列入第一等，以改变太宗时期《氏族志》不列武氏而给自己造成的不利的出身地位；接着，在唐高宗决定封禅泰山时，取得以皇后身份继皇帝之后升禅坛主持亚献的殊荣，进一步提高了自己的身份和名望。与此同时，让以修撰为名召入禁中的文人学士，从北门即玄武门出入禁中，参与朝政，时人称为“北门学士”，以此分割宰相权力。在上元元年（674 年）晋号“天后”时，又“建言十二事”，均具有政纲性质，都以皇帝诏令实行。

但在皇后与皇帝之间，还有“太子”这一道几乎不可逾越的“障碍”。武则天先后生有 4 子，依次为李弘、李贤、李显（又名哲）、李旦（又名轮）。武则天先是鼓动高宗废了并非自己所生的太子李忠，立自己的长子李弘为太子，后发现李弘不便驾驭，便毒死了李弘。又立次子李贤为太子，李贤学问才名很高，深得众望。武则天唯恐大权旁落，设法将李贤废为庶人，在迁往巴州后，又派人前去逼令李贤自杀。在两位太子被废后，立三子李显为皇太子，李显为太子期间，弘道元年（683年），56岁的唐高宗逝世，命皇太子即位。李显即位，号中宗，尊武则天为皇太后，以裴炎为宰相。一次，中宗在裴炎面前提到想让自己的岳父韦玄贞当宰相，裴炎不同意，中宗便说："我就是把天下都给了韦玄贞，也没有什么了不得的。"这话传到武则天耳中，不到两个月，中宗便被废为庐陵王，幽于别所。中宗被废后，武则天又把自己最后一个儿子李旦扶上皇位，即唐睿宗，武则天吸取教训，不准睿宗参与政事处理，自己临朝专政，准备改朝换代。她把东都洛阳改为神都，预备作为登基后的京师；追尊武氏家族的五世祖先，更改唐朝百官名称。

正在这时，原来被武则天贬黜到柳州的柳州司马徐敬业等人，公开打出反武旗帜，聚兵10万，由骆宾王作《讨武曌檄》，布告天下，讨伐武则天。但由于徐敬业等人进军策略有误，起兵不到40天，即被镇压下去。在这次平叛期间，宰相裴炎曾乘机要挟武则天还政睿宗，武则天随即将裴炎斩首，并对宰相班子进行了大调整。随后，竭力渲染秉承天意的神秘气氛，为登基大造舆论。其侄子武承嗣指使雍州人康同泰献白石，上刻有"圣母临人，永昌帝业"的字样，诡称得自洛水。武则天高兴地将白石命名为"宝图"，表示要亲拜洛水，受宝图。心惊胆战的睿宗皇帝也乘机讨好，率群臣上尊号“圣母神皇”，并制作了执掌国柄象征的神皇之玺（即玉印），“神皇”之号表明武则天离正式戴上皇冠的日子已经不远了。李唐宗室不甘江山易主。垂拱四年（688 年），唐高祖第十一子韩王李元嘉首谋起兵，打出“迎还中宗”的旗号，其他一些李唐宗亲也先后响应。武则天毫无畏惧，果断地调兵遣将，将这次反抗镇压了下去。

两次武装反抗被镇压，武则天登上皇位的道路彻底打通。永昌元年（689 年）元旦，在薛怀义督建的万象神宫（即明堂）举行盛大的祭典活动，武则天堂而皇之地为初献，皇帝和皇太子只能悄悄地跟在后面为亚献、终献。在这样重大的礼仪活动中，武则天成了“初献”者，向世人再明白不过地表明江山谁主沉浮了。

当然，在正式登基之前，还要像前代故事一样，来一番“劝进”的表演。于是御史傅游艺率关中父老百姓 900 人上表请改唐为周，文武百官、和尚、道士等 6 万余人也跟着上书，表示拥护改唐为周；各地报送种种改朝革命的“祥瑞”。就连睿宗皇帝，也急忙上表请求赐武姓，以独尊武氏一主。

天授元年（690 年）的重阳节（九月九日），67 岁的武则天登上则天门楼，宣布大周王朝正式成立，终于当上了梦寐以求的名副其实的“女皇”。她自号“圣神皇帝”，以十一月为岁首，改旗帜尚赤，改元“天授”，表示她的皇位是上天所授。从此，武周王朝代替李唐王朝达 15 年之久。史称这一改唐为周的事件为“武周革命”。

曾在太宗面前以“驯马三策”表现出阴狠刚烈性格的

武则天，深知她那个时代“女主临天下”的不易。在夺取皇位的过程中，以及在取得皇位后的一段时期内，她实行了比一般男性帝王更为严酷的统治，因而受到时人和后人强烈的谴责。

据说还在唐太宗后宫当“才人”时，武则天就表现出阴狠刚烈的性格。当时宫中有一匹烈马，名叫狮子骢，性情暴躁，谁也不敢骑乘，也不曾制服它。武则天对唐太宗说，我能制服这匹马，但需要三件东西，唐太宗问她需要哪三件东西，武则天说：“我要一条铁鞭，一把铁锤，一把匕首。马不听话，就用铁鞭抽它；再不听话，就用铁锤捶它；还不听话，就用匕首割断它的咽喉。”

在武则天那个时代，一个女人要当皇后，虽然很困难，但还是有可能的，因为性别就是基本条件；若一个女人要当皇帝，而且是名副其实的皇帝，则不仅很困难，也是为封建礼教所不允许的，因为性别就是基本的限制。武则天当然深知这一点。因此，在她争取皇位的过程中，以及在取得皇位的一段时期内，不得不采取一些比男性帝王更为严酷的统治方法，以类似她当初说的“驯马三策”的办法驾驭臣下。

在她争取皇后之位的过程中，以狠毒的手法将王皇后和肖淑妃逐出后宫，幽禁在别院，在被幽禁的昏暗的小房子里，只留下一个传递食物的小孔，不准与任何人接触。一次偶然的机会，高宗李治看到了自己从前的后妃的悲惨处境，突然萌发同情之心，答应想办法恢复二人的自由。李治的许诺马上被武则天得知，武则天命人将二人各打100棍后，砍掉手足，投入酒瓮中淹死，据说肖淑妃临死前，大骂武则天，并发誓来生她要为猫，武则天为鼠，经常咬断武鼠的咽喉。武则天因此而不让宫中养猫。

正式登上皇帝宝座的前后，朝廷内外潜在的反对力量很多，武则天如坐针毡。这时，侍御史鱼承晔的儿子鱼保家奉献“良策”，建议在朝堂上设置铜匦，即检举箱，收受天下投书。武则天接受建议，诏令铸造4个铜匦，分别涂上青、丹、白、黑之色，青匦置朝堂东，称“招恩”；丹匦置朝堂南，称“招谏”；白匦置朝堂西，称“伸冤”；黑匦置朝堂北，称“通玄”。并命令正谏大夫为知匦使，侍御史为理匦使，受理天下告密文书。这项措施表面上看是为了广开言路，通达下情，实际上也确实起到了这样的作用，但最重要的，是想借此发现和掌握异己分子的活动，以便及时清除。为了方便告密，武则天下令各州县，凡欲进京投书告密者，沿途给予驿马和五品官待遇；告密者不分贵贱，一律接见，告密属实者擢官赏赐，不实者也不追究。一时间，四方告密者蜂拥而来，进京投书铜匦，络绎不绝，为武则天清洗异己分子提供了许多线索。

实行告密制度期间，武则天又物色到了一批酷吏。在后来的唐中宗诏令列举名单中，共有27名，大都出身无赖，性情残忍，专以告密陷害为能事，各有一番作为和“贡献”。其中最为厉害的是索元礼、周兴、来俊臣。来俊臣和另一名酷吏专门编写了一部告密专著《罗织经》，作为培养酷吏的教材。武则天放手任用这些酷吏，让他们给自己充当鹰犬和刽子手。

这些酷吏在审讯被告者时，发明了许多颇有“创意”的酷刑。如用绳索紧缚犯人的腰部，将绳端固定在架子上，让犯人向前走，勒在腰上的绳索愈来愈紧，前进到一定程度，连肠胃都会扭断，这叫“驴驹拔橛”；如果犯人不肯招供认罪，就将犯人的手脚捆绑起来，像陀螺似的在地上旋转，这叫“凤凰晒翅”；让犯人跪在碎砖瓦片上，高举双手，托起重物，手上沉重的压力会使瓦片碎砖刺入胫骨，这叫“仙人献果”；在很高的地方，放一根木条，命犯人站在上面，用绳索捆住腰，慢慢向后拉，即使没有恐高症的人，也会因恐惧而发狂，这叫“玉女登梯”；将犯人倒吊起来，在头发上拴一块大石头，犯人的脸和脖子很快就会浮肿，不久耳洞和鼻孔开始流血，健康的人也会随之气绝，这叫“犊子悬车”，等等。此外，还有“十大枷”，分别叫“定百脉”“喘不得”“突地吼”“着即承”“失魂魄”“实同反”“反是实”“死猪愁”“求即死”“求破家”。这些骇人听闻的酷刑，常常使囚犯“觳栗流汗，望风自诬”。

武则天实行告密制和任用酷吏，主要对象当然是与自己作对的李唐宗室和元老大臣。垂拱四年（688 年），李唐宗室起兵失败后，高祖、太宗的子、孙、女、婿 10 余人被贬、流、杀。太宗第十子贝州刺史李慎因被告与越王李贞交往过密，2 人及其子孙多人被诛杀。永昌元年（689 年），连州别驾、鄱阳公李諲（高祖之孙）秘密策划去庐陵迎立中宗李显，事情泄露后，李諲与太宗的孙子李炜等 12 人被杀，天官尚书邓玄挺是李諲岳父，也以知情不报罪被杀。载初元年（690 年），武承嗣指使酷吏周兴捏造谋反罪，诛杀高宗第四子李素节及其 9 个儿子，高宗第三子闻讯，惊恐之下，自杀而死，其子 7 人也被杀。同年，又杀高祖第二十一子密王李元晓的长子李颖等 21 人，诛其亲党数百家。至此，李唐宗室几乎被杀尽。武则天也就顺利地在这年（690 年）登基称帝了。

在杀戮李唐宗室的同时，又不断诛杀元老大臣。据赵翼《二十二史札记》称，武则天在位前后，诛杀的大臣有裴炎、刘祎之、邓玄挺、阎温古等数十人；诛杀的大将有程务挺、李光谊等数十人；诛杀的庶僚则有周思茂、郝象贤、薛颉等数百人。在大开杀戒之时，无辜受害者很多。如酷吏万国俊等六道杀流人使，分赴岭南、剑南、黔中、安南诸道按问流人，万国俊将岭南300多流人全部杀掉，刘光业杀900多人，王德寿杀700多人，其余少者也不下500人，殃及无数百姓。

当然，武则天不是一个简单的暴君。她赏告密，用酷吏，杀李唐宗室和元老大臣，目的是为自己登基和巩固皇位。一旦皇位到手，并且基本巩固后，就不再那样热衷于酷吏政治了。因此，她在任用周兴、来俊臣等酷吏之后，也任用了狄仁杰、徐有功、杜景俭、李日知等执法平允的良吏，并予以保护，以平衡政局。为了缓和政局，她还有意让酷吏自相残杀，或将他们抛出去，受到应有的惩罚。如广为流传的“请君入瓮”的故事，就发生在当时。周兴以制造“谋反”冤狱而臭名昭著，后被人告发“谋反”。武则天命另一酷吏来俊臣审理此案，来俊臣受命后，邀周兴宴饮，酒过三巡，来对周说：“弟有一案，罪犯不肯承认，不知有何办法？”周兴随口便说：“这还不好办？取一大瓮，四周架上炭火，把犯人置入瓮中，还怕他不认罪吗？”来俊臣即刻命人抬来大瓮，四周点起火，躬身对周兴说：“有人告兄谋反，请兄入此瓮。”周兴听了，面色苍白，俯首认罪，流放途中被仇家所杀。酷吏索元礼，以告密起家，数千人命丧其手，武则天为平民愤，也将他杀了。酷吏来俊臣，因为诬告武氏诸王等谋反，后被反控，下狱处死，仇家纷纷前往，剥其皮，剐其肉，挖出眼珠，剖腹取心，踏成泥浆。武则天听说后，顺势下诏，历数来俊臣的罪行，将其灭族。从此不再专用酷吏，政治趋于缓和。

> 武则天颇懂治国之道。她非常重视人才的选拔使用，创立了一些行之有效的办法。继续推行有利于经济社会稳定发展的各项制度，并取得较好成效。在对外关系方面，处理得也较为妥当。在她当政时期，除了宫廷内部的倾轧外，社会基本上是安定的，称得上是“治世”。

武则天深知为政之要，在于用人。在她当政期间，注意从实际需要出发，广泛选拔人才，为己所用。

据传徐敬业起兵讨伐武则天时，初唐四杰之一的骆宾王代为起草《讨武曌檄》。骆宾王一生仕途坎坷，郁郁不得志，文章却极为精彩，但多悲愤之辞。武则天看完这篇文笔精彩却又极尽谩骂攻击之能事的檄文后，丝毫没有动怒，反而急着询问作者是谁。当得知是骆宾王所写时，感慨地说：“这样的人才使之流为叛逆，这是宰相不善选用人才之过。”她意识到天下还有许多类似骆宾王式的人才被埋没了，得不到重用。次年，便下诏，允许群臣百姓自举为官。这在封建时代，是非常难能可贵的举动。

在她当上皇帝的同一年，即天授元年（690年），她曾亲自在洛城殿考试应考的贡生，首创科举考试的“殿试”制度。在她当政期间，创行科考中的“糊名”制度，使评卷人不能了解答卷人的姓名，以杜绝徇私舞弊。又开设“南选”，目的在于使岭南偏远地区的人才不致被埋没。随后，又在科考中专设“武举”科目，选拔有武艺的人才。同时，她令存抚使10人分巡诸道，荐举本道人才，并亲自召见，让这些被举荐的人试做某官，称为“试官”，相当于后世的“见习”，以便在实践中培养和选拔人才。

由于武则天重视广泛选用人才，尤其是通过科举途径选拔人才，因此在她当政的50多年中，科举制度获得较大发展和完善。据统计，这个时期共录取进士千人以上，平均每年20多人，比贞观时期增加一倍以上，成为科举史上重要的奠基阶段。当时朝廷上下，人才济济，尤其是庶族地主出身的知识分子较多地进入仕途。而武则天又注意在大量人才中筛选出众多出色的治国能臣，如宰相李昭德、魏元忠、杜景俭、狄仁杰、姚崇、宋璟、张柬之等，都是一代名相；郭元振、娄师德、唐休景、李汉通等，又都是一代名将。连宋代的司马光也不得不承认：“则天太后虽常滥用禄位收取人心，但若是不称职的，就加罢黜，甚至诛杀。她善于运用刑赏权柄驾御天下，政令出自一人，能够明察善断，所以，当时许多英雄贤德之人竟相为她使用。”

对于有利于当时经济社会发展稳定的各项制度，如均田制、租庸调制、府兵制等，在武则天当政期间，继续得到推行。从现存的敦煌吐鲁番户籍残卷中属于武则天统治时期的资料来看，仍明确记有“应受田”“已受田”“未受田”及“口分田”“永业田”等字样，说明这些制度仍在贯彻实施。

在发展经济时，武则天像前代统治者一样，把农业生产放在首位。她在“建言十二事”中，把“劝农桑，薄赋役”列为第一条，并由高宗诏令全国施行。她把“田畴垦辟，家有余粮”和“为政苛滥，户口流移”，作为升降地方官员的主要标准。她还组织她的“北门学士”编写农书《兆人本业》，颁发全国各地，以指导农业生产。在她当政期间，在今天的陕西、河北、河南、山东、湖南、四川、浙江、江苏、甘肃、青海、内蒙古等地，兴修了大小不等的众多水利工程，最大的工程流经几个省，可灌溉农田 9 万多亩。

考古和统计数据表明，这一时期的农业产量提高，储备丰沛，人口也呈增加态势。1971 年，我国考古学者在洛阳发现了唐代的含嘉仓。这个仓包括 290 个仓窑，每窑藏谷 50 万斤，总共藏有 580.34 万余石粮食，从登记粮食的铭砖来看，年代可考者有天授、长寿、万岁通天、圣历等，均为武则天当政时期。从文献记载来看，长安四年（704 年），大臣杨齐哲说，神都（即洛阳）帑藏储粟，积累多年，非常充实，淮海的漕运，不分昼夜在转运。两相印证，不是虚言。而这一时期的人口，也由高宗末年的 380 万户，增加到中宗即位时的 615 万户，3714 万人，并呈现出逐年递增的态势。这也是社会安宁、经济繁荣发展的一个重要标志。

这一时期与周边少数民族的关系，总的来说处理得也较妥当。万岁通天二年（697 年），武则天一次给突厥谷种 4 万斛，杂彩 5 万段，农器 3000 件，铁器 4 万斤，成为民族关系史上的佳话。为了加强边防，武则天在西北边境建立行政机构，大量屯田，派驻军队。长寿元年（692 年），她派遣武威道行军总管王孝杰等，率兵击退吐蕃的进攻，重新夺回高宗时失去的安西 4 镇。长安二年（702 年），又设置北庭都护府，统帅昆陵、蒙池两都护，与安西大都护府分管天山南、北两路。在她统治期间，维护了边境的安宁和国家的统一。

除了酷政外，武则天当政期间还有不够检点的地方。她迷信佛教，晚年更是穷奢极欲，造成严重浪费。重用薛怀义、张昌宗、张易之等男宠，导引了后宫的淫乱之风。由于宠信诸武等人，在皇嗣问题上陷入两难困境。在忠于唐室的重臣的劝说与威逼之下，她不得不归政于李唐子嗣，成为不仅是空前的，而且是绝后的一代女皇。

从出生到进宫，到当上皇后，最后到当上皇帝，武则天一生中每前进一步，都伴随着有意或无意的神秘色彩。她借助封建时代这些能够蛊惑人心的东西，为自己创造舆论环境；而这些封建迷信，包括佛教中一些迷信的东西，也因得到她和她的追随者的提倡而日趋兴盛。这些属于意识的东西，是要以物质的东西为底蕴的。武则天为了表示自己对佛教的虔诚，大兴土木，修建兴泰宫等，加重了人民的负担。在登基之前，命男宠薛怀义督建明堂和天堂，每天动用民工数万人，在江南、岭南一带采伐木料，耗资以万亿计，整个府藏几乎为之耗竭，建筑物极其雄伟华美，后来薛怀义因武则天另有男宠而受冷遇，一怒之下，一把火烧掉了明堂，造成极大的破坏和浪费。

武则天早年在太宗宫中，颇受冷遇，当了高宗的宠妃和皇后之后，床笫之间也曾欢愉。可惜高宗不久身患风疾，又在她50多岁时死去。寂寞难耐的武则天，需要有人在她身边承欢。这时，高宗的千金公主发现了薛怀义。薛怀义本名冯小宝，早年流浪在洛阳街头，以卖药为生，闯荡江湖，练就了健壮的身体，粗狂中不失几分英姿，千金公主在偶然中发现了这位壮士，随即便把他献给寡居多年的武则天。小宝侍寝有术，深受武则天的宠爱。为了让他能够自由出入宫中，专门将洛阳白马寺修饰一番，让小宝为僧入寺住持，改名怀义，赐以薛姓。薛怀义从此依仗武则天的宠爱，作威作福，官至正三品、左武卫大将军，封梁国公，在帮助武则天远征突厥和登上皇位的过程中，也多有功绩。薛怀义后来因有人状告他谋反，被武则天秘密处死。这时年已七十多岁的武则天，仍是精力旺盛，需人承欢。她的女儿太平公主善解母意，又给她推荐了张昌宗，这位当时不过20岁的男宠，既善侍寝，又通音律，武则天非常满意，数日后即封张昌宗为银青光禄大夫。随后，张昌宗又推荐自己的哥哥张易之进宫，易之侍寝更有经验，武则天马上加官司卫少卿（从四品上）。在武则天近似溺爱的宠幸下，二张势力迅速膨胀，不仅在后宫恣意专横，而且干预朝政。当时朝廷中的当权者如武承嗣、武三思、武懿宗、宗楚客、宗晋卿等人，争先恐后献媚二张，争着为二张执鞭牵马，有如奴仆服侍主人一样。在武则天养男宠的导引下，当时的太平公主、千金公主以及上官婉儿等后宫女官，纷纷或明或暗效仿，有的为了方便起见，违犯祖制，在宫外修建住室，奢侈铺排，不避嫌疑，一时宫内宫外，淫乱之风盛行。

武则天改唐为周后，立即起用武氏子侄为宰相、将军，臣下有功者常赐以武姓，又免去天下武姓之家的田赋，追封武氏先人，上谥号，立庙宇。显然，她是想百年之后传位于武氏子孙的。一些钻营投机者，也乘机联名上表，请武则天立武承嗣为皇太子。在长寿二年（693年）元旦举行的祭典大礼中，武则天初献之后，竟让武承嗣、武三思为亚献和终献，皇太子李旦则只能尴尬地站在一旁。这一切，自然激起了忠于李唐王朝的元老重臣们的反感与不满。狄仁杰、李昭德等人巧妙地一再提醒武则天："姑侄与母子哪个更亲近呢？陛下若立儿子，那么百年之后，可以永享儿孙的香火，若立侄子，则从未听说过侄子当皇帝为姑母立庙奉祀的！"一天，74 岁的武则天对狄仁杰说："昨天夜里，我梦见一只大鹦鹉，两翼折断了，你说这是什么征兆？"狄仁杰乘机劝谏："鹦鹉者，武也，即指陛下；两翼即指陛下的两个儿子。陛下若起用两位殿下，两翼不就复振了吗？"这时宰相吉顼也在为武则天宠幸的张易之、张昌宗兄弟献计：你们二人专横跋扈，深为群臣忌恨。要想保全自己，唯一的选择，是参与立储大政，借枕席之便，劝说武皇复立庐陵王（即李显）为皇太子，这样将来可免于难。二张又怕又惊，听从吉顼之言，屡次在武则天枕边吹风，促使武则天做出决断。

在这两难之中，武则天经过再三权衡，决定派人把庐陵王李显秘密接回洛阳。当时的皇嗣李旦（李显之弟，即睿宗）知趣地请求退位，李显被立为太子。武承嗣眼见到手的太子之位易主，气闷之下，怏怏而死。武则天为防止自己死后，诸武与太子再度纷争残杀，曾召集太子李显、相王李旦、太平公主与武姓子侄，宣誓于明堂，祭告天地，立下铁券，藏于史馆，让他们宣誓和平共处，使朝廷紧张的局势得以缓和下来，也使武则天赢得了最后一段较为安定轻松的日子，赢得了死后的哀荣。

长安四年（704 年）末，武则天病卧床上，累月不见宰相，身边只有张易之、张昌宗兄弟二人侍奉，并"居中用事"，朝臣们心神不安，唯恐继嗣发生变故。次年正月，即神龙元年

（705年）正月，宰相张柬之、崔玄暐，左羽林将军桓彦范、右羽林将军敬晖，右台中丞袁恕己等人，经过密谋后，发动政变，由右羽林大将军李多祚带领军队攻下玄武门，直奔武则天病卧的迎仙宫，张易之兄弟未及反抗，即被诛杀，随即二张集团的其他重要成员也被杀死。病榻上的武则天被“请”下御座，让位于太子李显。政变次日，以武则天的名义颁布诏书，命皇太子李显监国。第四天皇太子李显正式即位，仍为中宗，李唐王朝再度重建。因张柬之等5人废周复唐有功，都被封王，史称这一日为“五王政变”。

“五王政变”后不到一年，神龙元年（705年）十一月二日，82岁的武则天凄冷地死在上阳宫的仙居殿。临终遗嘱：去帝号，称则天大圣皇后；归葬乾陵（高宗的陵墓）；赦免王皇后、肖淑妃二族及褚遂良、韩瑗、柳奭的亲属。在她下台前，已经赦免过一大批被酷吏陷害的人们；临终赦免的这一批，是她最早的、也是最后的一批冤家。临终遗嘱表明，这位叱咤风云半个世纪的女皇，最终还是回到正统的封建之道上去了。因而也使她成为既空前，又绝后的封建社会的唯一女皇。

虽然武则天临终时嘱咐儿子李显在陵前树碑而不立传，但时人和后人对她的评价并未因墓碑无字而稍有停缓，尤其是对她不择手段登上皇位，酷吏杀人，重用诸武，变更官制、文字，以及个人私生活方面的问题，多有指责。但客观地分析，武则天不失为一位卓异的女性，一位给后来的盛世奠基的女皇。

神龙二年（706年）正月，武则天的灵柩在唐中宗李显的护送下由洛阳运回长安，与唐高宗合葬在乾陵。她在临终前曾嘱咐儿子，可以为她立碑，但不须立传，从而留下千古猜测的“无字碑”之谜。对于这位在有唐200多年中，独自叱咤风云50多年的一代女皇，人们评说不一。纵观封建时代正统的史家评说，对武则天的贬多褒少，甚至有贬无褒。武则天在位时的一些政绩，可能也由此而有所遗载。今天，当我们站在封建立场之外时，可以对有些问题重新加以分析和认识。

武则天能不能当皇帝？这是首当其冲的一个问题，也是解决其他争论不休的问题的前提。若站在封建主义立场上看，武则天是不能当皇帝的。因为封建时代的皇位，是嫡长子继承制，女性是不能继承的。即使再杰出的女性，也最多当个皇后，或者是手握实权、没有皇帝称号的幕后决策者。武则天之前有吕后，之后有慈禧太后，她们也都极富才智，但只能当个事实上的“皇帝”，却从来没有得到过正式的皇位。武则天则不然，她是真正做了15年武周皇帝。仅就这一条，也就足以引起之后历代封建史学家、政治家的猛烈抨击。但是，我们如果站在封建立场之外来看问题，武则天能不能当皇帝的答案是肯定的。这里的关键，是看本人有没有相应的德才，不能简单地用男尊女卑的传统观念来加以肯定或否定。鲁迅先生曾说过：“武则天当皇帝，谁敢说‘男尊女卑’！”武则天当皇帝，实在有勇气，也给社会中的女性，带来了勇气。

任用酷吏，滥杀无辜，确是如此。这在任何时候、任何人身上，都是不能肯定的，对武则天当然也不能例外。但应看到，武则天之所以这样做，固然与她的本性残忍有关，同时也是不得已而行之。这就是在男尊女卑的封建时代，“女主临天下”的不易与艰难。还应看到，武则天在任用酷吏的同时，也着意任用了狄仁杰等一批良吏，使政局保持了平衡；一旦政局稳固，她就对酷吏下手，不允许再行酷政了。更值得研究的是，武则天任用酷吏杀了那么多人，其中不乏冤魂屈鬼，但却没有动摇她的统治，说明她虐杀的主要是与她为敌的李唐宗室和关陇士族，在客观上抑制了士族势力，扶持了庶族势力，在统治基础方面可谓“失一得一”，故能保持统治基础的稳定。

重用武氏亲族及其他小人，也是事实。这同样与她追求个人目标时的“实用主义”有关。但同时也要看到，武则天对人才的重用程度，几乎超过历史上任何一个皇帝，她在位时期通过各种途径，选拔了大量各类人才，后来协助唐玄宗创造“开元盛世”的重要人物，人都是在武则天时期选拔培养出来的。

武则天当皇帝后，曾别出心裁地制造了一些文字，如将山、水、土合在一起，以“埊”为“地”字；一、生合在一起，以“𤯔”为“人”字；一、忠合在一起，以“恵”为“忠”字；千千万万的“𠡦”为“年”字；口内八方的“圀”为“国”字；改自己的名为“曌”（音 zhào），取“日月当空”之意。另外，在她当政期间，中央官制屡次变更，机构名称时常更换，且大都别出心裁，有如“造字法”一般。这些当然是不可取的，但也反映出这位女性具有很强的“标新立异”的意识。文字与官制的变更，在客观上为后人断代提供了方便。

至于私生活的淫乱，也属史有明载，但不可苛求。在封建时代，男性帝王姬妾成百上千，甚至上万，人们不以为非；女性皇帝养几个“面首”（即男妓）也不应过分指责。据说南朝时期，刘宋王朝孝武帝的女儿山阴公主，曾对做皇帝的弟弟感慨地说："陛下在后宫拥有众多的美妃，而臣妾只有一个丈夫，这是否有点不公平？"孝武帝立刻赏给山阴公主男妾数十人。举这个例子，不是提倡男养女妾，女养男妾，而是说用男女平等的现代标准来看，不能过分指责。清代史学家赵翼的看法，就比较公允："（男性）皇帝富有四海，妃嫔常常有成百上千，太后（指武则天）既然当了皇帝，所宠幸的男妾不过几个人，实在用不着深加责怪。"

当代史学家吴晗先生对武则天的评价是这样的：

在唐代的历史上，唐太宗打下基础，接着是武则天时代，以后是开元全盛时代。武则天当权前后的50年间，生产发展了，土地开发了，人口增加了，疆土开拓了，文化提高了，和许多国家也有了广泛的经济和文化交流。而且还应注意这样一个事实，即开元时代的政治家都是武则天时代培养的。可以这样说，没有武则天时代长期的巩固发展工作，开元盛世的局面是不可能出现的。

这是比较公允的评价。

走向全盛之时
唐玄宗与“开元盛世”

说起“开元盛世”，人们就会想到风流天子李隆基。的确，“开元盛世”在他当政期间出现，是与他的励精图治分不开的。但是，志满者易骄，贪色者易迷。聪明非凡、多才多艺的李隆基的一生，可以说是用莺歌燕舞和腥风血雨的双重笔墨，塑造了一个善始而不能善终的帝王典型。

一代女皇武则天死后，在宫廷几度喋血之中，唐玄宗李隆基登上了皇位。这位自命不凡的天子，选贤任能，发展经济，收复失地，在前代奠定的基础上，把隋末战乱后百年的封建社会推向了一个巅峰阶段。可惜在他当政后期，志得意满，出现种种失误，终于导致了“安史之乱”，使唐王朝从此由盛转衰，他本人也在郁郁寡欢的“太上皇”生活中离开了人世。

李隆基自幼聪慧果敢，抱负不凡。他先与太平公主联手，佐父平定韦后之乱，成为皇储。继而受父之禅，在太平公主发动政变的危急关头，先发制人，粉碎政变。在宫廷几度喋血之后，掌握了最高权力。

唐武则天垂拱元年（685年），李隆基诞生于有名无实的睿宗之家。他睁眼看到的，不是李唐江山，而是武周天下。这个睿宗李旦的第三子，自幼聪明果敢，抱负不凡。他在宫中常以“阿瞒”（曹操）自诩，表示自己要有一番作为。据说7岁那年，他例行到朝堂参加祭祀仪式，当时颇为得势的金吾将军武懿宗对他的随从大声呵斥，李隆基意识到这是对自己的轻蔑，立刻声色俱厉地回答武懿宗：“这是我家的朝堂，关你什么事？你敢欺负我的随从？”他的祖母武则天知道这件事后，对李隆基另眼相看。第二年李隆基便被封为临淄郡王。

武则天去世后，唐中宗李显昏庸懦弱，大权操在妻子韦后、女儿安乐公主手中。曾拥立中宗复位的张柬之等功臣均遭贬逐，武三思等武氏势力重又崛起。中宗的太子李重俊在左羽林大将军李多祚的帮助下，率数百骑兵发动政变，杀了武三思、武崇训等武氏同党。在进入后宫，准备追杀韦后、安乐公主时，被乱军所杀。韦后经此宫门变故后，更加凶狠起来。她向中宗诬告当时的相王李旦（李隆基之父，中宗李显之弟）和太平公主（李显之妹）参与太子李重俊的政变阴谋，要求中宗将他们处斩。中宗惊愕不定，幸亏吏部尚书兼御史中丞肖至忠提醒：“难道陛下就容不下一弟一妹吗？”李旦和太平公主才免遭一死。

韦后与安乐公主均非等闲之辈。韦后想学武则天做女皇；安乐公主则梦想当上“皇太女”。太子李重俊政变失败被杀后，韦后更加肆无忌惮。她援用内侄韦温等掌握大权，纵容安乐公主卖官鬻爵，又大肆修建寺院道观，朝政日非。景龙四年（710 年），韦后与安乐公主在中宗最喜欢吃的馅饼内放入毒药，中宗中毒身亡。随后，韦后扶持 16 岁的温王李重茂即位，自己以太后身份临朝称制，并准备在清除相王李旦、其子李隆基及太平公主后，正式登位称帝。这时，李隆基与其姑母太平公主联手，率万名羽林军抢先突入皇宫，将韦后及其党羽一网打尽。由太平公主出面，恢复李旦的帝位，李隆基也因功被立为太子。

睿宗也是一个软弱无能的皇帝。太平公主既是其妹，又有平乱拥立之功，本身又具有母后武则天阴狠刚烈的性格；李隆基自幼聪慧不凡，文武兼备，又是皇太子。二人在平定韦后之乱后，迅速产生了裂痕，分为两派，当时被称为“太子派”与“公主派”。太子派以李隆基为首，包括姚崇、宋璟等人。“公主派”以太平公主为首，包括窦怀贞、肖至忠、岑羲、崔湜等人。两派势力旗鼓相当，各不相让。睿宗李旦被夹在中间，左右为难，摇摆不定。先是重用李隆基的“太子派”，后又重用太平公主的“公主派”。实在难以维系，就准备退位，让李隆基继位。但早有称帝野心的太平公主岂能袖手。她曾以天象之变，对睿宗说：“彗星出现在天上，地下就要除旧布新，皇太子想要当皇帝了！”本想以此激起睿宗对李隆基的忌恨，不料反而促使睿宗下定了决心，表示要“传位避灾”。于是，先天元年（712 年）八月，睿宗李旦传位给太子李隆基，但由于太平公主的掣肘，规定三品以上官吏的任免和重要政事，仍由“太上皇”李旦亲自处理，李隆基尚未掌握实权。

李隆基登位之后，太平公主仍不肯放弃争夺最高权力的企图。她在宫中大量培植自己的势力。当时的 7 个宰相中，有 5 人是她的亲信党羽。文武百官大多数也都依附于她。李隆基自然也在积聚力量，准备一决雌雄。先天二年（713 年）七月三日，当李隆基获悉太平公主及宰相窦怀贞等，将率领羽林军于次日发动政变时，随即先发制人，率厩牧兵马杀太平公主及其党羽数十人，依附太平公主的官员尽被黜逐。至此，经过几度宫廷喋血，李隆基才真正获得最高权力。

在掌握朝政后，唐玄宗首先着力于整饬吏治，选用贤才。他裁汰冗员，恢复谏官参加议事之制，尤重县令的选用，实行严格的考核制度，奖罚分明，使吏治焕然一新。他注重宰相人才的选用，开元期间，贤相毕至，成为“开元盛世”形成的主要因素和标志之一。

武则天当政时，出于广泛笼络人心的需要，在选用官吏方面，有极为冗滥的一面，故当时有“补阙（谏官）连车载，拾遗（谏官）用斗量”的“车载斗量”之说。中宗复辟时期，韦后、安乐公主把持朝政，在用人方面更加不守章法。安乐公主私用中宗的墨敕，纳贿卖官。她先准备好敕文，向父皇撒娇，央求中宗签上名，盖上御印，然后斜封，交由中书省，时人称为“墨敕斜封”，用这种方式获得官职者被称为“斜封官”。只要有人出 30 万钱，便可买到墨敕，出 3 万钱，则可买到当僧人的度牒（官方文书）。当时，不仅安乐公主，其他如长宁公主、上官婉儿等也都用这种方法纳贿卖官，每年少则数千人、多则上万人成为“斜封官”，使官吏队伍鱼龙混杂，甚至正不敌邪。

唐玄宗即位后，针对这一状况，首先大刀阔斧地精简机构，裁汰冗员，曾一次就裁汰员外官、试官、检校官数千人，使官吏队伍面貌一新。并且明确宣布，自今以后，“官不滥升，名不虚受”，一定要量才委用，符合章程。

唐太宗时期，皇帝与宰相议事时，允许谏官与史官参加，以便“有失则匡正，美恶必记之”。但武则天当政时，许敬宗、李义府担任宰相，不敢把朝政公开，取消了谏官和史官参加议事会的制度。这样，谏官无法直接了解皇帝与宰相决策的内幕，很难及时提出中肯的意见，史官也只能听宰相的一面之词，很难客观地记载皇帝的活动。唐玄宗亲自执掌朝政之后，于开元五年（717年），下令恢复贞观年间的制度，除了朝廷内特殊机密外，允许谏官、史官参加皇帝与宰相的议事会议。

对于县令人选，唐玄宗尤为重视。他说：郡县是国家行政的根本所在，郡县长官是首要的人选，我非常留意这方面的人才，量才委用，丝毫不敢大意。他有时亲自出题，考试县官，了解应试者是否了解治国安民之道。凡是考试成绩优秀者，即加以委任，拙劣者，即被罢免。开元四年（716年），在他组织的县令考试中，有45人不合格，这些人马上被淘汰。每当县令上任前，唐玄宗还要亲自召见，面授机宜。

为了确保官吏队伍的质量，唐玄宗还实行严格的考核制度。开元年间，专门颁布了《整饬吏治诏》，规定每年十月委托各道按察使到各地巡省风俗，观察得失，将地方官的政绩按5等划分，然后上报吏部审核。上等称为“最”，下等称为“殿”，中间三等依次定优劣，按最、殿来升降官吏。同时选京官中有才识的人任命为地方上的都督、刺史，地方上优秀的刺史升任京官。开元十六年（728年），唐玄宗还亲自选拔廷臣

（京官）出任刺史。通过严格的考核和交流制度，较好地改善了吏治状况。

在严格考核制度的同时，严明赏罚。唐玄宗认为，有善必赏，才能激励有才能德行的人；有罪必诛，才能有效打击无才行恶之人。开元年间，他在整顿吏治中基本贯彻了这一原则。如同州刺史姜师度，重视农业生产，任职期间，组织农民兴修了不少水利工程，扩大了农田灌溉面积，玄宗知道后大为赞赏，专门颁布了《褒姜师度诏》，并赐帛300匹，加封金紫光禄大夫。相反，刺史裴景先非法聚敛5000匹绢，玄宗亲自下令将其处以死刑；前太子太傅肖嵩，因向中官牛仙童行贿，被贬为青州刺史。

整饬吏治，除了裁汰冗员外，更重要的是选用贤才。唐玄宗深知这一点。因此，在他当政的前期，十分注意贤德之才的选用，尤其重视宰相人才的选用。开元年间，可谓是宰相人才济济一堂。如姚崇，因善于处理棘手政务，又通权变，被称为“救时宰相”。史载姚崇与卢怀慎同时为相时，一次姚崇请假十余天，回来后发现政务堆积，卢怀慎不能决断，姚崇用了一会儿工夫，便处理得井井有条，人人叹服。某年山东发生蝗灾，地方官上书报灾，不愿捕杀，还说：“蝗虫是天灾，人力怎能捕杀，朝廷要行德政，灾害自然消失。”姚崇马上回书说：“依你的意见，假若地方官实行德政，飞蝗就不入境了。你那里蝗虫为害，那不就是你这个长官无德吗？”地方官无言以对，只好从命捕杀蝗虫。姚崇之后有宋璟，善于依法行政，选用人才，史称“姚宋”，成为贤相的代名词。此外还有张九龄、韩休，敢于并善于进谏，在许多重大问题上，对玄宗都有匡正；

张嘉贞善于治吏；张说善文章；李元德、杜暹尚节俭。均各有所长，相互补充。相得益彰。“开元盛世”的出现，与这一时期朝廷中贤相济济，有直接的关系。

> 在整饬吏治、任用贤才的同时，唐玄宗敢于惩治不法豪强，大规模检田括户，兴修水利，抑佛戒奢，使当时的农业、工商业及文化科技事业出现空前繁荣的局面，成为“开元盛世”的重要标志。

玄宗即位之前，由于政府的勒索和豪强的兼并，均田农民的负担越来越重，以致出现“天下户口逃亡过半”的局面。为了解决政府的财政危机，缓和阶级矛盾，玄宗积极支持官吏惩治地方上的不法豪强。如李元纮任京兆尹时，王公权要之家，都在郑白渠边上立水碾，妨害农田。元纮下令全部毁掉，以保证农田的灌溉，当地百姓拍手称快。薛王李业的舅父王仙童侵暴百姓，强夺民田，玄宗听从宰相姚崇的建议，依法惩治了王仙童，其他王公贵族见玄宗如此不讲情面，不以亲疏害法，都有所收敛。

为了把由豪强大族霸占的“籍外之田”收归国有，把由他们荫庇的“私属”逃户变为国家的税户，玄宗于开元九年（721 年）到开元十三年（725 年），用了 4 年时间，在全国范围内开展大规模的检田括户运动。他任命宇文融为全国覆田劝农使，下设十道劝农使和劝农判官，分头到全国各地检查“黑地”和豪强荫庇的“客户”，并把检出的土地全部没收，按均田制分给无地的农民使用；对于账外人口，一律登记注册，就地入籍。经过 4 年的努力，中央政府增户 88 万，检出大量土地，使得国家财政收入增加数百万。

武周和中宗时期，由于朝廷的提倡，佛教势力恶性膨胀。当时全国各州都设置大云寺，寺院僧侣兼并土地，逃避税赋。时人称“十分天下之财而佛有七八”。由于造寺不止，枉费财力达数百亿；不停地度人为僧，使免租庸者达数十万。国家财政支出成倍增加，收入成倍减少。唐玄宗即位，意识到这个问题的严重性。开元二年（714年），他下诏裁汰天下僧尼，当时就有1万多人还俗。接着又下令，严禁新造佛寺，禁铸佛像，禁抄佛经，并且禁止贵族官员与僧尼交往，使佛教恶性膨胀的势头得到遏止。同时，他大力倡导节俭之风，下令销毁乘舆服御、金银器玩、珠玉锦绣等奢侈品，宫中后妃以下都不得佩珠玉、刺锦绣；禁止天下采珠玉、织锦绣等物。又裁汰宫女，将她们送还家中。毁掉武后所造的天枢，韦后所立的天台，以示与奢侈浮华的弊政决裂。

通过这一系列的措施和努力，开元、天宝年间，唐朝的社会经济出现了空前繁荣的局面。据时人元结说，开元天宝年间，从事耕作的农民的积极性很高，四海之内，无论山川沟壑，都是一片兴盛的农耕景象。稍后的杜佑也记载道，当时天下一斗谷物的价格，多则一二十文钱，少则只卖几文钱。一代“诗圣”杜甫曾热情讴歌道：“忆昔开元全盛日，小邑犹藏万家室。稻米流脂粟米白，公私仓廪俱丰实。九州道路无豺虎，远行不劳吉日出。齐纨鲁缟车班班，男耕女桑不相失。”

农业的发展，带来工商业的繁荣，这在当时都城长安的兴盛中可见一斑。史称长安城中，东、西两市，店铺林立，四通八达，每当午时，击鼓300响，店铺落板，市者云集；市井中，货物充足，胡商络绎不绝。当时来自亚洲各地，远至波斯和大食的使节、商人，数以万计，长安城中的大明宫麟德殿，就是专门用来宴请外域宾客的。

在经济发展的基础上，文化科技事业也随之繁荣发达起来。南北朝时期，文物典籍丧失殆尽，唐初虽然做了一些搜集整理工作，但收效不大。唐玄宗即位后，非常重视这项工作。他任命昭文馆学士马怀素为修图书使，与另一位大臣储元量一起，组织整理和编写事务；他还下令在长安、洛阳创建集书院，组织全国著名学者，集中力量著书立说，并提供种种优惠条件。宋代欧阳修曾评论开元年间编书盛况，他说：自汉朝以来，史馆对图书的分类一直按照前代的六艺九种七略之法进行，到唐代开始按经、史、子、集四类分列；至于藏书之盛，都没有超过开元年间，当时共著录了53915卷，而唐朝学者又撰写28662卷，可真是空前之举。

编修图书以外，唐玄宗还重视其他艺术和科技事业的发展。他本人就是音乐家、戏剧家和诗人。在新、旧《唐书》的《音乐志》和《礼乐志》中，有不少他与妃子们唱和的记载；他还曾选乐工300人，宫女数百人，教授乐曲于梨园。号“皇家梨园弟子”，后世称戏班为“梨园”，戏曲演员为“梨园弟子”，即缘于此。此外，唐玄宗还非常注意征召各种艺术科技人才，给他们创造发挥才智的条件。著名大诗人李白，就曾在玄宗朝做过翰林供奉，享受优厚的待遇。著名天文学家张遂，曾因拒绝与武三思合作而隐居到嵩山当了和尚，唐玄宗即位后，把他召到长安，让他做天文学顾问，张遂利用玄宗给自己创造的条件，刻苦钻研，终于创造出著名的《大衍历》，并指导实测子午线，成为历史上卓有贡献的天文学家。

唐玄宗即位以前，边防危机已十分严重。开元期间，唐玄宗顺应时势，改府兵为募兵，养马屯田，凭借强盛的国力和兵力，逐一收复了失地，维护了国家的统一和边疆的安宁。这也是“开元盛世”的标志和保障。

唐玄宗即位之时，面临的边防危机十分严重。早在武周万岁通天元年（696年），契丹奴隶主李尽忠利用民族矛盾，煽动其部属举兵反叛，攻占了营州，紧接着，营州都督府管辖的连昌等12城也相继失守。武则天曾派王孝杰反击，结果大败，王孝杰阵亡，几乎全军覆没。此后契丹贵族屡屡进犯内地，残害各族人民。长安三年（703年），西边的突厥贵族乌质勒攻陷了安西四镇之一的碎叶镇，接着又攻占了北庭西部一些地方，使安西道绝，“丝绸之路”被堵。在北方地区，突厥贵族在弘道元年（683年）进攻蔚州、定州，长城以北大片领土失守，唐政府于垂拱元年（685年）不得不将安北都护府临时侨置同城，一直到开元初年。也就是说，唐玄宗即位时，西边的碎叶、庭州，北边的云州以北，东北边的辽西12州，都已分别被突厥、契丹族攻占，陇右及河北人民经常遭受劫掠和屠杀，唐朝的边防极不安定，统一的局面也受到威胁。

面对这一严峻形势，唐玄宗即位后，在着力整饬内政、发展经济的同时，进行了一系列备战工作。

首先是改革兵制。玄宗之前，一直沿用府兵制。府兵制是建立在均田制基础之上的。高宗、武后以来，由于土地兼并等多种因素，均田制渐渐有名无实了。当时，农民不断逃亡，兵源困难，府兵多不按时上番，教习也趋于废弛。府兵本应免除的租调，也不能免除，自筹器械供养的负担沉重。因此，到开元初年，府兵逃匿，军府空虚，宿卫不足的情况已十分严重。有鉴于此，开元十一年（723 年），宰相张说建议改行雇佣兵。玄宗顺时应势，采纳了这一建议，下令从关内招募 12 万军士，充作卫士，称“长从宿卫”，或称“长征健儿”，代替了有唐以来府兵轮番宿卫之制。这项重大改革，经过十余年的实践，证明切实可行，于开元二十五年（737 年）推行全国。从此，各地民丁再无番上戍边之苦，消耗于往来路上的大量社会劳动力因此得以节省。募兵实行之初，既吸收社会上的失业丁口，缓和就业矛盾，又可常驻各地，加强训练，有利于提高军队素质和战斗力。

接着整顿军旅。玄宗颁布了《练兵诏》，命西北军镇增加兵员，精心选择，强化军事训练，并规定不得因他事役使兵士。为了确保训练有素，玄宗还派兵部侍郎裴漼、太常卿姜皎，前往各军州督促检查诏令执行情况，处理具体问题。

同时，解决军马和军粮供应问题。玄宗即位时，军马只剩 24 万匹，为保证军马供应，玄宗任用太仆卿王毛仲为内外闲厩使，专管养马一事。到开元二十二年（734 年），军马增至 43 万匹，牛羊数量也相应增加。玄宗这时又下令在西北万里边防线上，以及黄河以北部分地区，设置庞大的屯田。据统计，开元年间全军屯田总数为 1141 屯，面积有五百余万亩，为解决战时军粮问题提供了有效的供给保障。

在积极备战过程中，玄宗运筹帷幄，逐一出击，收复失地。先是于开元五年（717 年），把沦陷 17 年之久的营州等 13 州全部收复，并派宋庆礼任营州都督，重建营州防务，开屯田 120 区；这时，长城以北的拔也古、同罗、回纥等也见势宣布取消割据称号，与唐政府合作。唐朝重新恢复了安北都护府，统一了长城以北。

接下来，是解决较为棘手的西域问题。第一步是于开元二十七年（739年），派碛西节度使盖加运打败了突骑施（突厥部落之一），捉拿其可汗吐火仙，收复了碎叶，使沦陷了37年的碎叶镇重归唐朝。第二步，是击败吐蕃、小勃律，重新打通“丝绸之路”的门户。开元初年，小勃律可汗曾到唐朝请降，唐政府在那里设置绥远军。天宝六年（747年），小勃律王娶吐蕃王女，因此依附于吐蕃，与唐为敌。唐玄宗派安西副都护高仙芝打败了吐蕃，俘虏了小勃律和公主。这一战胜利后，佛菻（罗马）、大食（阿拉伯）等72国都大为震恐。唐朝重新打通“丝绸之路”，不仅维护了国家安全，也有利于东西经济文化的交流。

> 盛极而衰。在“开元盛世”的歌舞升平之中，唐玄宗开始踌躇满志、高枕无忧了。他不再任贤纳谏，励精图治，而是亲近奸佞，纵情声色，渐肆奢欲，怠于政事，且又好大喜功，轻启边衅，并且将“内重外轻”的军事布局变为“内轻外重”的布局，终于酿成“安史之乱”。唐王朝从此由盛转衰，他本人也在晚年不那么欢愉的“太上皇”生活中郁郁而逝。

唐玄宗前期出现的“开元盛世”，在唐以前的历史上，可以说是空前的，这最容易使人陶醉。唐玄宗果然也就陶醉了。他踌躇满志，感到从此可以高枕无忧了。于是，像他以前的几乎所有称得上是伟大的封建政治家一样，自身潜在的毛病一一暴露出来。

他不再乐于任贤纳谏了。开元二十四年（736年）十月，他想从洛阳回长安，天子出朝，是会“地动山摇”的。宰相张九龄、裴耀卿认为当时秋收未毕，恐怕沿路扰民，建议改期。但李林甫待张、裴二人退出后，对玄宗说：“洛阳、长安是陛下的东、西宫，随时可以往来行幸，何须择时日？即使妨碍了农民收获，到时候免去他们的赋税就可以了。”玄宗听了很是受用，就听从了。由于李林甫极善逢迎，颇得玄宗宠信，正直的宰相张九龄等反被疏远，不久被罢相。李林甫为了堵塞言路，公开对谏官说：“你们见过仪仗马吗？它的食料相当于三品官的待遇，但只要叫一声，就被斥去，后悔也来不及了。”意思是你们少对朝廷提意见，否则就要像仪仗马一样被斥去。有人上书言事，果然第二天就被降级外调，从此谏官们很少有人再敢进谏。天宝六年（747年），唐玄宗命各地推荐人才，举行考试，李林甫不录取一人，还向唐玄宗说：“这些人的才能都很平常，可见现在天下是没有遗漏的人才了。”就是这样一个奸佞之辈，唐玄宗宠信日隆，甚至想把全部国政委托给李林甫，在征求贴身宦官高力士的意见时，高未表示赞同，玄宗很不高兴。

开元二十四年（736年），玄宗因宠爱的武惠妃死去，整日郁郁寡欢。当他听说自己的儿子寿王李瑁之妃杨玉环体态丰艳、绝世无双时，便命太监将杨玉环接进宫来侍酒，一见钟情，从此如获至宝，几乎形影不离，虽然杨玉环曾几次惹他生气，被逐出宫去，但很快又被重新迎进宫中，愈加宠爱。正如白居易《长恨歌》中所描写的，“承欢侍宴无闲暇，春从春游夜专夜。后宫佳丽三千人，三千宠爱在一身。”杨玉环生在南国，喜食荔枝，但荔枝不易保存，离枝三五日色味俱变。为了使杨玉环能吃上新鲜荔枝，唐玄宗下令专门开辟了从岭南通往长安的数千里贡道，沿途设驿站，供快马，日夜兼程，马不停蹄，给贵妃运送新鲜荔枝。故又有“一骑红尘妃子笑，无人知是荔枝来”的嘲讽诗句。唐玄宗爱屋及乌，杨玉环的三位姐姐后来也来侍奉玄宗，被封为韩国夫人、虢国夫人、秦国夫人，从兄杨铦被封为位当四品的高官，杨锜娶了公主为驸马，杨钊即杨国忠（玄宗赐名为“国忠”）官至宰相，领有四十余职，权倾天下。而杨国忠与李林甫、安禄山三者之间错综复杂的矛盾，成为导致“安史之乱”的一个重要因素。

宫中有贵妃，身边是小人，唐玄宗日益昏聩，怠于政事，奢欲渐肆，不问民瘼了。一年大雨成灾，玄宗不知道灾情如何，这时杨国忠叫人找来一些大的粟穗给玄宗看，说雨虽大，收成却好。玄宗竟然相信了，不准下臣呈报灾情，当扶风太守房琯报灾求救时，他大怒，下令将房琯交司法机关惩处。

如果仅仅是怠于政事，为患还小，问题是晚年的唐玄宗，极好大喜功，尤其是在对外关系方面，轻启边衅，屡次动武，发动了一系列不义之战。开元二十五年（737 年），他迫使河西节度使崔希逸在青海袭击吐蕃，彻底破坏了唐蕃和好的局面。天宝初年，他先命河西、陇右、朔方、河东四镇节度使王嗣宗进攻吐蕃的石堡城，王嗣宗没有从命，他免了王嗣宗的官，又派继任的陇右节度使哥舒翰攻下石堡城，城里守军只有几百，唐军损失却达数万。天宝十年至十三年（751—754 年），唐玄宗又发动征伐南诏的不义战争，唐兵战死和不服水土患流行病死亡的，前后达 20 多万人。白居易《新丰折臂翁》中“无何天宝大征兵，户有三丁抽一丁”“村南村北哭声哀，儿别爷娘夫别妻，皆云前后征蛮者，千万人行无一回”的诗句，描绘的就是当时征伐南诏给人民带来的灾难。在这期间，东北方面的安禄山领兵6万攻打契丹，损伤大半，高仙芝攻大食国，5万军士几乎全军覆没。

更为严重的是，当时均田制和府兵制逐渐废弛，代之以募兵制。在府兵制下，全国军事力量的分布是“内重外轻”，即以60%以上的府兵集中在京都周围的关中及其附近，以确保中央王朝直接控制的军事力量占绝对优势。实行募兵制后，这一格局被打破；而唐玄宗因为要拓疆扩土，便把大部分军事力量摆在边境上，领兵的节度使又多用少数民族，且久不调换，于是逐渐形成了“内轻外重”“尾大不掉”之势，由此演变下去的必然之势，就是边将拥兵自重，叛乱割据，果然，在多种矛盾作用下，天宝十四年（755年），发生了“安史之乱”。

“安史之乱”发生后，唐玄宗仓皇出逃。逃至今陕西兴平马嵬驿时，陈玄礼以军士不满为名，杀了杨国忠，逼迫唐玄宗命杨贵妃自缢。在西行途中，太子李亨又被百姓截留，乘机北上宁夏灵武，被臣下拥立为帝，即唐肃宗，尊唐玄宗为太上皇。在郭子仪等重臣的努力下，至德二年（757年）末，唐军收复长安、洛阳两京，玄宗也由成都返回长安。再次路经马嵬驿时，触景生情，“天旋日转回龙驭，到此踌躇不能去。马嵬坡下泥土中，不见玉颜空死处。君臣相顾尽沾衣，东望都门信马归。”（白居易《长恨歌》）

回到长安后，玄宗住在城南的兴庆宫里。肃宗本就对玄宗心怀猜忌，加上李辅国的挑拨，对唐玄宗更是冷漠少礼。实际上在肃宗的默许下，李辅国先是将兴庆宫中的300匹马取走290匹，只留下10匹；又将玄宗转移到太极宫，以便监控；最后又把贴身宦官高力士流放巫州。唐玄宗在这样的境遇中，更觉寂寞、凄凉，他整日郁郁寡欢，连饭也吃不下了。宝应元年（762年）四月五日，唐玄宗死在长安太极宫神龙殿，享年77岁。后人有诗形容他的晚年说："南内（指兴庆宫）凄凉西内（指太极宫）荒，淡云秋树满宫墙。由来百代明天子，不肯将身做上皇！"

渔阳鼙鼓动地来
“安史之乱”与唐朝的由盛转衰

封建国家的统一与安定，是由多种因素决定的。其中最直接的因素，是中央集权的程度和军事力量的分布状况。最高统治者如果在这个重大问题上稍有疏忽，轻易变更国家制度中防微杜渐的东西，就会酿出天大的祸乱来。发生在天宝年间的“安史之乱”，就是明证。

唐玄宗统治后期，各种社会矛盾日趋激化。天宝年间，终于爆发了“安史之乱”。“安史之乱”对唐朝的影响极大，并使中央集权的统一王朝越来越有名无实，成为唐王朝由盛转衰的标志。

开元、天宝年间的盛世之中，潜伏着严重的社会危机。由于土地兼并的加剧和赋税徭役的加重，农民阶级与地主阶级严重对立；朝廷内部的朝官、宦官、外戚、宗室之间尔虞我诈，朝政日非；边疆的战争中，民族矛盾日益激化。尤其是“内轻外重”军事格局的形成，使危机随时都有可能爆发。

开元末年的唐玄宗，已是渐肆奢欲，怠于政事，到天宝年间，更加昏聩。即位之初曾严厉实行打击不法豪强、抑制土地兼并的国策，已不再实行。均田制逐渐废弛，大批失去土地的自耕农，再度沦为流民或豪强地主的“私属”，承受封建地主与封建国家的双重压迫与剥削。统治阶级腐朽奢侈的生活，加上连年对外用兵，使朝廷所需费用剧增，财政危机日盛一日。为了解决入不敷出的矛盾，先是重新议定租赋，设法增加人民的法定负担；仍不足用时，就派出征收大员，横征暴敛，地方官吏乘机上下其手，使老百姓苦不堪言。不堪重负的百姓逃亡之后，官府又实行“摊逃”法，即将所逃之人的赋税，分摊在尚未逃亡的四邻身上，这又迫使未逃者也不得不逃。天宝时王鉷任户口色役使，他是有名的搜刮能手，按照户籍追征戍边死亡而边将没有申牒除籍的丁男租庸，有并征30年者。除赋税外，兵役和其他徭役也很繁重，杜甫《兵车行》中“车辚辚，马萧萧，行人弓箭各在腰，爷娘妻子走相送，尘埃不见咸阳桥”“或从十五北防河，便至四十西营田，去时里正与裹头，归来头白还戍边”“君不见青海头，古来白骨无人收，新鬼烦冤旧鬼哭，天阴雨湿声啾啾”等诗句，真实地反映出在开元、天宝年间穷兵黩武给百姓带来的灾难。社会生活中，一方面是荒淫奢侈，挥金如土；另一方面是饥寒交迫，妻离子散，“朱门酒肉臭，路有冻死骨”，正是当时社会的真实写照。

在统治阶级内部，矛盾也是错综复杂，倾轧不已。由于玄宗本人的昏聩，昔日姚崇、宋璟、张说、张九龄那样贤德正直之辈，已不能立足朝堂，以李林甫为代表的一批奸佞之徒，占据宰相之位；以玄宗十分宠信和依赖的高力士为代表的宦官势力，已开始崛起，在朝廷中成为一股举足轻重的力量；因杨贵妃而迅速晋升的以杨国忠为代表的外戚集团，权势更是炙手可热；而李唐宗室子弟，是名正言顺的嫡系力量，在权力角逐中具有先天的优势。这几股力量明争暗斗，此消彼长，均以名利地位为目标，很少以国家大局为重，更少虑及百姓存亡，政治黑暗，朝政日非。

这一时期的民族矛盾，也日益严重。开元末年和天宝年间，唐玄宗不停地在西、西南、北、东北用兵，袭击吐蕃，征伐南诏，进攻契丹，迎战大食，几乎均为不义之战，给国内人民和边疆少数民族及国外人民，都造成严重的伤害。尤其是北部边疆的民族矛盾，更为严重。从隋朝至唐朝，有不少突厥人迁到幽州以北，在辽西又有不少奚和契丹人，他们仍保留着原有的风俗习惯。武周万岁通天元年（696 年），营州都督赵文翙，虐待当地少数民族人民，遇有饥荒，也不赈济，把他们的酋长当奴仆使唤，导致契丹松谟都督李尽忠、孙万荣反叛，杀了赵文翙，攻陷营州等 12 州。玄宗开元年间收复这些失地后，一段时间内矛盾有所缓和，但后来又出现裂痕。尤其是安禄山经营这一带以后，对少数民族人民实行欺骗和高压政策，民族矛盾相当尖锐。

最为严重的，是这一时期“内轻外重”军事格局的形成。开元以前实行“府兵制”，军事力量的布局是“内重外轻”。开元年间实行募兵制后，当兵成为一种职业，一方面有利于提高士兵战斗力，另一方面又容易使将领与士兵之间形成私人隶属关系。而且，“武皇（喻指唐玄宗）开边意未已”，边镇兵力必然扩大，首都周围军队缩减。有人统计，天宝年间，边镇兵力约为 49 万，唐中央朝廷直接控制的京畿诸州“彍骑”（职业兵募）仅有 8 万余人，“内轻外重”的格局已经形成。

与这一格局相呼应的，是边镇蕃将势力的扩大。这主要是李林甫造成的。本来在唐朝初年，边帅均用忠厚名臣，不久任，不遥领，不兼统，功名较大的，常常入朝为宰相，如李靖、李勣、刘仁轨、娄师德等。开元前期，薛讷、郭元振、张嘉贞、王晙、张说、萧嵩等，也是由边帅入相的。对于“蕃将”即少数民族将领，虽然忠勇双全，如阿史那社尔、契宓何力等，一般也不会“专大将之任”，他们远征时，要由朝廷另派大臣为最高统帅，加以节制，如阿史那社尔讨高昌，以侯君集为元帅；契宓何力讨高丽，以李勣为元帅。这样做，并非对少数民族将领不信任，而是一种国家防微杜渐的纲纪，对于防止军阀割据是有限制作用的。但开元后期李林甫当宰相后，向唐玄宗建议，用“胡人”做边帅。理由是胡人勇敢善战，在中原没有复杂的社会关系，孤立无党，不懂汉文，比汉将更为可靠。他的用意，是要断绝边将入相之路，以巩固自己的宰相地位，因为胡将没有文化知识，自然就不能做宰相。唐朝原有重用少数民族将领的传统，但专用胡将作边帅，还是新鲜事。在李林甫建议之前不久，有人诬告河西等四镇节度使王承嗣欲拥兵尊奉太子，玄宗惊怒之下，不问青红皂白，就处死了王承嗣。玄宗深感节度使如果与王公大臣有瓜葛就会很危险，于是很快就采纳了李林甫的建议。随后，陆续提拔安禄山、安思顺、哥舒翰、高仙芝等做大将。到天宝六年（747年），边镇节度使已大都是胡将了，而且久任一地，兼领数镇，势力扩大，难以调拨。只要有合适的机会，举兵挥戈之事，几乎是顺理成章的事了。

“渔阳鼙鼓动地来，惊破霓裳羽衣曲。”正当唐玄宗沉醉于歌舞升平之中时，深受他宠信的安禄山举兵反唐了。这场叛乱，持续了8年之久，经过3个阶段，在唐朝3代君臣的努力下，方才平息。

“安史之乱”的主要首领是安禄山和史思明。安禄山是柳城人。他本姓康，叫轧荦山，后因母亲改嫁突厥人安延偃，方才改姓安，名禄山。据传他能说6种少数民族语言，貌似粗憨，内实精明。少时在军中做过小军官，由于英勇善战，逐步升为高级将领。天宝元年，任平卢节度使，到天宝十年（751年）时兼领平卢、范阳、河东3镇。安禄山极善伪装，以取得玄宗与杨贵妃的欢心与信任。他初进京城，见了太子也不下跪礼拜，当玄宗身边的人要他下拜时，他问：“太子是什么官？”玄宗说：“我百年后，就将皇位传给他。”安禄山才假装惶恐而下拜。他体重300多斤，在宫中跳起舞来却旋转如飞，玄宗与杨贵妃很是喜欢。玄宗指着他的肚子问：“你肚子那么大，里面装的是些什么东西？”他回答说：“没有什么别的东西，只有一颗赤心！”玄宗听了非常高兴。玄宗命他与杨贵妃兄妹结成兄弟姐妹，可他坚持要认杨贵妃为干娘，史传他与杨贵妃有种种暧昧关系，但玄宗从来不疑，反而信任有加。

凭借朝廷对他的极度信任，安禄山开始在范阳积极扩充实力。他用失意的汉族文痞严庆、高尚做谋士，对投降的或俘虏的少数民族战士，亲自用各自的民族语言进行交谈，安慰拉拢，使他们为自己效力。他又挑选 8000 名壮士作为主力。天宝九年（750 年），为了进一步收买人心，培植心腹，提拔奚、契丹、九姓、同罗等族人，升为将军者 500 人，升为中郎将者 2000 余人。次年（751 年），又以胡将 32 人代替汉将，使他所统率的军队的将领基本都姓“胡”了。他还积极屯积粮草，饲养战马，积极备战。

对于安禄山的种种不轨行为，朝廷内部不是没有人察觉。还在安禄山早年之时，宰相张九龄、太子李亨等人，都曾提醒玄宗，安禄山可能要谋反。但玄宗不信，凡安禄山所提出的一切要求，包括充实军需兵马的要求，都予以满足。而当时朝中的几位权臣，如李林甫、杨国忠、高力士等各怀鬼胎，与安禄山既相互利用，又相互防备。安禄山在其中游刃有余，充分利用这种矛盾斗争的空隙，争取时间，做好反叛的准备。加之杨国忠后来为了证实自己预言的正确，采取了一系列逼反的行动，更使安禄山下定决心，并获得了“师出有名”的口实。

天宝十四年（755 年）十一月九日，安禄山在范阳起兵反唐。他率兵 15 万，号称 20 万，以奉密旨讨杨国忠为名，浩浩荡荡，挥军南下。“安史之乱”终于爆发了。

“安史之乱”持续了 8 年，大体分为 3 个阶段，唐朝 3 代皇帝费了九牛二虎之力，方才平息下去。

第一阶段由起兵到攻占两京，约半年多时间。当安禄山叛乱的消息传到长安时，玄宗开始认为是谣言，得到确认之后，满朝文武惊慌失措。杨国忠却自以为有先见之明，并夸口叛军必生内乱，不到 10 天，安禄山就会被部下所杀。玄宗与满朝文武在惊慌之中，又生侥幸心理，而安禄山却如同风卷残云般地攻城略地，不到一个月就在灵昌渡过黄河。唐玄宗急忙调兵遣将，命安西节度使封常清到洛阳募兵抵挡，又在长安连募带凑了 5 万人马交由高仙芝驻陕州，任命郭子仪为朔方节度使，防守黄河以南。不久，封常清与高仙芝均战败，东都洛阳失守，二将退守潼关。唐玄宗听信宦官边令诚的谗言，杀了高、封二将，以哥舒翰为兵马副元帅守潼关，进讨安禄山。这期间，在叛军的后方，平原太守颜真卿、常山太守颜杲卿起兵，河北 17 郡响应，重新归顺唐朝，安禄山在河北只剩下 6 郡，被迫停止进攻潼关。河南南阳太守鲁灵、睢阳太守许远、真源令张巡等也起兵抗击叛军，扼住了叛军南下的道路。安禄山就先过起了皇帝瘾，于天宝十五年（756 年）正月，在洛阳自称大燕皇帝，改元圣武。之后一段时间内，唐军在河北反击得胜，安禄山和史思明不得不重新部署兵力，将主力放在保卫河南到范阳老巢的退路上。正当两军在潼关对垒时，唐玄宗听信杨国忠的谗言，强令哥舒翰出战，进攻陕郡。哥舒翰万般无奈之下，引兵出关，遭叛军伏击，几乎全军覆没，本人也当了俘虏。这年的六月八日，叛军攻克潼关，直逼长安。唐玄宗携杨国忠、杨贵妃等仓皇出逃，西京长安失守。安、史起兵半年多，连陷唐朝两京，算是初步达到目标。

第二阶段从唐肃宗灵武即位到郭子仪收复两京，约一年多时间。太子李亨随玄宗出逃途中，被百姓挽留，于是北上今宁夏灵武，在随臣拥戴下，于天宝十五年（756 年）七月自立为帝，改元为至德，号肃宗。这时郭子仪率精兵 5 万来到灵武，肃宗的密友、有“布衣宰相”之称的李泌也应邀前来辅佐。在李泌的建议下，肃宗以长子李俶为天下兵马元帅，又向回纥借兵，联合反攻安史叛军。这期间，叛军内部发生矛盾，至德二年（757 年）正月，安禄山被儿子安庆绪所杀，史思明不服，叛军内部不稳。张巡、许远、南霁云等唐将在极其艰难的条件下，坚守睢阳 10 个月之久，粮尽食鼠，鼠尽食人，城破之后，英勇就义。他们以 1 万兵力牵制了安史叛军 20 余万，既阻止了叛军南下，又保证了唐朝经济供应线的畅通，并为郭子仪等各部的反击赢得了准备时间。至德二年（757 年）九月，郭子仪等将领经过充分准备，一举收复长安；十月，又乘胜收复东都洛阳。这年十二月，唐肃宗启驾回宫，叛将史思明投降，被封为归义王、范阳节度使。以两京光复为标志，唐军取得阶段性胜利。

第三阶段从九节度使讨伐安庆绪到史朝义兵败身亡，约 6 年时间。至德二年（757 年）九月，长安光复后，肃宗命郭子仪等九节度使（九节度使是：朔方郭子仪，淮西鲁灵，兴平李奂，滑州许叔冀，镇西、北庭李嗣业，郑蔡季广琮，河南崔光远，河东李光弼，关内王思礼）讨伐安庆绪，又任宦官鱼朝恩为观军容使，监督各路节度使。这时安庆绪在邺城，以让位为条件请求史思明援助。因鱼朝恩的错误决策和指挥，反攻失败，九节度使退出河北战场。史思明杀了安庆绪，留自己的儿子史朝义镇守邺城，自己回范阳去当大燕皇帝。这期间，唐军与史军时有交锋。上元二年（761 年）三月，史朝义又杀史思明，自立为大燕皇帝。宝应元年（762 年），唐肃宗死，代宗李豫即位。这年十月，代宗以雍王李适为兵马大元帅，与仆固怀恩、郭英人等会同回纥兵进行反攻。次年，即广德元年（763年）正月，范阳叛将李怀仙归降，史朝义想北投契丹，李怀仙穷追不舍，走投无路之下，缢死在森林里。历时8年的安史之乱，至此结束。

"安史之乱"后，中国北方的社会经济遭到严重破坏，藩镇割据的局面基本形成，中央王朝已无力控制地方和捍卫边防，人民大量南移。这标志着唐王朝从此由盛转衰，中国经济文化的重心开始南移。

"安史之乱"虽然结束了，但它对唐朝乃至整个中国封建社会的影响，却远远没有结束。

"安史之乱"对全国尤其是北方的经济破坏是空前惨重的。安史叛军步骑散漫，攻城略地，烧杀劫掠，无所不用其极；回纥军助唐平叛，肃宗允诺："破城之后，土地和士庶人口归唐朝，财帛子女都归你们！"因此，进入洛阳后，肆意杀掠，死者动辄以万计，火焚旬日不灭。唐军也不例外，尤其是劲旅朔方、神策军，在攻占洛阳、郑州、汴州、汝州等地时，任意掳掠达3个月之久，所有的房屋都空空荡荡，城中百姓只好以纸当衣穿。乾元元年（758年）九节度使围攻邺城失败后，一路掳掠，当地官吏根本无法阻止。长时间的战乱，使中国经济文化最发达的黄河流域变得凋敝不堪，满目荒凉。据统计，安史之乱前的天宝十四年（755年），全国户数为891.47万户，口数为5291.93万口。大乱之后，只剩下193.31万户，699.0386万口，十减七八，虽不准确，但也可见损耗程度是空前的。一代诗圣杜甫在《无家别》中，对此有形象的描述："寂寞天宝后，园庐但蒿藜，我里百余家，世乱各东西，存者无消息，死者为尘泥。贱子因阵败，归来寻旧蹊。久行见空巷，日瘦气惨凄。但对狐与狸，竖毛怒我啼，四邻何所有，一二老寡妻。"其中受破坏最大的是经济发达的黄河流域的4个地区，即以洛阳为中心的汴、郑等地区，河北地区，长安周围各地，以及汴河沿岸。《旧唐书·郭子仪传》中这样记载：东周（即洛阳）之地，长期陷于叛军之手，宫室焚烧，十不留一,百官办公的地方一片荒芜，连尺把长的一根椽子都没有。畿内（都城周围）的地方，人口不满千户。街道上充满榛棘，豺狼嗥叫其中。再往东千里之内，都是人烟断绝，一片萧条景象！长安周围，也是"闾井肃然，百不存一"，汴河沿岸，更是"百姓凋残，地阔人稀"。由于破坏严重，物价高涨，一斗米价少则千钱，多至7000钱，比开元年间上涨300多倍；绢价涨到4000钱以上，比开元时高出20余倍。这又迫使大量人口"转死沟壑，离去乡闾"，在死亡线上挣扎、流亡。

安史之乱后，藩镇割据的局面已经形成，这与唐代宗的姑息养奸有很大关系。广德元年（763年），史朝义兵败自杀，其部将也纷纷投降。在这种形势下，唐军本应彻底消灭叛军残部，但当时担任唐军统帅的仆固怀恩，担心一旦彻底平叛，自己就不会再受到朝廷重用，于是向唐朝中央政府请示，要留下薛嵩、李宝臣等安史旧部，继续统帅河北诸镇，唐代宗只图眼前平安，希望早日罢兵，竟然同意了这一建议。这样一来，河朔地区基本上仍由安史降将占据。而中原一带在平定安史之乱中新设的节度使，也因朝廷的姑息（其中含有借此抗衡边镇节度使之意）而渐呈“尾大不掉”之势。至于边疆地区的其他旧有藩镇，自然也“坐大”起来。这些藩镇将领，“虽称藩臣，实非王臣”，在政治、军事、经济上都握有实权，而且职位逐渐由父子兄弟相袭，或由部下推戴自称“留后”，再逼唐王朝予以承认，实际上成为各自独立的封建军阀王国。藩镇之间，因各种关系而互相勾结，又因各种利害而相互争夺，攻伐不已，中央政府对此毫无办法，唐朝皇帝极类似春秋时期空有“天下共主”之名的周天子。

由于以上两种局面的出现和形成，安史之乱后，中央王朝对地方的控制和对边防的捍卫能力大大减弱。对地方控制能力的减弱，与藩镇割据是互为表里的，最直接的表现，是中央王朝能够直接管辖的区域越来越小。对边防捍卫能力的减弱，在“安史之乱”中和“安史之乱”后都表现得很明显。天宝十四年（755 年）后，由于边防军主力到中原平乱，留在边境的，多为老弱残兵，周边少数民族乘机内侵。至德元年（756 年）十二月，吐蕃进犯威戎、神威军，强占石堡、百谷、雕窠等 3 城。宝应元年（762 年），又占秦、渭、洮、临等州，次年侵入大震关，攻陷兰、廓、河、鄯、岷、成等州，后来竟然攻占长安，并大肆掠夺。到德宗贞元六年（790 年），安西、北庭两都护府，也被吐蕃占领。在南部，至德元年（756 年），南诏攻陷清溪关；大历十四年（779 年），南诏与吐蕃合谋，进攻茂州，直达灌口。到唐文宗时期，南诏甚至侵入成都，掳掠大量人口、珍宝而去。

在北方经济遭到严重破坏，社会极不安定的情况下，部分人口南迁。迁移的地区，首先是长江中下游地区，其次是汉水流域。在南迁的人口中，一部分是地主官僚，但大多数是避乱的劳动人民。这一时期的人口南移，加上东晋南朝以来的人口南移，使中国经济文化的重心，后来甚至是政治重心，都转移到了南方，这不仅在唐朝，在整个中国封建社会，都是一个极为重大的转折。

昙花一现的革新运动
“二王八司马”与“永贞革新”

革新朝政，历来是极艰难的事情。当国家处在由盛转衰的趋势之中时，尤其艰难，尤需慎重。如果单凭一腔热忱，单靠少数几个人的努力，想在短时间内就扭转乾坤，往往会加速革新的失败。此类事甚多，“永贞革新”就是其中的一个。

“安史之乱”后的唐王朝，积弊深重。唐顺宗李诵即位后，任用王叔文、王伾等革新派，试图对朝政进行改革。改革开始时雷厉风行，但旋即失败，犹如昙花一现。史称这次改革为“永贞革新”，又称“二王八司马”事件。

唐德宗晚年的新旧弊政深重。太子李诵对此深有体会，而以棋文侍奉太子的王叔文、王伾也有革新的抱负。二王利用其特殊身份，联络志同道合者，准备有一番作为。在德宗去世，太子因病不能言语的情况下，拥立太子即位，拉开了改革的序幕。

“安史之乱”后即位的唐德宗，本非庸主，但他性情急躁，猜忌心强，刚愎自用，且喜轻举妄动。他重用宦官窦文瑒、霍仙鸣，使他们掌握了神策军的实际领导权，成为朝廷政治中几乎无可匹敌的势力。他还大肆搜刮百姓，聚敛财富，聚敛的名目繁多，花样翻新，士农工商，均怨声载道。

德宗的太子李诵，在东宫20余年，经常关心朝政，比较了解民间疾苦。太子身边的王叔文、王伾等人，也都素有革新朝政的抱负。王叔文以围棋见长，在翰林院以棋待诏，侍读于太子身边；王伾以书法见长，以书法待诏。二人因此经常趁便向太子讲述民间情况，商讨国家大事。一次，太子与侍读们闲聊，谈起了当时的“宫市”弊政。话匣子一打开，大家都滔滔不绝，非常愤慨，太子说：“你们所评论的都很迫切，我正想就此向皇上进谏，要极力根除。”大家见太子这样激奋，都称赞太子贤德，王叔文却沉默不语。太子看在眼里，待其他人都离开后，将王叔文留下，说：“方才只有先生不说话，是不是有什么话要告诉我？”王叔文说：“我蒙太子殿下厚爱，有见解还敢不尽言吗？请殿下想一想，太子之位应该以什么为重？”太子不解，问道：“你的意思是什么？”王叔文说：“太子的职位，应该是关心父皇的饮食起居，身体健康，不应该轻易谈论除此以外的其他事情。当今皇上在位时间很久了，一旦怀疑太子收买人心，你如何能解脱自身？”太子一听，吓出一身冷汗，望着这位忠心耿耿的师傅，真是感激万分。从此对王叔文信任有加。

在太子的信任和支持下，王叔文利用自己特殊的身份和地位，开始联络一些志同道合的人士，为将来的改革准备力量，并经常向太子推荐谁人可为相，谁人可为将，以备将来使用。当时与王叔文联系密切的人士，主要有翰林学士韦执谊，以及陆淳、吕温、李景俭、韩晔、韩泰、陈谏、柳宗元、刘禹锡、凌准、程异等朝士。后来又与太子妃牛昭容、宦官李忠言密切联系。他们经常在一起讨论朝政，互相砥砺，其核心人物当然是“二王”，尤其是王叔文。

德宗贞元二十年（804年）九月，太子李诵因患风疾，不能言语，这给即位带来了麻烦。早在太子患病之前，德宗就曾因“蛊术”事件怀疑太子，动过改立太子的念头，幸亏当时的宰相李泌力谏，才使得德宗打消了这一念头。太子染上风疾后，不能参加贞元二十一年（805年）的春节朝贺大礼，德宗这时也已年迈体弱，见太子不能前来，涕泣悲叹，不久也卧床不起，不能视朝。20多天，两宫（皇宫与东宫）均无消息，朝廷惶惶不安。

在这微妙的形势下，围绕继嗣问题的一场角逐开始了。以宦官俱文珍、薛盈珍等为代表的一批人，在德宗已经去世的情况下，秘不发丧，准备改立舒王李谊为帝。当时任殿中丞的王伾，通过支持太子李诵的宦官李忠言打探得知这一密谋后，立即设法通知了王叔文。王叔文急召翰林学士凌准、御史柳宗元、刘禹锡等人商议，决定争取重臣支持，拥立李诵即位。在德宗去世后的第三天傍晚，翰林大学士郑絪、卫次公、凌准、李程、张聿、王涯等人进入德宗灵柩所在的太极殿，据理力争，挫败了宦官俱文珍、薛盈珍的阴谋，决定于次日公开为德宗发丧，请太子李诵登基。俱文珍等人虽然口头上不再说什么，但心里想的却是太子口不能言，身不能行，看他明日如何登基？

但是太子李诵毅力非凡。当王伾赶回东宫告诉他，皇上已经驾崩，眼下内外忧疑，迫切需要他召见诸军使，以安人心时，太子“呼”地一下子就站了起来，匆匆换上紫衣麻鞋，在宫侍的搀扶下一步一步地走出殿外，坐上步辇，又走出九仙门。当太子远远出现时，一片欢呼之声，人心大安。第二天，太子身着丧服在宣政殿接见文武百官，宣布先帝遗诏。贞元二十一年（805 年）正月二十六日，太子李诵在太极殿即位，史称“顺宗”。改革的帷幕缓缓拉开了。

顺宗即位之后，重用“二王”集团之人。在很短的时间内，颁布了一系列改革措施。因这次改革在后来改元的永贞年间进行，故史称“永贞革新”。

唐顺宗于永贞元年（805 年）正月即位后，虽然身体极度虚弱，但仍不改初衷，坚决支持革新运动。他接受王叔文的建议，于二月十一日，任命“二王”集团中的韦执谊为宰相。过了 10 余天，又任命王叔文为翰林学士，王伾为翰林待诏。在韦执谊、柳宗元、刘禹锡、吕温、陆质、李景俭、韩晔、韩泰、陈谏、凌准、程异等朝官的支持下，以“二王”为核心的改革集团，迅速出台了一系列改革措施。

先拿京兆尹李实开刀。李实是宗室，封为道王。他过去在做山南节度使李皋的判官时，曾因克扣粮饷，差一点被愤怒的军士杀死，侥幸得脱。当了京兆尹后，秉性未改。贞元二十年（804 年），关中大旱，严重歉收，当德宗问及京兆一带情况时，他竟回答：“今年虽旱，庄稼甚好，并无荒岁之象。”监察御史韩愈为此上谏，结果被贬职；优人成辅端只因编了几句歌谣，竟被李实以“诽谤国政”罪杀头。次年初，德宗下令免除畿内欠租，李实违诏征缴，迫使农民典桑卖地交税，在催交过程中，有十几人身死。永贞元年（805年）二月十一日，顺宗下诏贬京兆尹李实为通州长史。诏书一发出，城中一片欢呼，许多百姓拿着石头在出京的路上等着报复他。李实只得先偷偷跑到西苑内，然后从月营门一路向西狼狈而逃。

接着是罢“宫市”。早在德宗年间，宦官就经常以为皇宫采买物品为名，在城乡市场上对百姓进行掠夺，称为“宫市”。名为“市买”，实际上或以低价强购，或直接抢夺，百姓见了他们就像见了强盗一样。白居易《卖炭翁》中“翩翩两骑来是谁？黄衣使者白衫儿。手持文书口称敕，回车叱牛牵向北。一车炭，千余斤，宫使驱将惜不得”的诗句，便是对“宫市”真实而形象的写照。如今罢此弊政，自然深得士民尤其是商人之心。

罢“五坊小儿”。所谓五坊，就是雕坊、鹘坊、鹞坊、鹰坊、狗坊。“小儿”是指在这五坊服务的差役。五坊小儿在长安内外各处张网捕雀，有时把网放在门口或井上，不许人们出入打水，只有给钱，才能打水。他们到饭店吃饭不给钱，有时留下一筐蛇，叫店主好好饲养，说这是用来捉雀鸟进奉给皇帝的，主人惊恐不已，只好赔钱赔礼，他们才肯把蛇筐带走。还有其他众多巧取豪夺的恶行，百姓见了他们就像躲避瘟疫一样。至此被罢，百姓自然拥护。

罢“月进”“日进”。当时一些地方节度使，特别是盐、铁使，为了讨好德宗皇帝，不断进奉钱财，有的每月进奉一次，称“月进”；有的每日进奉一次，称“日进”。后来地方上的州刺史、幕僚也争相效尤，弄得民不聊生，怨声载道。顺宗当太子时，对此已深恶痛绝。

释放宫女和教坊女乐。唐朝后宫常有两三千名宫女，女乐人数也很多。有许多宫人从进宫之日起，到白了头发，也见不到皇帝一面。白居易《上阳白发人》写道：“上阳人，上阳人，红颜暗老白发新，绿衣使者守宫门，一闭上阳多少春！”就是对此的真实写照。在“永贞革新”中，释放宫女和女乐 900 人，并允许其亲属在九仙门迎接，家人团聚。

在革除以上弊政的同时，王叔文等人开始向痼疾动刀了。

首先是控制财权。财政问题是德宗以来的一个大问题。德宗在世时曾力图解决，但终究没有成功。王叔文在太子李诵身边时，冷眼旁观 18 年，深感财赋问题是解决其他问题的前提，是振兴朝廷的关键。但苦于缺乏合适的人选，难以下手。经过与刘禹锡等人商讨后，决定以当时的理财名臣杜佑出任“度支并盐铁使”，由王叔文为副使。

接着准备剥夺宦官兵权。永贞元年（805 年）五月，王叔文等人经过周密策划，任命右金吾大将军范希朝为左右神策京西诸镇行营兵马节度使。范是名臣宿将，担任这个职务在情理之中。因此任命下达后，并未引起宦官集团的警惕。为了确保对神策军的控制，王叔文又任命度支郎中韩泰为左右神策军行军司马，以辅佐范希朝，但韩泰当时已是“二王”集团成员，这一任命下达后，执掌神策军的大宦官俱文珍、刘光琦立刻警觉起来，意识到“二王”开始了夺权行动。于是，密令神策军诸将不得接受范、韩的命令。范、韩二人奉旨到奉天后，长时间无人来报到。

同时准备裁抑藩镇。永贞元年（805 年）四月，剑南西川节度使韦皋，派心腹刘辟来到京师，对王叔文进行威胁利诱，提出要完全占据剑南三川（剑南西川、东川及山南西道合称三川），以扩大自己的地盘。王叔文怒斥刘辟，义正词严地拒绝了韦皋的无理要求。第二天，王叔文就手书给宰相韦执谊，请韦执谊将刘辟正法。王叔文想以此来震慑藩镇势力，为下一步裁抑藩镇造势，但宰相韦执谊考虑再三，没有照办。

后来史学家因这些改革措施均出台于永贞元年，故称之为“永贞革新”。

> 正当王叔文知难而进时，殿中侍御史窦群谒见王叔文，对他说：“去年李实伐恩恃贵，倾动一时，那时王公您在哪里？不过是逡巡路旁的江南一小吏而已！今番您已处在与当时李实相同的形势中了，王公您怎能不想一想：今天的路旁是否会有像您当年一样的人？”

对于这番话，王叔文没有理睬，但革新派面临的严峻局面，已经是不容忽视的了。

“永贞革新”中的许多措施，尤其是涉及财权、兵权、藩镇的改革措施，已经引起了从中央到地方的许多人的不安、不满和愤怒，因为这已触及了他们的切身利益。于是，朝廷中的一批元老重臣，皇帝身边掌握实权的宦官，以及藩镇将领们，由起初的惊恐、观望、不安转为公开表示不满和愤怒，并开始联手对革新派进行打压。

反击的第一步，是立李纯为太子。李纯为顺宗李诵之子，当时为广陵王。因为李纯是长子，宦官们就极力拉拢他，想用李纯取代支持“二王”改革的顺宗皇帝。在顺宗登基后不久，王叔文的革新措施已陆续出台之时，翰林学士郑细、卫次公等人，就因顺宗身体不佳，李纯又为长子之故，建议早日册立李纯为太子。但王叔文可能因为对李纯的政治态度尚没有把握，便以“立贤不立嫡”为由加以反对。之后，德宗时期的旧人俱文珍、薛文珍、刘光琦等人，本来倾向于立舒王李谊为太子，但因看到形势与他们极为不利，便主动与郑细、卫次公等人联系，取得一致后，闯入顺宗卧房之中，侍奉顺宗的牛昭容、李忠言无法阻挡，郑细从袖中取出一张早已准备好的纸条，送到顺宗面前。纸条上只有4个字：“立嫡以长。”顺宗的记忆已在风疾的折磨下变得一片空白，盯着纸条半晌之后，忽然点了点头。俱文珍等人连忙叩首，口呼“万岁”，立即起草立太子诏文，正式立李纯为皇太子。王叔文在听到郑细宣读的立太子诏时，预感到革新将要失败。

第二步，是撤销王叔文的翰林学士职务。李纯被立为太子后，当时的宰相韦执谊让饱学多识的学者陆质出任太子侍读。韦执谊和陆质都属“二王”集团中人，韦执谊这样做的主要目的，是借此随时窥伺太子的动向，并争取这位未来天子的同情和支持。陆质虽是王叔文坚定的支持者，却算不上是个精于世故的政治家，当他刚在太子面前开口说了几句话时，便被太子驳了回来：“陛下是令先生为我讲解经义的，谈其他事干什么？请先生不要再说了。”陆质噤默而退，回来告诉王叔文，王叔文越发感到不安。果然，过了不久，当王叔文同往常一样来到翰林院时，等待他的却是一纸诏书：调王叔文为户部侍郎，削去翰林学士一职！他一再上疏，想通过李忠言、牛昭容等顺宗近臣挽回局面，甚至亲自进宫面君，但最终还是没有挽回局面，只好独自吟诵“出师未捷身先死，长使英雄泪满襟”的悲愤诗句。

第三步，是逼顺宗退位，让太子李纯登基。王叔文被削去翰林学士职务后不久，因母丧不得不离职。这时韦执谊的态度已有明显变化，转向太子派一边去了。王伾、柳宗元、刘禹锡、韩泰等人，一方面想通过宫中李忠言一派，借助病重的顺宗支撑局面；另一方面求助于宰辅杜佑，争取一些朝臣的支持。王伾几经奔走，毫无建树，在巨大的政治压力之下，精神趋于崩溃，从此闭门不出。这时俱文珍等人见外有藩镇声援，内有朝官支持，并有神策军掌握在手中，“二王”集团失势，太子态度明确，时机已经成熟。随后，七月中旬，顺宗贴身侍奉之人李忠言、牛昭容突然“失踪”。七月下旬，俱文珍等人宣布：“皇上有旨，令太子暂时代理军国大事，请诸位学士即刻草拟诏诰。”七月二十八日，诏书发布。次日，太子朝见来使，会晤宰相，昭告天地社稷，开始“代政”。八月初四，从内宫发出皇上的“禅位诏”。次日，已是“太上皇”的顺宗正式告别只坐了 7 个月的皇帝宝座，在宫侍们的簇拥下迁居兴庆宫。同日，又有“太上皇”诰书命太子于当月九日即位，并改元“永贞”，大赦天下。八月九日这一天，太子李纯正式即皇帝位，史称“宪宗”。支持“二王”集团改革的唐顺宗在政治舞台上彻彻底底地“退位”了。

顺宗“退位”，宪宗登基，意味着“永贞革新”的彻底结束。革新派人物的命运，也就由此而注定了。

宪宗在登基之前的八月六日，便贬王伾为开州司马，王叔文为渝州司户。开州和渝州分别距京城 1460 里和 2748 里。不久，王伾死于开州。第二年，王叔文被赐死。

永贞元年（805 年）九月十三日，宪宗下诏贬神策军司马韩泰为抚州刺史，司封郎中韩晔为池州刺史，礼部员外郎柳宗元为邵州刺史，屯田员外郎刘禹锡为连州刺史。同年十一月七日，韦执谊也由宰相贬为崖州司马。同月十三日，朝议认为对“二王”集团处罚太轻，于是，再贬韩泰为虔州司马，韩晔为饶州司马，柳宗元为永州司马，刘禹锡为朗州司马，贬河中少尹陈谏为台州司马，和州刺史凌准为连州司马，岳州司马程异为郴州司马。到此，加上韦执谊，“二王”集团的 8 位主要成员，均被贬为“司马”。故史称为“二王八司马”事件。

> “永贞革新”犹如昙花一现般地失败了。造成这场革新运动失败的原因是错综复杂的。其中最主要的原因，是统治者不愿承认唐王朝已由盛转衰，还没有跌落到谷底，还没有到物极必反、否极泰来的时候，社会朝野之中，还没有能从根本上扭转这一演变趋势的力量。除此以外，也还有一些值得总结的教训。

首先，改革集团所依靠的唐顺宗，既是有力的支持者，又是主要的不利因素。封建时代的政治革新运动，从来都只能是自上而下的运动。没有最高统治者的支持，是不可能革新政治的。唐顺宗本身，是极想改革的，尽管他身患风疾，但仍坚定不移地支持“二王”集团的改革措施。这对于革新派来说，是一个先天的有利条件。也正因为如此，当顺宗当上皇帝后，各项改革措施就能顺利出台。但是，这个先天的有利条件，又是一个极为不利的因素。这就是顺宗的身体状况。他既然在多数时候不能言语，就既可以为“二王”充分利用，也可以为反对派充分利用，改革过程中出现的波折，就清楚地表明了这一点。王叔文可以借此发布种种改革诏令，委任重要官职；俱文珍等人也可以借此拥立太子，矫诏免去王叔文的职务。而且，由于顺宗所患疾病的严重性，随时都可能“龙驭宾天”，这对于“二王”集团来说，等于随时都有可能失去最大最有力的靠山。所以说，这场改革一开始就带有极大的风险性、短暂性。后来的事实也证明了这一点。一旦顺宗去世，革新运动就烟消云散了。当年的“商鞅变法”，以及封建时代其他一些变法运动，几乎都有与此相似的地方，只不过时间各有长短罢了。

其次，改革的步伐太快，可谓之“除弊心急”。从“永贞革新”的主要内容来看，都是正确的，进步的。但从改革的实施来看，显然太快了。在不到半年时间里，接二连三地出台了一系列革新措施，涉及政治的众多方面，尤其是针对一些存之已久的痼疾，如宦官专权、藩镇割据。改革的意图暴露过早，措施也失之周密。比如剑南节度使韦皋派心腹刘辟对王叔文威胁利诱，要求再领其他三镇时，王叔文不受威胁利诱，表现出一个政治家坚定的立场和高风亮节，无疑是值得肯定的。但是，他不应该在盛怒之下，第二天就逼着宰相韦执谊处死刘辟。韦执谊认为这样做太轻率，会惹出麻烦。王叔文则指责韦执谊忘了他们当初的约定，使韦执谊处于尴尬境地。尽管如此，韦执谊还是耐心地向他解释：“我自然不敢忘记约定，但我目前行事谨慎，并不是另有他意，不外乎是力图曲成吾兄之事而已！”应该说这是推心置腹之言，但王叔文并没有领会。经此变故，使得剑南节度使韦皋及其他藩镇首领，纷纷向朝中上书反对王叔文，并与宦官里应外合，成为断送“永贞革新”的一个重要原因。此外，在任命杜佑为度支盐铁使时，马上任命王叔文为副使，在任命范希朝为神策军首领时，又马上任命韩泰为副手，显得急不可耐，立刻就引起了反对派的警惕，促使几股势力迅速联合起来，共同对付革新派及其革新措施，使革新运动陷入几面受敌的困境之中。

再次，“二王”集团不善于团结利用更多的人士，内部又出现裂痕。公允地说，“二王八司马”都是当时的政治精英，自身的力量并不弱。但要进行一场社会革新运动，仅仅依靠这些人，是远远不够的。王伾在主持科考时，门庭若市，每天要取用擢升数十人，好像在扩大队伍，但据他自己讲，所用“皆是素日相与往来可用之士”。“可用”是对的，但都是“素日相与往来”者，则未免有些狭隘了。王叔文知道后，不以为非，反而强调说：“异己者决不能用。这个原则一定要坚持！”这话虽然有一定道理，但难免使改革阵营“同”而不“和”，并且会得罪一大批人，其中并非都是反对改革者。曾提醒过王叔文的殿中侍御史窦群，就是其中一员。可惜王叔文没有重视这个小人物的直言，使自己局限于小圈子内，而没有团结更多的人，并且优势感越来越重，使朝野上下，越来越感到他们已经完全是一个专权跋扈的私党了。可实际情况又并非如此，王叔文与韦执谊之间，早已出现裂痕，而且越来越大。在因刘辟之事产生歧见后，又因“羊士谔事件”加深了矛盾。羊士谔本是进士出身，并且与“二王”集团中的吕温关系较好。他原是宣歙节度府巡官，永贞元年（805 年）五月进京，听说王叔文正招致许多人的批评，也就心血来潮，在大庭广众之下，公开批评王叔文。王叔文对此极为愤慨，觉得一个小官竟如此猖狂，自己的威严何在！决心杀一儆百。于是请出宰相韦执谊，让他以诏命将羊士谔斩首。韦执谊不同意，王叔文又要求在大理寺就地杖杀，韦还是不同意。王叔文气急败坏，当众大骂韦执谊忘恩负义，弄得满朝风雨，人人皆知。使革新派内部的矛盾暴露于朝。故清代的王夫之批评王叔文是“器小而易盈，气浮而不守”，确是道出了革新派领袖人物性格中的致命缺陷。

最后，“二王”的身份与出身，也是一个不那么有利的因素。王叔文与王伾，都是南方人。王叔文虽然是怀着对民间疾苦的强烈关注和改善政治的理想来到长安的，但他没有能力博取功名，不算是士子，也没有参加科举中的进士考试，只是因为围棋下得好，才有幸侍奉太子。王伾从南方来到京城时，仍操着吴语，加之他身材短小，长相平庸，身世微贱，许多朝士对他不屑一顾，只是因为他字写得好，才有幸在宫中任待诏。在封建社会朝堂中，出身微贱，且又非科班出身，是非常不利的。王叔文对此当然清楚，故一到长安，就声称自己是苻秦时的名臣王猛之后，以此来提高自己的地位。但大多数人一致认为，王叔文不过是一个侥幸得进的小人而已。而二王改革过程中，既把革除宦官专政作为一个目标，自己又不得不通过宦官李忠言沟通皇宫内外，这多少有些矛盾和滑稽，当然会让人感到不那么正大光明。有些时候，在酝酿出台改革措施时，事本可共图，而故出之于密，谋本无他奇，而故居之以险，也让人感到不舒服。尤其是正当改革进退维谷之际，王叔文母亲逝世。按封建社会惯例，母丧须弃官守丧3年，匿而不报，有罪。但王叔文明知母亲已经去世，他还要亲自到翰林院向大家进酒食，谎称母亲病重，告假几日，若有人在这期间攻击诽谤他，希望大家能够相助，当场遭到俱文珍反唇相讥：“大人既自称为国尽心，又何虑他人毁谤！”这时王叔文的两个家人又在一旁窃窃私语，说：“母亲已亡，还有心思在这儿喝酒！”被俱文珍得知。第二天，王叔文又把宦官们请到翰林院，在酒宴之上恫吓：“我来告知诸位，圣上（指顺宗）龙体已经康复，此刻正在皇苑中猎兔，上马如飞，一如当年。敢有异议者腰斩！”这种软硬兼施、连哄带吓的手法，实在不怎么高明，并使他的人格受到蔑视，正直的朝士们离他越来越远。在孤立无助的情况下，只有走上失败这一条路了。

门生故吏，此起彼伏
旷日持久的“牛李党争”

朋党之争，是封建政治中常见的现象。但像唐朝“牛李党争”持续时间之长、为祸之烈者，却不是很多。一方面，封建帝王严禁臣下结党；另一方面，又希望臣子中有些派系之争，以便分而治之，为我所用。这大概是历代帝王驾驭臣下的心传，也是历代王朝政治黑暗与衰败的因素之一。唐朝的“牛李党争”，也不例外。

在唐朝后期的朝廷政治中，“牛李党争”是持续时间较长，影响较大的事件。由于“牛李党争”反映了极为错综复杂的各种关系，人们对它的看法和评价不一。但由于它与唐朝后期的治乱兴衰密切攸关，多少年来，又一直是人们关注和研究的一个热点。

唐宪宗元和三年的“贤良方正能言直谏科”考试，已种下了“牛李党争”的祸根。穆宗长庆元年的进士科考试舞弊案，则正式拉开了这场旷日持久的党争的序幕。

所谓“牛李党争”，按照通常的解释，是指以牛僧儒、李宗闵为主要首领的一方，与以李德裕为主要首领的另一方之间的矛盾和斗争。而“牛党”之中，李宗闵实际上起的作用更大些，故有人又将“牛李党争”，称为“二李党争”，即主要是李宗闵与李德裕两派之间的斗争。

唐宪宗元和三年（808年），朝廷举行“贤良方正能言直谏科”考试。当时的科举考试，分“常科”与“制科”两种。“常科”又称“岁举”，每年定期举行，统一由礼部主试，故也称为“礼部试”。其中又分6科，以“进士”科最为重要，是进入仕途的重要途径。“制科”或称“制举”，是由皇帝委派策士官主持，科目不定，大到国家大政方针，小到朝野轶事，均可策问，由应试者以“策文”形式回答，以供皇帝御览，朝廷参考。制举考试时皇帝常常亲临，故又称“殿试”和“廷试”。与“常科”相比，“制科”与政治的联系更为紧密，应试者可以通过对策表达对时政的看法，皇帝与主试官有时也引导举人申述政见，以体察下情，发现人才。尤其是“贤良方正能言直谏科”，更有“应诏直言”的特色。

因为“贤良方正能言直谏科”具有这样的特点，故当时参加此科考试的举子们，就喜欢在策文中“切时宜，观政事”“指病危言”，以求引起轰动效应，得到皇帝与主考官的重视与赏识。当然，这样做有时又难免造成是非之争，甚至给自己带来政治危险。元和三年的这场考试，就引起了事端。当时参加考试的举子中，李宗闵、牛僧儒二人在策文中对朝廷的平藩战争表达了不同看法，皇甫湜则对宦官专权大加挞伐。担任这次考试主考官的是杨于陵、韦贯之二人。考试揭晓后，牛僧儒、李宗闵二人被“擢为上第”。担任考试“首座”的宰相李吉甫，是有名的主战派，对此当然不能容忍。他在宪宗面前力陈己见，认为牛、李二人出言无理，含有恶意，杨、韦二主考官也有责任。当时的唐宪宗也是主战派，自然支持李吉甫，于是，下诏贬杨于陵为岭南节度使，韦贯之为果州节度使。牛僧儒、李宗闵二人，自然未予重用。而这个宰相李吉甫，正是后来“李党”首领李德裕的父亲。这样，“牛李党争”的祸根，已经在这次科考中种下了。

到了穆宗长庆元年（821 年）时，李宗闵、牛僧儒和李吉甫的儿子李德裕，都已经入朝为官。其中李宗闵任中书舍人。就在这年三月，每年例行的“常科”考试开始。当时的主考官，是礼部侍郎钱徽，右补阙（谏官）杨汝士。考试前，翰林学士李绅和西川节度使段文昌，都曾给主考官钱徽写过条子，请他照顾自己的亲属。但是，发榜以后，李绅和段文昌发现自己推荐的人，都榜上无名。而榜上有名者，大都是公卿子弟，其中还有主考官之一的杨汝士的弟弟，有中书舍人李宗闵的女婿，有前宰相裴度之子。段文昌大怒，向穆宗上诉，揭发钱徽等人徇私舞弊，所录取的进士都是没有才艺的公卿子弟。唐穆宗征求翰林学士李德裕、李绅的意见，二人支持段文昌。穆宗让白居易等人主持，进行复试。复试的结果，上次考试中举者大都落第未中。穆宗自然不能不做处理。于是，中书舍人李宗闵被贬为剑州刺史，钱徽贬为江州刺史。从此以后，李德裕、李宗闵二人各分朋党，拉开了互相争斗的序幕。

围绕当时朝政中的许多问题，两派各执己见，互相攻讦。尤其是在一些重大问题上，更是你左我右，存在严重的政治分歧。

由两次科举考试问题引发的这场朋党之争，一发而不可收。在很长时间内，围绕当时朝政中的许多问题，两派展开了激烈的斗争。尤其是在一些重大的问题上，往往是你左我右，存在着严重的政治分歧。

唐朝后期，中央王朝与藩镇势力之间，进行过反复的较量。在如何对待藩镇的问题上，牛、李双方有过多次的争执与分歧。大致而言，以牛僧儒为代表的“牛党”派人士，大都主张以慎重的态度对付藩镇割据，宁愿息事宁人，也不同意轻起战端。而以李吉甫、李德裕为代表的另一派人士，则主张坚决讨伐，削平藩镇，重振中央的权威。比如，唐宪宗元和初年，剑南西川节度使刘辟叛乱，镇海节度使李锜违抗朝命，李吉甫力主以强硬态度和武力征讨平叛。在对待淮西节度使吴元济的态度上，李吉甫也主张因时而取之，虽然未及正式开战，李吉甫就已病死，但他主战的态度是朝野皆知的。到武宗时期，李吉甫的儿子李德裕执政时期，也采取了强硬态度，坚决打击割据势力刘稹，并收复 5 州 30 县。与之相反，“牛党”派人士则认为李吉甫是“炽于武功”，不考虑当时的实际情况，不顾恤百姓的负担与生存。元和十二年（817 年），“李党”的宰相裴度全力组织讨伐淮西叛乱时，“牛党”的李逢吉、令狐楚等，或暗中阻遏，或公开反对。文宗太和五年（831 年），幽州杨志诚驱逐主帅李载义，皇帝问计于宰相牛僧儒，牛回答说：“范阳从安史以来，就不属朝廷所有，穆宗时平定刘总，朝廷耗费八十多万缗，结果没有得到尺帛斗粟的好处。现在杨志诚夺了李载义的权，和当年的情况相似，朝廷不必干涉，承认他为合法，还可利用他抵抗契丹。何必劳师动众去讨伐呢？”

对于当时的边防安全问题，两派也有着严重的分歧。其中最能说明问题的，是“维州事件”。维州地处与吐蕃接壤之处，隋朝时被羌族占领。唐高祖武德七年（624年），白狗羌首领内附于唐，因为其地域中有姜维城，遂命名为“维州”。唐肃宗乾元二年（759年），被吐蕃攻陷。德宗时，韦皋屡次出兵攻伐，都未成功。唐文宗大和五年（831年）九月，吐蕃维州副使悉怛谋请降，并率领部众到达成都。李德裕派遣虞藏俭为维州刺史，率兵占据维州城，并向文宗汇报说：“准备遣散羌人3000名，烧掉13桥，捣西戎的腹心，可以一洗先前的耻辱。”文宗命尚书省召集百官商议，大多数人都同意李德裕的意见。牛僧儒却说：“吐蕃面积广大，周边有万里，丢失一个小小的维州，实力不会受什么损失。近来我们与吐蕃正在修好，约定双方罢兵，作为堂堂大邦，要以守信用为上。如果人家来责问为何失言，并起大兵前来，不过3天就可以打到咸阳桥。到那时，西南数千里不存，就算得100个维州，又有何用？不守信用，只能有害而无利。这是连草莽匹夫都不可做的事情，何况天子！”文宗听了，觉得有道理，下诏命李德裕把维州城归还吐蕃，并将来降的悉怛谋及其部众也归还吐蕃。吐蕃将他们全部诛杀于边境，极为残酷。李德裕因此对牛僧儒恨之入骨。

在有关政治改革的问题上，“李党”比较重视，并采取了一些措施，而“牛党”一般主张稳妥为上，尽量维持现状，有时还要搞“复辟”。如元和年间，李吉甫认为从秦以来设官最多的莫过于本朝。因此他建议省并州县，裁汰冗员。宪宗采纳了李吉甫的意见，于元和六年（811年），精简京官1769名，外官808名。武宗会昌年间，李德裕执政时，又精简冗官1000余名。但“牛党”人士对此不以为然，唯恐政局混乱，带来不利影响。因此持反对意见。唐宣宗大中年间，“牛党”成员白敏中执政，立即把会昌年间所减州县官，复增383名。

“牛党”中的首领人物，大都是通过科举考试进入仕途的，因此，比较重视科举制的贯彻实施，对科班出身的人当然也高看一眼。“李党”的首领人物，如李德裕，不是进士出身，而是靠祖荫入仕的。因此对科举制不那么重视，对科举考试中的弊端也尤为不满。一次宴会上，李、牛二人都在座，牛僧儒因轻视公卿子弟，就对李德裕开玩笑说：“绮纨之子，怎么也坐在这里？”李德裕后来对武宗说：“我没有名第，自然不应该指责进士。但我的祖先在天宝年间因为仕途无路，勉强应试，竟然一举中第，从此厌恶进士科考试中有浮华不实的地方，家中不准再放《文选》（当时进士科考必读之书）。我认为，朝廷显官，还是应以公卿子弟担任为好。”因此李德裕早年不应举，后来又主张对进士科考试进行改革。他第一次入相的大和七年（833年），就对进士科进行了几项改革，如停试诗赋，罢宰相阅榜等。但不久李德裕被李训、郑注借助李宗闵的力量挤出朝廷，李宗闵执政后，自然不会贯彻李德裕的主张。后来，李德裕再度入相，又是雷厉风行地对进士科考试进行改革。其主要内容有两项：其一，及第进士不得呼主司为“座主”，及第后只能一次性谒见主司，此后不得聚集参谒，更不能于主司宅第置宴。这击中了科举制中“座主”与“门生”过于亲密的要害之处。其二，禁止“曲江大会”。所谓曲江大会，是指进士及第者在考试结束后，集体到当时的曲江池游宴，公卿大族都来参观，有的还专门来挑选东床快婿，有时皇帝也亲临曲江之畔的紫云楼，垂帘观赏，进士辈交结朋比的习气，也得以盛而不衰。李德裕罢“曲江大会”的主要目的，就是要限制同窗朋比。而“牛党”则普遍认为这是李德裕因自身非进士出身，有意打击进士及第者，故加以反对。

在对待佛教的态度上，双方也不一致。唐朝后期，佛教势力的膨胀十分惊人，在某些方面已危及统治。武宗会昌年间，在李德裕的主持下，开展了限制佛教的斗争。从会昌二年（842年）到会昌五年（845年），朝廷接连颁发诏敕，从多方面限制佛教势力的发展，到后来，甚至采取武力毁佛，强令全国僧尼分批还俗，拆毁佛寺，没收寺院财产。据当时公布的统计材料，全国共拆寺4600余所；还俗僧尼26万人，收编为国家税户；拆招提兰若（寺院的别称）4万余所，收回良田数千万顷，收奴婢为国家税户15万人。武宗即位时，全国共有211.5万户，到会昌末年，增加到495.5万户，在短短的5年时间内增加一倍还多。而这新增的280万户，很大一部分就是从寺院还俗的。对在武宗支持下由李德裕具体组织实施的这场毁佛运动，“牛党”人士并不赞成，认为有损国家形象。大中元年（847年），“牛党”人士执政，又逐一废除对佛教的禁令，恢复僧尼原来所享受的各项优惠待遇，佛教又重新兴盛起来。

不仅是在重大问题上，在一些次要的问题上，双方人士也要蓄意争斗一番。例如，开成二年（837年）五月，朝廷任命李德裕出任淮南节度使，以接替在那里任职的牛僧儒。按规定，节度使更替，新任者一般要清点前任的账目，核对实物，奏报朝廷，作为当时接收和今后贡赋的依据。但在实际操作过程中有一个不成文的规矩，即为了防止上任之后突发天灾人祸而使经费紧张，新官一般都要把前任的账册数目拦腰杀半，留有余地。假如前任交接的账册上注明尚有钱帛合计 100 万贯匹，则继任者上报朝廷时，只讲实有 50 万，其余数目，以“数目与库藏不符”“交接时差中的支用”等为由表示并未收到。当李德裕代牛僧儒出任淮南节度使的任命下达后，牛僧儒不愿与他正面接触，将事务交副使张鹭后，先行卸职赴京了。李德裕到了淮南，也就因循陋习，奏报朝廷说：账册上扬州府藏 80 万贯匹，但只领到 40 万，其余已为原副使张鹭用掉了。这时改任东都留守的牛僧儒立即上疏为自己辩白，同党中的其他人也弹劾李德裕妄奏。朝廷只得下诏重新核验，检点之后的数目正好是 80 万，一文不少，这自然使李德裕很狼狈，讨了个没趣，不得不上表检讨，请求处分。

随着两派歧见加深，阵线分明，每当一方执掌朝政时，必然设法贬逐另一方。于是在近半个世纪的朝堂上，牛、李党派此起彼伏，正所谓“乱哄哄你方唱罢我登场”！

如果仅仅是政见不合，倒不值得有什么奇怪，问题是在政见不合的背后，是说不清道不明的个人恩怨，根深蒂固的宗派观念以及“门生”“故吏”间的成见。虽然至今不能明断谁是君子，谁是小人，但双方犹如冰炭不相容，却是活生生的事实。

有一则故事，可以说明这种基于利益关系的门派之分。元和时期，崔祐甫的侄子崔群在中书舍人任上曾做过一年知贡举（主持科考的长官），后来罢职，退隐林下。他的妻子有一天劝他：“为了咱们的子女后代，是不是该置点庄田？”崔群笑着回答：“我有30座美庄良田，遍布天下，夫人还有什么忧虑的！”他的妻子一脸茫然：“我怎么从来没听说你有这些产业？”崔群得意地说：“我前年任知贡举，放榜30人，他们不都是良田吗？”

以“良田”来比喻“门生”，真是一语中的，再清楚不过地说明了这其中的利益关系。李宗闵、牛僧孺等“牛党”人物，大都是“座主”与“门生”关系，利益攸关，当然要有福同享，有难同当了。如“牛党”骨干人物李逢吉的幕宾中，就有所谓“八关十六子”，据说大都是门生故吏。至于“李党”中的李德裕，虽然没有那么多“门生”，但既然是世宦之家，“故吏”肯定是有的。故当时朝中有谚曰：“门生故吏，非牛则李。”连李德裕自己也承认，当时朝廷中，至少有1/3的人，卷入了朋党之中。

既然是非牛则李，既然是有“良田”利益，在政见不合之争中，免不了要互相倾轧，不能相容了。长庆元年（821年）科举考试舞弊案发后，李德裕的“李党”得胜，“牛党”的李宗闵就不能再留在朝堂，被贬为剑州刺史，这可以算是第一次倾轧，“李浮牛沉”了。

长庆三年（823年），“牛党”骨干李逢吉执政。按当时的条件，牛僧孺和李德裕均有入相的可能。但李逢吉提议牛僧孺为相，把李德裕驱出京师，任浙西观察使，而且一去8年，未做调动。这使得李德裕怀恨终生。这次可算是“牛浮李沉”了。

武宗时期，李德裕终于入朝执政了。当时牛僧儒任山南东道节度使。李德裕当然要报一箭之仇。会昌元年（841 年）八月，襄州发生水灾，李德裕将罪责推到牛僧儒身上，撤销了他的职务，调他当了个太子太师的虚职。与此同时，又设法把另一“牛党”首领李宗闵调任太子宾客，分司东都，隔了一年，又贬李宗闵为湖州刺史，让他连东都也待不成。事已至此，李德裕仍不肯罢休。会昌四年（844 年）十月，李德裕讨伐叛乱分子昭义镇刘稹取得胜利，他借机揭发牛僧儒、李宗闵与昭义镇叛乱分子有勾结。唐武宗大怒，立即贬牛僧儒为太子少傅，贬李宗闵为漳州刺史。过了几天，再贬牛僧儒为汀州长史（刺史的副手），流放李宗闵到封州。不到 60 天，“牛党”两位首领被连贬 3 次，这在唐朝历史上是少见的。李德裕简直没有给“牛党”喘息的机会。这可真是“李起牛伏”了。

宣宗大中元年（847 年），“牛党”骨干白敏中执政。他指使人罗织李德裕的罪名，第二年正月，就贬李德裕为潮州司马；九月，又把李德裕逐出大陆，贬为崖州司户。两年以后，李德裕死于崖州。“李党”的薛元赏被贬为忠州刺史，薛元龟被贬为崖州司户。“李党”中另一位已死的李绅，也不放过，追削了三任委任状（即官职）。靠近“李党”的中书舍人崔嘏被贬为端州刺史，“李党”的支持者李回、石雄、郑亚等人，也同时受贬。与此相反，白敏中执政以后，对过去被“李党”贬谪的“牛党”人员，则积极设法营救，或改善待遇，或复其官职。如会昌六年（846 年）八月，将受贬的循州司马牛僧儒升为衡州长史；第二年，又调回东都，任太子少师。撤销对李宗闵的流刑处分，暂调任郴州司马，可惜未到任便死于封州。大中元年（847 年），调被“李党”贬逐的潮州长史为吏部尚书；第二年，调同党李珏为户部尚书。真是泾渭分明，升降不淆。不仅仅是“牛起李伏”，而且是“牛生李死”了。

这里所述的，只是两党角逐中几次较大的起伏情况。至于小一些的进退浮沉，则几乎是时有发生，一方只要稍有机会和权力，就要对另一方动些手脚。因此在宪、穆、敬、文、武、宣等 6 朝数十年中，犹如走马灯似的来来往往，令人眼花缭乱，难辨所以，难分是非。而每一次起伏，往往是一大批高级官员随着一个集团的首领上台，同时又有一大批高级官员随着另一集团的首领下台，反之亦然。

> 封建时代的朋党之争，并非唐朝仅有。但像“牛李党争”如此持久、激烈，却不多见。这与当时皇权的消长直接有关，与宦官的专权和利用交织在一起，从而在权力的角逐游戏中，加速了唐王朝衰亡的步伐。

对于发生在唐朝后期的这场“牛李党争”，有许多内幕我们现在还说不清楚。就其性质而言，人们通常把它定性为朝官之间的朋党之争。如果说是朋党之争，那么在封建时代，其实早已有之，汉代的党锢之祸，就很有名。人们关心的是，形成“牛李党争”的真正原因是什么？它为什么会如此激烈和如此长久？

由于引发“牛李党争”的是两次科举考试事件，因此多少年来，人们着重于从两党的出身、身份方面去寻找形成党争的原因。一般的解释是：“牛党”之人多出身科举进士之科，代表中小地主利益；“李党”之人多出身于仕宦之家，代表士族地主的利益。双方斗争的焦点是对科举制尤其是进士科的态度问题；分歧产生的根本原因就是出身于不同的阶层。

但近代的中外学者经过详细的考证分析，得出的结论却并非如此。日本的现代学者砺波护，在考察了“牛李党争”的细节和大旨后，列出了一个约 63 名有朋党活动的人员名单，其中“牛党”41 人，“李党”22 人，但有几个人很难精确地判定是“牛党”还是“李党”。他的研究表明，在“牛党”的 41 人中，郡望出身者 20 人，占 49%，其中进士和制科双及第者 7 人，仅中进士举者 12 人，荫庇除官者 1 人；非郡望出身者 5 人，其中进士和制科双及第者 2 人，仅中进士举者 2 人，胥吏 1 人；出身不详者 16 人，其中进士和制科双及第者 3 人，仅中进士举者 7 人，入仕方式不详者 6 人。在“李党”的 22 人中，郡望子孙 12 人，其中进士和制科双及第者 4 人，仅中进士举者 5 人，荫庇除官者 2 人，仅中制举者 1 人；非郡望出身者 7 人，其中进士举者 4 人，武人出身者 1 人，入仕方式不详者 2 人；出身不详者 3 人，均为中进士举者。这个分析表明，两党人员在科甲人数和宫室后裔人数上是旗鼓相当的，很难说哪一方是拥护科举，代表庶族利益，哪一方反对科举，代表士族利益的。尤其是在唐代有关文献不足的情况下，我们不可能断定某个人的背景，即说不清他的籍贯、直系家庭的财产状况，他在家族内部的地位以及婚姻关系等。不能说中举的士子一定出身寒素，利用荫庇的人一定是来自名门大族。只可以说，朋党斗争，主要还是统治阶级内部的斗争。

实际上，唐朝后期旷日持久的“牛李党争”，与当时最高统治者——皇帝，有着直接的关系。客观地讲，臣下结党营私，一直是历朝皇帝最为忌讳的，并都有最严厉的制裁措施。但是，如果是互相对立的结党呢？那就不一定了。因为这既带来混乱、掣肘，使皇帝头疼，又能使皇帝获得好处。

就拿朋党始起的宪宗时期来说，不管朝中有几派，谁符合他的想法，他就扶植谁。元和后期，对淮蔡之战能否取胜，是宪宗对藩镇强硬政策成败的关键。这时，裴度、李逢吉两人的争辩也达到高潮。宪宗赞成平定藩镇，扫平淮蔡，就可以倚仗裴度，于是在把裴度派到前线的同时，顺从裴度的请求，罢免了反战的李逢吉、令狐楚。但到了淮蔡平定、河北三镇也相继归顺后，宪宗起用皇甫镈遭到裴度的坚决反对，这时宪宗的心思已转移到收集钱财方面了，裴度的固执己见已成了最大的障碍，所以宪宗便斥责裴度“党见太深”，并召回了令狐楚，还下令磨去了韩愈写的《平淮西碑》，以安慰由于裴度受重用而心怀不满的一些人。这是在平衡朋党之中，为己所用。

在位时间很短、年纪尚轻的敬宗，做得也不差。宝历元年（825 年），李逢吉为相，敬宗不满他的无所作为，想召回裴度为相。但没有马上任免，而是悄悄派人告诉远在山南东道的裴度：“皇上已定下召你回朝的时间，你可凭此行事。”裴度自然心领神会，立即主动上表请求入朝。这使得李逢吉大为惊慌，情急之下，竟使出了肮脏手法，编造民间流传的谶语诬陷裴度，结果导致了自己的失败。敬宗不动声色就颠倒了乾坤。

文宗呢，在这上面费功更多。他当政时期最大的问题是宦官专权过甚，危及自身统治。为了解决这个问题，他先是放弃相互之间有成见的朝廷两党，而依靠宋申锡。宋申锡失败后，又把希望寄托在李宗闵和牛僧孺身上，但结果使他失望。于是，转而启用李德裕，并且帮助他大刀阔斧地清除李宗闵与牛僧孺党徒。这样每两三年一轮更替，不论主观意图如何，客观上无疑加深了两党之间的派系分野和矛盾。

除了皇帝以外，还有宦官。

唐朝后期的宦官，权势越来越大，而且内部也有派系。朝官与宦官，本是水火不容，故当时有“南衙”（朝官所在地）“北司”（宦官所在地）对峙之说。但由于宦官所处的有利地位，朝官们不得不与之结交。当时牛李两党中的朝官，对宦官的态度大体可以分为3种。一种是与宦官中某些人关系较为密切。如李宗闵在文宗朝因宦官之助而入居相位，引拔同年牛僧孺并列显秩，排挤政敌李德裕出朝。第二种是虽然不与宦官同流合污，但也不敢直撄其锋，公然抗争。牛僧孺就属于这一类型。敬宗时，宦官王守澄专权用事，牛僧孺不敢多言，只是求外出为官，避祸自安。宋申锡谋除宦官事泄被贬，牛僧孺又偷偷地在文宗面前辩白，表露出不苟同于权阉的政治立场。第三种则是对宦官进行程度不同的斗争。如令狐楚、李固等人就属此类。

而宦官呢，也充分利用朝官之间的矛盾斗争，来扩展和巩固自己的权势地位。很清楚，牛李党争激烈多变之时，朝官的注意力主要集中于内部政敌间的角逐，无暇旁顾宦官的专权。大宦官王守澄历久不衰，与此有很大关系。有人因此把外朝（朝官）与内廷（宦官）之间的关系，形容为反衬关系：外朝愈见其动，内廷愈显其静；外朝转静，内廷则可能要动。而近半个世纪的外朝变动，自然给内廷宦官的不动与发展提供了良好的时期与机遇。为了给自身的发展赢得时间，创造机遇，宦官们自然晓得如何使朝官们斗争不休。这不能不说是“牛李党争”旷日持久的一个重要因素。

当年唐文宗在面对牛李两派闹得不可开交之时，曾十分感叹地说：“去河北贼易，去此朋党实难！”这可以说是他一时的由衷之言。问题是，他和他前后的皇帝一样，在有此感叹的同时，又希望在包括朋党纷争的各种力量的矛盾之中，巩固自己的皇权。其结果，只能是适得其反。力量消耗在朋党之争中，生命操纵在宦官之手中，国土分裂于藩镇割据之中，最后，王朝灭亡于这些矛盾之中。

寄生于皇权上的毒瘤
宦官专权与“甘露之变”

本是可以由帝王颐指气使的家奴，反而可以在帝王面前颐指气使；本是可以由帝王弃之如敝屣的东西，反而成为决定帝王废立死生的人物。这是什么？这就是宦官专权。唐朝中央集权的君主专制达到空前的程度，唐朝的宦官专权也达到空前的程度。这再清楚不过地表明，宦官专权是君主专制制度中无法根除的痼疾。

与牛、李朋党之争相伴生的，是唐朝后期宦官势力的日渐膨胀。有志于重振朝纲的唐文宗，试图剪除这一危及自身的恶瘤，反遭惨败。此后宦官为害愈烈，玩弄帝王于股掌之中，加速了唐王朝的衰亡。

唐王朝宦官势力的消长，大体经历了4个阶段。到唐后期时，这股依附于皇权的恶势力，已经深入到政治生活的许多重要领域，对它所依附的皇权构成严重的威胁。

宦官，是中国封建专制下的必然产物，并非唐朝的特产。早在秦汉时期，尤其是东汉后期，宦官势力的发展，曾达到史无前例的地步。魏晋南北朝时期，随着豪强政治的发展，士族高门领袖与皇族共同执掌朝政，外朝扩大，内廷缩小。在豪强势力制约下，宦官小社会也随着内廷职责的缩小而迅速萎缩，在政治舞台上基本上处于配角地位。虽然三国时蜀国的黄皓，北魏的宗爱、刘腾等宦官也曾得势一时，但总体上看，这一时期是宦官势力消沉的时期。

到了隋唐时期，随着中央集权的统一的封建王朝的重建与发展，宦官势力也逐渐增强。有唐一代的宦官势力，大体经历了4个发展阶段。

由唐太宗到唐睿宗时期，是宦官势力开始抬头的阶段。

唐太宗在位时期，鉴于前代宦官干政的历史教训，对宦官限制非常严厉，宦官只是“门阁守御，庭内扫除，廪食而已”。从太宗贞观年间到高宗永淳年间，70多年中，未曾假权于宦官，并对稍有不轨的宦官，予以严惩。高宗以后，朝廷中皇族、外戚、后妃、大臣及禁军将领之间，尔虞我诈，矛盾尖锐。武则天执政时，集权于内廷，以牵制外朝的功臣宰相，内官用事开始增多。中宗复位后，韦后当政，为了扩大内朝权势，发展阉人势力，并授予宦官品爵，人数增至3000多，超授七品以上员外官1000人以上。中宗还派宦官外出监军，开唐代宦官监军的先河。同时，各派宫廷政治势力为了窥测上意，探听消息，纷纷拉拢宦官。当时李隆基为了消灭韦后势力，就曾利用过宦官高力士等人。这说明宦官势力已开始抬头，初步形成一股不可忽视的政治力量。

从唐玄宗到肃宗、代宗3朝，是宦官势力迅速发展的阶段。

唐玄宗李隆基是在统治集团内部激烈的斗争中上台的。为了防止宫廷内外大臣、将领、外戚交相结纳，他采取了进一步削弱外朝、集权内廷的政策，并开始任用身边亲信宦官预政领军。如开元初年，他就曾派宦官杨思勖领兵征讨安南之乱，功成后封杨思勖为辅国大将军。天宝年间，玄宗自恃升平，得杨贵妃后，“春宵苦短日高起，从此君王不早朝”。为了纵情声色，他将政事交给亲信宦官高力士处理，各地上报的书信、文件、奏章，他懒得批阅，让高力士阅后拣重要的让他过目，并授权高力士，一般政事可以自行决定、处理，不必报知，一时间高力士权倾朝野，宗室诸亲王称高力士为“阿翁”，皇太子李亨则称他为“二兄”。“安史之乱”中，肃宗李亨在宦官李辅国支持下即位，对李辅国尤其宠信，官兼数职，权及核心，掌握了朝廷中枢机要大权，因他排行为五，贵族王公见了皆尊称为“五郎”。代宗即位后，又因李辅国拥立有功，倍加恩宠，称为“尚父”。李辅国竟大言不惭地对代宗说：“大家（指代宗）但居禁中，外事自有老奴处分。”可见朝政大权，已全在他手中。后来，代宗利用另一宦官程元振，杀了过于专横跋扈的李辅国。并将禁军交由程元振典掌，结果程元振的权势又超过了李辅国。程元振被免官后，代之而起的是大宦官鱼朝恩，他曾被代宗任命为“天下观军容宣慰处置使”，成为当时讨伐安史之乱的唐朝大军实际上的统帅，代宗还让他掌管了中央警卫部队即“神策军”，权势气焰又高出一筹，后因居功自傲，私设监狱，陷害大臣，甚至挟兵胁迫皇帝迁都，被赐死。可见这一时期宦官势力发展十分迅速，从高力士，到李辅国、程元振、鱼朝恩，权势日益膨胀。这一时期，虽然内廷势力扩大，但当皇帝不满宦官专权跋扈时，还可利用外朝的朝官势力予以抑制和清除。

德宗与顺宗二朝，是宦官监军和专典禁军制度化的阶段。

鱼朝恩之后，皇帝曾收回宦官所领兵、相二权，宦官也不再掌握禁军。但德宗年间发生“泾原兵变”，宦官窦文场、霍仙鸣因率领宦官及亲王左右保驾有功，被任命为禁军统领，又于贞元十二年（796年），任命为左右神策军护军中尉，直接指挥禁军。此后，神策军特设护军中尉两员，中护军两员，都由宦者担任，宦官掌握禁军便由此成为定例。由于宦官典军制度化，使其势力达到左右朝政、制驭百官的程度。如顺宗时“二王”改革，派范希朝、韩泰统帅京西诸镇行营兵马及神策军，准备削夺宦官兵权，但当范希朝到奉天接管军权时，因为军中诸将已接到禁军中尉“无以兵属人”的命令，无一人理会范希朝，迫使他怏怏回朝复命。为了根绝朝官夺取军权的活动，宦官干脆又导演了“永贞内禅”，迫使支持改革的顺宗退位，并罢免放逐了王叔文、王伾等革新派官员。

由唐宪宗至昭宗末期，是唐朝宦官专权的鼎盛期。

“永贞革新”失败后，宦官势力走向鼎盛。几乎所有宦官都参与朝政，广泛深入到当时政治生活的许多重要领域。如大批宦官进入政府，担任诸司使职；掌握宫中全部机要，出纳王命；干预吏选，监视外朝官员；掌握书院、国子监等本是封建士大夫涉足的领域。至于出使、宣诏，此时更是家常便饭了。尤为严重的是，由于朝中文武大权基本落入宦官手中，皇帝也成为宦官手中的玩物和幕后操纵的傀儡。宪宗以后，除敬宗以太子身份即位外，其余皇帝，无一不是由宦官废立。皇帝为了保住帝位，也只得拉拢纵容宦官。如宦官杨复恭以拥立昭宗有功，自称“定策国老”，骂昭宗为“负心门生”，昭宗也无可奈何。

“甘露之变”，就发生在这一时期。

有志于重振朝纲的唐文宗登基后，决心摆脱“天子受制于家奴”的局面。鉴于当时朝臣们忙于朋党之争，他先是选择了没有参加朋党的宋申锡，可惜未获成功。之后他又在宦官营垒中寻找帮手，消灭了专权的大宦官王守澄。他指使李训、郑注等人，准备在诱使宦官观看朝露之时将其全歼，不幸被宦官发觉，反遭惨败，这就是“甘露之变”。

公元827年，唐文宗李昂即位。他是被宦官王守澄拥立即位的。在这之前，宪宗、穆宗都死于宦官之手。他的前任、同父异母兄敬宗李湛，被宦官刘克明等杀死。王守澄之所以拥立李昂，完全是由于当时局势紧迫，要与刘克明一决雌雄而别无选择。

唐文宗稀里糊涂被推上皇帝宝座时，只有17岁，但他已不是一个不更事的少年。文宗自幼敏感聪睿，博学多思，还在做江王时，在藩邸就是手不释卷，尤其喜读本朝史官吴兢所撰的《贞观政要》，对先祖太宗皇帝敬慕不已。如今天降大任，自然要有一番作为。他即位后的第三天，就发布诏令，如释放宫女3000人，裁减冗员1200人；放五坊鹰犬，罢地方进献，等等。退朝时，宰相裴度激动得泪水莹莹：“太平可期了！太平可期了！”

其实，这只是小试牛刀。文宗革新朝政的主要目标，是消除宦官专权。他耳闻目睹宪宗、穆宗、敬宗的悲惨下场，一刻也不忘为父兄雪耻，重振皇纲。

这时的王守澄，对文宗即位后的小动作，没有引起多大的兴趣。新天子发点新诏令，完全在情理之中。他自恃有拥立之功，仍然为所欲为，根本没把文宗放在眼里。至于宰相裴度、韦处厚、窦易直等人，更不在话下，凡是他们要办的事，王守澄必要反对，并逼着文宗下旨，使得文宗无可奈何。

文宗想在朝臣中寻找帮手，但当时李宗闵、牛僧儒与李德裕之间，正争斗得不可开交，根本无法倚恃。他左顾右盼寻找了一年多，选中了没有参与朋党之争的翰林侍讲学士宋申锡。在证实了宋申锡的一片忠心后，文宗下诏加封宋申锡“尚书右丞”之职，不久又加“同平章事”，成为宰相。大和五年（831年）元旦前后，文宗与宋申锡反复商量后，决定采取非常手段，诛杀宦官。

在不掌握禁军、又无外镇后援的情况下，对手握军政大权的王守澄采取行动，必须要获得首都的行政长官京兆尹的绝对支持。宋申锡思量再三，选中了当时的吏部侍郎王璠，由他接任京兆尹，配合行动。王璠口头上答应后，权衡半日，拿不定主意，于是找到了郑注，把这一绝密消息告诉了他。郑注是王守澄提拔的亲信，立即就把这一情报透露给了王守澄。王守澄自然不会束手待毙，决定先发制人。他立即指使亲信诬陷宋申锡准备拥立漳王李凑为皇帝，然后又亲自去找唐文宗证实这一诬陷之辞。

文宗听了王守澄的报告后，不免有些疑惧。慎重起见，他让王守澄继续侦办。王守澄立即召集党羽，并准备派骑兵屠杀宋申锡全家。飞龙厩使马玄亮虽是宦官，但为人正直，他对王守澄说："宋申锡罪状尚不明朗，无故杀他全家，岂不要引起众怒？万一首都混乱，我们如何应付？最好先召集几位宰相了解、议论一下，然后再采取行动。"王守澄觉得有些道理，便派人把几个宰相找来。到了中书省的东门，牛僧儒等人鱼贯而入，唯独宋申锡被阻拦。宋申锡自知情况有变，也无可奈何。

关于宋申锡拥立漳王谋反一案，宰相们御前商讨不止一次，但大都不明所以，也没有人肯出来为宋申锡辩白。这更使得文宗对朝官只囿于私见党争，不顾朝廷大局的态度和行为大为失望。王守澄则利用这一点，将漳王府仆役捕来，屈打成招，准备以谋逆罪诛杀漳王和宋申锡。消息传出后，谏议大夫王质、给事中李固言等跪在殿前力谏，主张把全案人犯移交外廷复审，马玄亮更是叩头不止，流着眼泪说："杀一个普通百姓还应慎重，何况要杀宰相！"文宗趁势重新召集宰相们商量，牛僧儒说："宰相位极人臣，宋申锡既然已经当上了宰相，他还有什么野心呢？我看他不会反对陛下。"这时泄密给王守澄的郑注，担心复审有变，恳请王守澄建议文宗宽大处理，减免死刑，就此了结为好。文宗自然同意，结果，贬漳王李凑为巢县公，宋申锡为开州司马。后来宋申锡病死在开州。

宋申锡事件之后，王守澄更是威震朝野，大臣们的任免生死，都掌握在他手里。由此，也引起多数朝官的反对和宦官内部的嫉妒。文宗更是难以释怀。这时，在宋申锡事件之后，外放为邠宁行军司马的郑注，已于大和七年（833 年）因侍奉患有风疾的文宗有功，受到重用。他给另一位原与宦官交厚，现已成为皇帝心腹的李训建议，提拔另一位宦官仇士良为神策军中尉，以分割王守澄的权力。李训报告文宗，文宗认为可行，于是任命仇士良为神策军左军中尉，王守澄为右军中尉，仇士良本来和王守澄有矛盾，就和大臣李训、舒元舆等合谋，提出了一个消灭王守澄集团的计划。首先从追究唐宪宗的死因入手，因为当时宫廷内外都怀疑宪宗是王守澄和陈弘志谋害的，这件事经由仇士良证明，更是确凿无疑，于是朝臣们都主张追查凶手。李训就通过仇士良派人诱令正在兴元府任监军的陈弘志进京，几天以后，从兴元府传来消息，陈弘志在进京途中被杀。接着，唐文宗任命王守澄为六军十二卫观军容使，表面上是提高他的政治地位，实际上是让他离开首都，削弱他在内廷中的权力。在王守澄离开首都前夕，朝官和宦官们为他饯行，席间在酒中投毒，毒杀王守澄，宣布其暴病身亡。在这前后，流放宦官王践言，处死宋若宪，诛杀梁守谦、杨承和等宦官。以王守澄为首领的这部分宦官势力，基本被消灭。

这一切，都只是“甘露之变”的前奏曲。

王守澄被杀之后，文宗任命李训与舒元舆、王涯等为宰相。李训与舒元舆经过密商后，拟定了一个彻底消灭宦官的计划。据一般的说法，是由李训、舒元舆等在内，由郑注在外（时任凤翔军节度使），里应外合，一起行动。因为王守澄“暴病身亡”后，文宗追赠他为“扬州大都督”之衔。并在这年十一月下旬在城外的浐水入葬。届时，郑注以故旧情深，率亲兵入护丧事，不会引起怀疑；文宗令内臣齐集送葬，李训关起城门，郑注在城外令亲兵尽诛宦官。据说行动的日期就定在十一月二十七日。

但是，大约在十五六日前后，李训得到密报，说郑注率500亲兵已在赴京的路上，京内外已经有人得知了这一情况，并且很可能传到宦官耳中。李训赶忙召集大理卿郭行余（邠宁军节度使）、户部尚书王璠（河东节度使）以及韩约、罗立言、李孝本等人商议，分头准备提前行动。在商讨行动方式时，李训想到了天降“甘露”的瑞兆，可以利用。

大和九年（835年）十一月二十一日，唐文宗在大明宫紫宸殿上朝。百官鱼贯而入，依班序而立。金吾大将军韩约，这时匆匆入奏说：“在左金吾厅后面的石榴树上，出现了甘露，这是天降吉祥的征兆。如果不是陛下圣明感动上天，不能得见甘露。”说完以后，手舞足蹈地给文宗叩头。宰相李训、舒元舆也率百官拜贺，并且请皇帝亲自观赏。文宗欣然同意，于是登上龙辇出紫宸门，升含元殿。他先命李训去查看，李训过了很长时间才回来，说：“甘露已经看不清了，但暂时不必宣扬出去。”唐文宗说：“有这样的事吗？”他示意宦官仇士良、鱼弘志等率领宦官前去探视。李训见仇、鱼出去，立即召集郭行余、王璠等入殿受诏命。王璠却吓得全身颤抖，不敢前去。只有郭行余受命，带领招募的亲兵数百人，携带武器等候在丹阳门外。李训召集这些亲兵，立即部署诛杀宦官的计划。

仇士良等进入金吾厅，正好遇见韩约，见他神情紧张，惊讶地问：“将军为什么这样紧张？”话还没有说完，忽然看见金吾厅里风吹幕起，里面藏着甲兵。仇士良与鱼弘志见状，赶忙往回跑，进了含元殿，气喘吁吁地对文宗说：“宫里要发生暴乱了，请陛下赶紧还驾。”李训等看见仇士良向含元殿方向跑去，急忙招呼金吾卫士：“赶快到含元殿保护陛下，每人赏钱100缗。”金吾卫士刚要登上含元殿，仇士良眼明手快，抢先一步命宦官抬着文宗从殿后出去了。

李训见状，急忙上前拦住轿子，对文宗说：“臣奏事未毕，请陛下暂时留步。”仇士良怒气冲冲地说：“你们在宫中布置武士，要谋反吗？”文宗知情，一边挣扎着一边说：“这不可能！”仇士良根本不理，抢上前来要打李训，被李训一把推倒。当李训抽出匕首要杀死仇士良时，被宦官们拦住。仇士良拥舆急奔，李训紧追不舍。这时，罗立言、李孝本各率士兵，登殿杀宦官十余人。仇士良命宦官在外抵挡，自己引文宗走进宣政门，等李训赶到时，宣政门已被关闭。

至此，李训知道消灭宦官的计划已经失败，急忙换上从吏的绿衫，化妆出宫。郭行余、罗立言、王璠也各自寻找藏身之处。

这时，宣政门内的仇士良恶狠狠地对文宗说：“你干的好事！”转过身来对各率500禁军赶到的神策军左右副使刘泰伦、魏仲卿道：“全部诛杀！”于是，在事变不到一个时辰后，由宦官统领的禁军从北、东、西三面，向位于大明宫南部的朝官们的衙署发动了反攻。舒元舆早知内情，已悄悄改换官服，单人匹马逃出宫外，而王涯、贾餗等尚不知情，对前来询问的朝官们说：“不知何故，你们请各自便。”众官退下，宫内各门均已被人关闭。有600多名没有逃脱者，均被禁军所杀！宫内诸衙印鉴、图籍、帷幕、器皿等，在兵乱中一扫俱尽。下午，神策军分遣千余骑兵，出城追捕，又在城中大肆搜捕，坊中地痞流氓伪托禁军，乘势骚扰，杀人越货，互相攻杀，长安城中，已是一片狼藉。

次日清晨，百官上朝。宫城内外戒备森严，禁军全副武装，如临大敌。文武百官屏住呼吸，慢慢前进。进入宣政门大殿，文宗见没有一名宰相上殿，便对宦官说：“宰相王涯等为什么不上朝？”仇士良说：“王涯等谋反，已逮捕下狱！”顺手就把王涯“谋反”的状纸及有关“罪证”呈上。此时文宗也无可奈何！只好命令狐楚、郑覃为代理宰相，起草诏令，宣布李训等罪状。这时外逃的李训，在赶往凤翔的路上被抓获。在解往长安途中，李训为免受宦官之酷刑和侮辱，请求押送者割下自己的首级进京报功。

二十三日下午，仇士良命禁军300人，提着李训的人头，押解被捕获的舒元舆、王涯、郭行余、罗立言、李孝本等，游街示众，然后把他们推到独柳树下，全部斩首，亲属不论远近，也一律处斩。

事变之日已到扶风的郑注，得知失败后返回凤翔，被监军张仲清诱杀。几天之后，另一位要犯韩约也被处死。

这就是“甘露之变”。有人称之为“失败的反击”！

从此以后，文宗精神彻底崩溃。他完全成了仇士良手中的玩物。一天，百无聊赖的文宗问侍从：“今日翰林院值日者是谁？”当回答是中书舍人兼翰林学士周墀时，文宗命人召来。赐酒三杯后，文宗徐徐道：“依你看来，我是怎样的一个君主？”周墀一听，立即离座，恭敬地回答道：“我是个小臣，不晓得大道理。但听百官都说陛下有尧之圣、舜之明、商汤之仁、夏禹之俭！”文宗淡然一笑：“你这样说是为了维护我，其实我哪里敢跟尧舜禹汤相比！我是要问你，我比周赧王、汉献帝如何？”周墀一听，如五雷轰顶！周赧王、汉献帝是两个庸碌的亡国之君，文宗如此发问，可见内心痛苦到何种程度！于是，他倒身拜伏，声音哽咽。文宗见他不再说什么，只好自言自语：“我自以为连周赧王、汉献帝也比不上！周赧王、汉献帝是受制于诸侯，我却受制于家奴。我比他们差得远了！”

之后，文宗再也没有视朝。一个月后，驾崩于太和殿，年仅32岁。

有唐一代的宦官专权，给社会带来种种危害。宦官内部的分化与火并，更加剧了朝政的腐败。而宦官监军与掌军，在客观上，又加速了唐王朝在与藩镇斗争中的彻底失败。

“甘露之变”是一场失败的反击。反击之所以失败，表明在这之前宦官势力已到了难以消除的程度。反击失败之后，宦官势力加速膨胀。纵观有唐一代，宦官为祸之烈，超过了秦汉时期。

宦官专权干政，对功高绩显之臣，往往嫉妒如仇，必欲构陷使之失宠而罢休。如肃宗、代宗时期，大将李光弼在平定“安史之乱”中立下大功，宦官程元振等就在皇帝面前诬陷李光弼，使李光弼失宠自危。郭子仪是平定“安史之乱”的重要将领，一生小心谨慎，不敢多言，但也逃不过宦官的谗毁，甚至派人掘了他家的祖坟。刑部尚书颜真卿刚正不阿，曾率百官向移居西内的太上皇玄宗请安，触犯了宦官李辅国的心病，随后一纸奏文，把颜真卿贬逐到偏远的蓬州任长史。宰相李麟“正身谨事，无所依附”，也为宦官“不悦”，不久即被罢相。如此这般，使得朝廷将相心寒，贤德之士难以立足，奸佞之徒乘虚而入。

不仅是将相，就是帝王，当宦官势力达到一定程度时，也常常被玩弄于股掌之中。或挟持以令下，或废立以适意，真正是“手握王爵，口含天宪”。从唐穆宗以后到唐亡，8个皇帝之中，有7个是由宦官拥立的，而有立即有废。如宪宗时，太子李宁死，宦官吐突承璀欲立李恽为太子，因恽母身贱未立，又立李俏为太子；宪宗崩亡，宦官陈弘志杀吐突承璀及李俏，拥立李恽即位，就是唐穆宗。唐穆宗是因受惊中风而死的。穆宗之后的敬宗，极喜游玩，一次夜猎回宫，与宦官刘克明、田务成、许文端等人饮酒作乐，喝醉之后入室更衣，忽然殿中灯灭，刘克明等即害死敬宗，苏佐明等诏制立绛王，而王守澄、梁守谦等率禁军诛杀绛王另迎江王即位，就是唐文宗。文宗在位时，本已立李成美为皇太子，文宗弥留之际，仇士良、鱼弘志逼宫矫诏废成美，立文宗之弟李炎为皇太弟，即位为武宗。武宗死，宦官马元贽立武宗之叔李怡为皇太叔，即位为宣宗。宣宗病故后，宦官王宗实等矫诏立郓王为太子，即位为懿宗。懿宗有疾，宦官刘行深、韩文约等又立普王为皇太子，即位为僖宗。僖宗之后，宦官杨复恭率兵拥立寿王为皇太弟，即位为昭宗。而每次废立之际，或兵戎相见，血流盈廷，或密行诡计，众不可测，造成一段时间的权力真空状态，使中央政权毫无权威可言，诱发了社会动乱。

在专权干政的同时，宦官集团又徇私受贿，贪赃枉法，祸害百姓。宦官出使宣诏，每到一地，官吏侍奉唯恐不周，贿赂馈赠，数额大得惊人。一些小宦官随大宦官出行，也仗势欺人，吃喝嫖赌，五毒俱全。地方官接待稍有不称意，就拳打脚踢，无所顾忌。一些无才无能的官吏，则乘机贿赂宦官，以图升迁。如宦官王守澄把持朝政后，工部尚书郑权为了得到肥缺，就用厚礼贿赂王守澄，果然被任命为岭南节度使。宦官杨复光接受段颜谟数百两黄金后，就派段到荆南做节度使。这又加剧了吏治的腐败，损害了中央政府的威信。

随着宦官队伍的日渐庞大和权力的膨胀，其内部分化与火并也越来越严重。如玄宗时期，有大宦官高力士和李辅国两个派系集团之间的斗争；肃宗后期，又有李辅国、程元振与段恒俊、朱辉光之间的冲突；宪宗时，发生过王守澄、梁守谦与吐突承璀之间的火并；敬宗时，又出现刘克明、苏佐明、田务澄向王守澄一派的夺权弑君之变；文宗时，有仇士良反对王守澄的密谋；僖宗时，有田令孜和杨复恭之间的争斗。除了这些规模较大的内部矛盾斗争乃至火并外，大小宦官之间为了利禄荣辱而产生的纠葛、倾轧，更是不计其数。而且宦官集团内部的这种矛盾斗争，又与朝官之间的朋党之争交织在一起，互相勾结、利用，又互相排斥、攻讦。弄得乌烟瘴气，日月无光。

尤其是由宦官监军与掌军后，更造成严重祸端。宦官统军，大都指挥无能，统军无方，又骄横妄为，横行不法，贪婪好财，嫉贤妒能，迫害忠良。虽然由宦官监军统军，有维护唐王朝后期形式上统一的考虑，但同时也在加剧着中央和地方、皇帝与将军之间的矛盾。它既使李唐王朝在后期分裂割据中维系多年，又使中央王朝不能真正消弭战祸。最后，朱温尽诛宫中宦官，又诏令天下赐死诸道监军，宦官把持军权的局面才告结束；而唐王朝也随着宦官势力的覆灭而结束了形式上的统一，彻底退出了历史舞台。

唐朝宦官为害之烈是空前的。造成这种状况的原因，既有与其他朝代相似之处，又有唐朝的独特之处。归根结底，它是封建专制制度的一个不治之症。

可能有人会问，唐朝宦官专权和为害，为什么会如此严重呢？

从根本上讲，这是中央集权的封建专制制度下的一个必然现象。在高度集权的封建专制制度下，皇帝个人享有至高无上的权力和地位，但皇帝个人又无法统辖管理庞大的官僚机器和日益繁杂的各种具体事务。依靠朝臣中的文臣武将，又放心不下；依靠宗室外戚，也常常发生问题。相比较而言，只有宫中的宦官，最易控制，也最为放心。因为自古以来，有强臣篡权为皇的，有宗室夺权的，有外戚临朝的，但却没有宦者当皇帝的！宦官的生理缺陷，使他不可能成为“九五”之尊，即使有此心，亦怕引起天下共怒。虽然宦官有种种祸患，但其本身，从来不构成对皇权的威胁。所以，历朝历代，人人都知道宦官专权为害严重，皇帝心中也很清楚，但却照旧宠信不衰，其根本原因就在这里。从这个意义上来讲，只要有封建专制制度存在，宦官专权为害就是不可避免的，只是程度略有不同而已。这是包括唐朝在内的历代封建王朝无法避免的问题。

就唐朝而言，中唐以后外戚势力的衰微，是宦官势力得以膨胀的一个重要原因。皇帝以内廷牵制外朝，是常用的统治术。在内廷中，除了利用宦官外，还倚重外戚勋旧势力。作为帝王母后亲属的外戚，又大多出身于官僚士大夫之家，他们既能任外朝宰辅，又能插手宫中事务，与后妃一起，形成强大的内廷势力。在外戚势力强大的情况下，宦官势力必然被分割。

唐玄宗天宝以前，中央机要大都为后妃、外戚掌握。武则天提拔“北门学士”，扩大内廷势力，主要还是发展武氏外戚力量。韦氏弄权，以韦家兄弟子侄分统禁军，把持枢要。这一时期宦官势力虽有抬头，但实力远逊于后党。直至“安史之乱”，诛杀杨氏族党，外戚势力剪除殆尽。此后，帝王在内廷只能倚重宦官，而宦官势力也乘机发展起来。

不仅外戚势力的衰微给了宦官势力发展的机会，唐朝宗室内部相互倾轧和夺权的斗争，也使宦官备受重视和重用。李唐王族出身于胡汉世家，李渊母亲独孤氏，李世民母亲纥豆陵氏，李治母亲长孙氏，均为汉化胡人。李唐王朝的支柱北周旧贵族军事集团，又多是鲜卑拓跋氏出身。这使得唐朝宫廷中保留着浓厚的异族风格与习气。如在皇位继承上，受“诸子有勇力者即位”的胡俗影响甚深。从唐中叶以前的皇位继承来看，除太宗第九子李治依赖其舅父长孙无忌之力登基外，其余太宗、中宗、睿宗、玄宗等，无一为嫡长子，都是依仗武力即位的。尤其是中宗后期，宫廷政变频繁。由于宦官具有接近皇帝，往来导引，开关宫门，扈从侍卫之便利，常为政变各方所重视。他们利用宦官出谋划策，窥伺上意。而在政变中立下汗马功劳的阉人，也会因此得到新帝的宠爱。中唐的高力士、程元振、李辅国等，都是因此而受宠的。

朝臣官僚的投靠，尤其是朋党争斗时的拉拢，也使得宦官势力得以不断发展。如武周时期，为了摧毁关陇旧贵族集团，一面大杀勋臣旧戚，一面又大量提拔新人。这些被提拔的新贵权臣，为了巩固权势，升官晋爵，需要依靠常在皇帝身边的宦官来为自己美言，而宦官也想争取这一部分人，以扩大自己的政治基础。玄宗时的宰相李林甫、杨国忠，将军安禄山、高仙芝等，就是因为拉拢权阉而上台的。尤其是李林甫，更善于“餉遗左右，审伺微旨，以固恩信”。即贿赂收买宦官，通过宦官察知宫中动态和皇帝的心思，然后按皇帝的心意行事，来取得恩宠，保全相位。李林甫通过宦官巩固宰相地位，宦官又依靠李林甫肃清异己，发展势力。中唐以后，更是如此。元载是通过投靠李辅国获得相位的，皇甫镈是勾结吐突承璀掌握相权的。尤其是朋党之争时，各派都在暗中勾结宦官，谋取权位，扩大自己的政治势力。如李逢吉投靠宦官而入朝为相，当上宰相后，又与大宦官王守澄勾结，排斥异己。为了阻止政敌李德裕为相，在宦官的支持下，举荐牛僧儒入朝为相。而李德裕为了争取相位，也勾结监军杨钦义，在杨的保荐下达到目的。通过宦官的“后门”入朝为相者，自然要为宦官发展势力提供方便与支持。本是对立的两股势力，却又往往互相利用，各得其便。

帝王的腐败和政治的黑暗，则与宦官专权为害互为因果。中唐以前，政治相对清明，对宦官的限制也较严格，宦官参政的机会很少。中唐以后，皇帝渐渐失去了开国时的那种励精图治的蓬勃朝气，生活上追求享受，政治上企求苟安，沉湎于声色犬马之中。如唐穆宗奢侈放逸，纵情声色；唐敬宗整日击球、摔跤、打猎，无心过问政事；唐宪宗后来追求长生不死，轻信方术之士，炼丹服药；唐僖宗整日斗鸡走马，一掷千金。其他帝王，有的从小由宦官陪伴，当政后放纵亲信宦人，委以重任；有的整日深居宫中，需要宦官为自己提供享乐的条件。而宦官呢？当然乐得推波助澜，让皇帝沉湎于酒色犬马之中，无暇管理政事，以便自己专权，作威作福。曾侍奉过几个皇帝的大宦官仇士良，专权时间很长，皇帝有时虽对他飞扬跋扈不满，但却不愿将他除掉。史称仇士良“有术自恃，恩礼不衰”。这个“术”是什么呢？在仇士良告老还乡之际，曾直言不讳地向同僚传授了这个“术”：“不可让皇上闲着。皇上闲了就要看书，接见儒臣，就会采纳他们的意见，智深而虑远。如果这样，我们这些人获得的恩宠就会薄了，权力也小了。你们今后要想尽办法敛财，蓄养猎鹰好马，每天让皇上玩弄声色犬马，让他高高兴兴而不想闲着。这样，他必然会排斥儒学之士，无心政事，凡事全听我们的摆布，我们的恩宠和权力还会跑到哪儿去呢？”

仇士良这番话，道出了唐代宦官专权干政的诀窍与经验。的确，皇帝的荒淫腐败与政治黑暗，导致宦官势力膨胀；而在宦官的推波助澜下，又加速了皇帝的腐败与政治的黑暗。这就是其中的因果关系。

兵农的合一与分离
从“均田”“府兵”到“两税”“募兵”

构筑“盛唐气象”底蕴的，是国家的安定与经济的繁荣。而经济的繁荣与国家的安定，与唐前期实施均田制与府兵制，关系极大。均田制与府兵制遭到破坏之际，也是唐王朝由盛转衰之始。代之而起的两税法与募兵制，也是顺应时势变化所需之制，但在当时流弊不少。这既有制度本身的缺陷，也与王朝盛衰的大势有关。

均田制与府兵制，是隋朝和唐朝前期实行的两项重要制度。这两项制度的起源、发展、演变与当时社会的治乱兴衰互相影响，息息相关。

均田制起源于北魏，府兵制形成于西魏、北周。它们都是当时的社会条件下的产物，并在隋以前的北方各朝中推行。

北魏王朝的拓跋氏部落，在中国北部建立政权之前，其社会经济还停滞在氏族公有制阶段上。当它在长期战乱之后建立政权时，中国北方已经被彻底破坏，成为一个地旷人稀的地带，大片无主荒田，被新的统治者和豪强权贵侵占，人口依附于地主豪强的情况十分严重，土地、人口纠纷事件也时有发生。

针对这种情况，北魏政权建立后不久，曾在北方实行过“分土定居”和“计口授田”之法。所谓分土定居，就是使各部牧民与原来的大人脱离关系，转移到一定地区，重新按居住地组织编制，由北魏政府分给他们土地，让他们从事农耕或定居放牧，变成国家的编户齐民。所谓“计口授田”就是把被征服地区的居民，除一小部分战俘作为国君的战利品赏赐给贵族、大臣和将领外，其余的大多数人，作为“新民”随拓跋部内迁，由政府发给这些“新民”耕牛和农具，按人口授给土地，让他们在划定的范围内耕作，并设置专门的部帅对他们进行管辖。这既表明拓跋氏开始封建化，又反映出其仍带有浓厚的氏族部落特征。

实行“分土定居”和“计口授田”后的基层组织，是所谓的“宗主督护”制。所谓宗主督护，对于拓跋氏部落来说，就是仍由族长率领同族人在内地定居，从事农业生产，族长称为“宗主”，同族人称为“宗子”，宗子向宗主出租纳税，不直接负担国家赋税。对于北方汉族来说，就是在十六国时期形成的“坞壁”（结族自保式的组织）的基础上，委任豪强大族尊长进行统治。“宗主督护”制仍是半氏族半封建式的组织，具有两个明显的弊端：一是地方大宗豪强势力增长，形成与中央政府抗衡的力量；二是大量人口荫庇于宗主之下，逃避赋税徭役，使政府直接控制的人口和应得的赋税日益减少。

到了太和九年（485年），致力于改革的魏孝文帝拓跋宏，接受大臣李安世的建议，于同年十月下达均田诏令。均田令的大体内容是：凡15岁以上的男子和妇女，都可以得到政府授予的土地，即“受田”；“受田”分为“露田”和“桑田”两种；露田男子每人40亩，妇人20亩，到年老不能劳动或死亡后，要将土地还给政府重新分配；桑田男子每人20亩，用来种植桑榆、枣树等，不种桑的地方，则给麻田，男人10亩，妇人5亩，桑麻田可以世代相传继承，不用交还；奴婢和一般百姓同样受田；耕牛也可受田，每户限4牛；桑田不足者可以买，过限者可以卖，但不能超过或少于应受田数。

与均田相对应的，是租调制。规定：1夫1亩每年出帛1匹（麻布之乡出布1匹），粟2石；15岁以上没有结婚的，4人同1夫1妇负担相同；奴婢8人与4人未结婚者负担同；耕牛20头与奴婢8人的负担同。80岁以上者，可以有一个儿子不服役。孤独、癃老、笃疾、贫穷不能自以为生者，由基层组织负责抚养。

为了保证均田制和租调制的实施，在颁布均田令的次年，孝文帝又采纳了大臣李冲的建议，用汉族传统的地方基层组织，代替“宗主督护”。具体内容是：以5家为一邻，5邻为一里，5里为一党，邻设邻长，里设里长，党设党长，合称为“三长”。三长的主要职责，是检查户口，征收赋税，催征徭役、兵役。

公元534年，北魏内部发生分裂，一为西魏，一为东魏。西魏的朝政大权，由宇文泰掌握。宇文泰所凭借的武装力量，基本上是以鲜卑族为主体的，带有较为浓厚的部族兵制特点。但同时，为了适应形势的需要，广募关陇豪强子弟入伍，又征发当地的富户壮丁当兵，扩大了武装统治的基础。宇文泰深知要想在残酷的兼并战争中占据稳固的席位，就必须拥有强大的经济和军事实力。大统十六年（550年），他改革兵制，实行"府兵制"。其基本内容是：按照鲜卑族8个部落的模式，设立8个柱国大将军，代替过去的"八部大夫"或"八部帅"；宇文泰自任一个柱国大将军，又以"都督中外诸军事"的名义总领全军，另外一个由西魏宗室元欣担任的柱国大将军，只有空名；除宇文泰和元欣外，其他6个柱国大将军各统两个大将军，每个大将军又领两个开府，每个开府为一军，约2000人，共计24个开府，约5万人。6个柱国大将军对其部属可以自相督帅，战士的武器和粮饷由六柱国提供。

北周取代西魏后，公元573年，周武帝宇文邕下令改军士为侍官，所有士兵都直属皇帝，府兵成了皇帝的禁卫军，"自相督帅"的现象不复存在；又规定，凡是设置军府的州郡，府兵从均田户中加以征发，并规定了优待贫下户的办法，即兵士本人可免除租调徭役，他们的家庭在3年内可以不交纳租调和服徭役。这样就把府兵制与均田制联系了起来。

据历史记载，北魏创行均田制后，东魏与北齐，西魏和北周，都曾在一定范围内加以推行，并略有变革。

隋朝和唐朝前期，继续推行均田制和府兵制，并根据当时的实际情况有所改革和完善。这对于唐前期社会经济的恢复和发展，起到了积极作用。

隋朝的统治者，是直接从北周王朝接管政权的，故对于均田制也加以沿用。据考证，大约在隋文帝开皇二年（582年）所颁布的“新令”中，有“田令”；之后的开皇五年（585年）、十二年（592年）、大业五年（609年），又先后颁布并贯彻实施了一些具体措施和办法。从“田令”条文看，大体上沿用前代均田的规定，略有增删。之后的具体措施和办法，主要是整顿户籍，确定赋税标准等。

隋末唐初的长期战乱，使黄河以北广大地区以及江淮之间，出现大量荒田；唐初的人口，也只相当于隋朝极盛时的1/3左右。唐朝统治者为了尽快恢复发展生产，缓和阶级矛盾，曾多次颁发田令，推行均田制。从目前留下来的武德七年（624年）和开元二十五年（737年）两次均田令的引文看，其主要内容是从整顿户籍入手，按照人口的不同情况授田，在此基础上实行租庸调为主的赋税制度。

首先是整顿户籍制度。唐初规定，百姓生儿育女，4岁以下称“黄”，4岁以上为“小”，16岁为“中”（后改为18岁），21岁为“丁”（后改为23岁，又曾改为25岁），60岁为老（后曾改为55岁）。每年造一次计账（预算簿），每3年造一次户籍。凡天下百姓，4家为邻，20家为保，100家为里，500家为乡。保有保长，里有里长，乡有乡长（后废）。编造计账、户籍时，通常由这些基层组织先进行调查登记，然后逐级上报审查，最后一直到中央户部汇总掌握。除了调查登记户口外，这些基层组织负责人还负有督察、纠举、考勤、催驱等职责，具体贯彻执行均田制和租庸调制。

然后是推行均田制度。1.确定田亩标准。唐初规定，凡天下田土，以5尺为步（有大、小之别，大尺合今0.29—0.31

米，小尺合今0.24米，一般用大尺)，240步(即长240步、宽1步)为亩，100亩为顷。均田时全国一律以此标准计算。2.确定授田数额。丁男(21岁以上)和中男(18岁以上)每人授田1顷(100亩)，其中80%为“口分田”，20%为“永业田”。丁老残疾给40亩，寡妻妾给30亩(如果当户者即户主，再增给20亩)。道士、女冠、僧尼男女给20—30亩，驿马给地40亩，传送马给20亩。3.确定授田时间。每年十月至十二月农闲时，为田亩授受和变动调整时间。其余时间一般不许变动。4.确定授田先后原则。具体为：先课户后不课户(承担租调者为课户，反之为不课户)；先贫穷户后富裕户；先无田产后少田户。5.明确“宽乡”与“狭乡”概念。即受田已足者为“宽”，受田不足者为“狭”。狭乡受田数额，可减宽乡之半。工商业者可按口分田半额授给，在狭乡则不授。荒薄之田，一易者(即种一年，可休一年)倍授。宽乡三易者(即种一年，可休三年)不倍授；狭乡不足者，听于宽乡遥授。6.确定土地买卖原则。“口分田”在法律上禁止买卖。“永业田”在特定情况下可以买卖，即：家贫无以供葬者；卖田以买庄宅、碾硙、邸店者；自狭乡乐迁宽乡者；官吏贵族有赐田者。如系自狭乡乐迁宽乡者，“口分田”也可出卖，但已卖者，在当地不得复授。7.对亲贵官僚的一些特殊优待。亲王、贵族、官吏按血缘亲疏、爵位品级与官阶高下，授给自100顷以下至60亩以上不等的田土，作为“永业田”(可以出卖)，有军功者给“勋田”，官爵与勋爵俱当给者，从其大数，不二者并给。中央地方文武官吏都有“职分田”，最高者20顷，最低者2顷。此外，还有“公廨田”，供官僚机构津贴之用。“职分田”与“公廨田”是否可以买卖，缺乏明确规定。8. 对府兵户的特殊规定。凡均田之户，身任府兵，出征戍守，死于“王事”者，其子孙可以不退田。陷没而一时未辨生死者，退田期延长 6 年。已退田而本人又返国返乡者，应当优先授给田土。

在均田制之上，确定赋役制度，即实行租庸调制。简单地说，就是“有田则有租，有身（丁口）则有庸（以庸代役），有家则有调”。具体来说，就是凡受田者，每年须交纳粟 2 石（斛），产稻区交纳稻 3 斛，岭南诸州则交米，上户 1 石 2 斗，中户 8 斗，下户 6 斗，这称为“租”。每户每年随乡所出，供绢或绫、绝各 2 丈，附棉 3 两；产麻区供布，较绢增额 1/5，附麻 3 斤，称为“调”。每丁每年出役 20 日，无事折收庸，每日绢 3 尺；加役 15 日以上者免调绢，30 日以上租、调全免；正役，一年之中最多不得超过 50 日。在遭受自然灾害的地方，以及各种特殊身份者的子孙，须蠲免一部分或全部租庸调，由法令另行规定。少数民族和不发达地区，租调折米征收。番人游牧地区，每年收钱 10 文、5 文等，或输一定数额的羊只。

这是唐朝前期均田制的基本内容。与前代相比，它有几个较为明显的特点。1. 取消了奴婢受田的制度。这可能是为了减少奴婢数量，从而扩大国家的编户，增加财政收入。2. 贵族官员的永业田和职分田，较北朝显著增多；而公廨田又是唐朝新增加的，这反映均田制对统治阶层的优待，以及土地私有制的发展。正因为如此，当时奴婢不受田对他们的影响不大。3. 授田对象较北魏更广泛，即僧、尼、道、女冠和工商业者，都可以获得一定数量的土地。这是因为隋朝以后，由于统治阶级的倡导，佛道快速发展，寺院占田相当普遍，而法令中不得不承认这种既成的事实。允许工商业者占田，既说明当时土地尚多，又说明商品经济的发展和工商业者地位的提高。4. 对土地买卖的限制有所松动。不仅永业田可卖，口分田在“乐迁”时可卖，官员的数目巨大的永业田和勋田也可买卖。这显然是土地私有制的发展已到了一定程度时的必然反映。

在实行均田制的同时，隋朝和唐朝前期都曾实行府兵制，并有所改革和完善。

隋初大概延用北周府兵制。开皇九年（589 年），隋朝以 50 万大军一举灭陈后，实现了全国的统一。开皇十年（590 年）隋文帝下诏，改变过去府兵卫士居处不定、没有土地的状况，规定府兵一方面仍由军府统治，另一方面须与百姓一样申报户籍，受还田地。这样一来，府兵既是士兵，又是均田农民，实现了彻底的兵农合一，寓兵于农。

隋末动乱，府兵组织解体，一部分府兵被军阀掌握，变成私人武装。唐朝建国后，又恢复府兵制度。到唐太宗贞观十年（636 年），经过多次整顿，府兵制进入全盛时期，一直到 8 世纪初年，府兵在宿卫和征战当中，都起着重要作用。

完备时期的府兵制度，其组织结构、分布范围、主要职责、训练供给等方面，都有一套具体的规定。

从组织结构来看，全国府兵在皇帝总领之下，统领于诸卫。府兵的调发属于尚书省兵部。折冲府虽分布在全国各县，但受十二卫领导，不受地方长官管辖，折冲都尉也不干涉地方行政。所谓十二卫，是指左、右卫，领武安、武成的五十余府；左、右武卫（又称鹰扬卫）领风亭等 49 府；左、右候卫（又称金吾卫），领同轨、宝图等五十余府；左、右领军卫

（又称戎卫），领万年、万敌等六十余府；左、右屯卫（又称威卫），领宜阳等50府；左、右骁卫（又称武威卫），领永固等49府。十二卫外，还有太子左、右卫率，领广济等各5府；太子左、右司御率，领郊城等各5府；太子左、右清道率，领绛邑等各3府。因为贞观十年府的长官改称折冲都尉，所以军府一律称折冲府。总计当时全国的折冲府为657府（包括十二卫和太子卫率所领府）。折冲府下，又有团、旅、队、火等建制，各分上、中、下三等。上等折冲府一般辖6团，1200人左右；中等折冲府一般辖5团，1000人左右；下等折冲府一般辖4团，800人左右；另有特等折冲府，一般辖5团，1500人左右。

从分布情况来看，具有明显的"内重外轻"的特点。全盛时期的兵府总数为657府，其中首都附近的关内、河东、河南三道共有526府，占折冲府总数的80%，京兆府就有131府，占总数的20%。这充分体现出当时统治者"举关中之众以临四方"的基本国策。故当时著名的政治家陆敬舆说，这是"举天下不敌关中，则居重驭轻之意明矣！"意思是：集中关中以外的天下兵力，也敌不过关中的兵力，以优势重兵驾驭天下的意图十分明显。

从府兵的职责来看，主要有以下两项。一是上番宿卫。就是定期到首都护卫皇帝和中央政府。具体办法是：距京城500里内的府兵一年之内5番，即分5组轮流入京值班。500里至1000里每年7番；1000里至1500里8番。每次上番时间都是一个月，这里指在京城实际服役时间，不包括旅程往返时间。另一项任务是征防，即与地方兵或边防兵一起，出征作战，保卫边防。

从府兵的训练与供给来看，带有更为明显的兵农合一色彩。训练分为两种，平时分散练兵，冬季集中校阅，地方刺史有检查督促之权。府兵所用马匹的补充与淘汰，也由刺史和折冲都尉共同处理。府兵上番宿卫或奉公征防，由刺史和都尉共同发给“食券”（由府兵自己收获的粮食兑换）。府兵的资粮自备，自备物品包括弓1支，矢30支，胡禄（载矢器）、横刀、砺石、大角觿（解结锥）、毡帽、毡装、行滕各1件，麦饭9斗，米2升。府兵由县令在上报的籍账丁口中直接拣点，拣点的标准虽然有资财、材力、丁口3项，但以资财为主，原则是拣点6品以上官员子弟和地主、富裕农民。但急需兵力时，贫民也常被迫点兵。唐朝3年一定户籍，与此相对应，府兵也是3年检点一次，主要是补充缺额。由于拣点的3项标准均要依据户籍，而户籍的管理属于地方政府，故拣点属于地方政府职责，只有确定名单之后，才名隶军府，因此3年一定户籍与3年一点兵自然结合在一起。

> 唐中叶后，由于土地兼并的加剧和户籍制度的紊乱，特别是“安史之乱”的严重破坏，均田制和府兵制均名存实亡，被“两税法”和募兵制取而代之。

早在唐朝以前，土地兼并就一直存在，唐朝前期的均田制，在客观上有抑制兼并、均平地权的作用，同时也留有土地私有化和土地兼并的缝隙。如规定官员可受的永业田数量庞大，又可以买卖。唐初时，九品以上的官员还较少。高宗时，已达1.3万多人，武周以后则更多。均田制推行百年后，大量可耕官田和荒地必然以分受永业田的名义转变为私田，使政府可用来调剂余缺的土地越来越少，均田制规定的“还授”只能是一纸空文。更重要的，是高宗、武周以后，随着封建经济的发展，官僚、地主、贵族、商人都疯狂地兼并土地。如宰相李林甫在京城周围，霸占了大量的上等良田；吏部尚书王从愿占地数百顷；太平公主的田园遍布京郊良田之中；大商人邹凤炽的邸店园宅更是遍布海内。土地私有化和兼并的加剧，必然使大量均田制下的自耕农户沦为贫穷之家，或逃流，或依附于地主豪强之家，这又造成户籍制度的紊乱。时人称之为“丁口转死，非旧名矣；田亩移换，非旧额矣；贫富升降，非旧第矣。”（即成丁人口死亡，已不是原来户籍上的人名；土地转移到别人手中，已不是原来登记簿上的主人名额；由贫变富，由富变贫，已不是原来评定的户口等级。）尤其是“安史之乱”，对当时社会的破坏极为严重，“人户凋敝，版图空虚”，均田制、租庸调制已名存实亡了。

在均田制和租庸调制逐渐遭到破坏的过程中，唐王朝的税制实际上也在不断地变革着。如在唐代宗时期，开始征收青苗钱，这是一种新税。唐朝初期的“义仓税”，也逐渐演变成一种正式的地税，数额也由最初的亩税2升增长到亩税1斗，并开始分夏、秋两次征收。原来按户等征收的户税，到代宗时期，也是数额增加，征收的范围扩大。这些都是原来租庸调制之外或不占重要地位的税种，到这一时期，开始出现或在政府的赋税中的地位迅速上升。加上并未正式废除的租庸调以及其他杂税，国家的赋税制度呈现一片紊乱状态。改革税制，已是大势所趋。

唐德宗建中元年（780年），宰相杨炎在总结整理以前税制的基础上，制定了“两税法”。它的主要内容是：1. 中央政府根据财政支出规定赋税总额，各地依据中央分配的数目向当地人户征收；2. 土著户和客居户，都编入现居州县的户籍，依照丁壮和财产（包括田亩和杂赀财）的多少定出户等；3. 取消租庸调及一切杂徭杂税（但丁额不废），只征收一种税，分夏、秋两次征收，夏税限 6 月纳毕，秋税限 11 月纳毕，故名为“两税”；4. 两税以户等纳钱，依田亩纳米粟，田亩税以大历十四年（779 年）的垦田数为准，均平征收；5. 没有固定住处的商人，所在州县依照其收入，征收 1/30 的税。

“两税法”的主要特点，一是简便，即将各种赋税名目整理归纳为一个主要税种，便于征收。二是主要以财产多少为征税标准，扩大了赋税覆盖范围，多少改变了课役集中在贫苦农民头上的状况。三是征收时钱、物并行，实行以钱折物的办法，但由于后来钱重物轻，加重了纳税者的负担，故到唐穆宗时宰相裴珀又重定折纳标准，但仍不能从根本上解决这个问题。四是从此以后，土地兼并不再受到任何限制，以致在“两税法”实行后的 30 年间，“百姓土田为有力者所并，二分逾一”，全国各地，到处都可看到“富者兼地数万亩，贫者无容足之居”的现象。

均田制逐渐遭到破坏的过程中，依附于此制的府兵制也渐渐废弛了。高宗、武周时期，天下久不用兵，府兵番役更代都已不能按时进行，府兵逃亡的也多了起来。唐玄宗开元年间，更加严重，当时连到京城宿卫皇上的兵士都凑不够数。这时宰相张说建议，在全国招募兵士，号称“彍骑”，分隶 12 卫，每卫万人。这主要是禁军。到天宝年间，各折冲府徒有兵额，宿卫之人也大都是临时招募来的市井之人，所以“安史之乱”

时，不能及时有效地抵御和反击。“安史之乱”后，全国兵源仍以招募为主，杂用它法。

与府兵制下的府兵相比，募兵的主要特点是兵农分离，这同时意味着兵士的成分由主要是土户（土著农业户，有产户）变为客户（无产业户），当兵成了一种专门的职业。其次，长期戍守代替了定期差遣，招募代替了强制征发，雇佣兵代替了义务兵。第三，缘边镇兵则由来自各地变为主要是本地和邻近地方之人充当。第四，兵士与家属分离也随之变为家属随军。第五，镇兵由州县差发改由节度使招募，节度使在军事上的作用进一步增强。在此之前，镇兵差自各地的有产户，家属留在后方，镇兵若反叛，尚有后顾之忧，而且镇兵定期差遣，“兵不识将，将不识兵”，边将要反叛，也比较困难。此时情况已发生变化，加上其他条件，边将拥兵反叛的可能性增大了。这大概是唐朝后期藩镇割据局面持久不衰的一个重要因素。第六，镇兵的装备由地方政府供应与兵士自备，改为全由朝廷承担。朝廷还要负担兵士及其家属的生活费用，军费支出大增，造成财政困难。

均田制被破坏后，唐朝兵制由府兵制演变为募兵制，只是一个大概的轮廓，一般把这一过程表述为：轮番、差替的义务兵——府兵、兵募（临时招募），变为招募的雇佣兵（职业兵）——长从宿卫（禁军）、长征健儿（镇兵）。实际上，唐朝兵制的演变情况比这要复杂得多。仅就史实来看，长征健儿代替兵募制后，强制征募继续存在。出土资料表明，在长从宿卫代替府兵轮番宿卫后，府兵在边境上还发挥过一定的作用。至于南衙的诸卫兵与北衙的禁军，其中又各有许多名堂，仅就禁军名称的变化，统领的易换以及在宫廷政变中所起的作用等，就很复杂。而藩镇之兵的情况，以及藩镇之兵与朝廷之兵之间的强弱消长的关系，更是直接决定着政局的走向。但有一点可以肯定，那就是唐中叶以后，为患最深的还是禁军。藩镇之兵之所以久削不平，与禁军由宦官统领，不能有效发挥其在平藩中的作用，有很大关系。皇帝本想以宦官掌军牢牢控制军权，却反被控制了军权的宦官完全控制，到了想除此祸患之时，无论明君还是贤相，都已回天无力。最后借朱全忠之力尽除宦官，而唐王朝也随之同归于尽了。

> 对于隋唐时期这几项制度的实施情况和效果，历来有不同的说法和评价。客观地讲，这几项制度在当时社会中是在不同范围内得到贯彻的，也收到了积极效果。当然，也难免有流弊。但任何一种制度及其变革，对于其利害得失，只能权大小，不可求有无，这是制度进步发展的一条基本规律。

均田制和府兵制，在隋朝和唐朝前期，是基本得到贯彻实施的，并收到了积极效果的。

隋朝从开皇二年（582 年）颁布田令，到大业五年（609 年）再诏均田，其间曾多次采取措施，以贯彻这项制度。大体说来，从开皇二年到开皇五年，主要授给官员永业田；开皇五年（585 年），主要解决游民和浮客的土地问题；开皇十年（590 年），主要是解决数十万大军的土地问题，使府兵与均田真正结合在了一起，实现人归于田，兵寓于农；开皇十二年（592 年），主要是授给百姓土地，这是隋朝规模最大的一次均田行动，虽然由于宽乡与狭乡不均匀，受田者一般未达足额，但毕竟在全国范围内重新加以核实与调配，包括将狭乡之民移往宽乡；大业五年（609 年）炀帝再颁均田诏，虽具体内容不详，但可考的，有废除妇人、奴婢、部曲（私人武装）受田的规定，也是一种调整。至于唐朝前期，均田制与租庸调制的实施，除了史载之外，在敦煌、吐鲁番出土的当时的文书籍账中，更得到了确凿的证明。当然也应看到，与其他任何一项制度一样，均田制贯彻的情况，会因不同时期、不同地区、不同吏治的区别，而产生宽严不一的差异。当时仍有非法的籍外田存在，土地买卖和兼并也一直在进行与发展之中，农民的逃亡也时有发生，这些又使得均田制不可能像它本身所规定的那样真正彻底地施行。

尽管如此，均田制对隋和唐前期的社会发展，仍起到了积极的作用。当时农业经济及整个社会的繁荣，从均田制实施后带来的人口增加、耕地开垦及粮食产量激增和粮价的低廉中，可以得到证实。如隋唐之前，全国户口最高峰为西汉平帝元始二年（2 年），当时户数为 1223.3 万户，口数为 5959.5 万口。之后，一直没有超过这个数字，魏晋南北朝时期，下降得十分厉害。但到了隋唐之际，户口数陡然激增。隋大业五年（609 年），户数为 890.75 万，口数为 4601.99 万；唐玄宗天宝十四年（755 年），户数为 891.47 万，口数为 5291.93 万，逼近西汉的最高水平。这些数字当然有不够精确的地方，但可从中看到大概的发展趋势。至于垦田数，也是如此。隋唐之前，垦田数的最高峰为西汉元始二年的 8.27 亿亩，之后一路下跌，尤其是在分裂战乱时期，更是大为减少。一入隋唐，便又激增，隋文帝开皇九年（589 年）的垦田数为 19.4 亿亩，唐玄宗天宝十四年（755 年）为 14.3 亿亩，都远远超过了西汉的最高水平。与此相对应的，是粮食储备丰富与粮价的低廉，如隋文帝末年，天下的储积，可供五六十年使用，唐玄宗开元十三年（725 年）洛阳斗米值 15 钱，山东一带只有 5 钱。这些，是产生封建盛世的基础。

在均田制的基础上实行的府兵制，对于当时社会的稳定，国家负担的减轻以及边防的安全，都起到了积极作用，这是没有多少疑问的。

对于均田制和府兵制之后实行的两税法与募兵制，人们历来评价不一，有时争论相当激烈。持赞成意见的人认为，两税法和募兵制，是顺时应势的政策改革，不得不实行的制度，而且在客观上，也有利于均平赋税，增加政府收入，保证封建国家机器的正常运行。持反对意见的人则认为，两税法实际上加重了剥削；两税之外，又有其他杂征杂税；两税钱、物折纳法，漏洞极大，给各级官吏中饱私囊、盘剥百姓，开了方便之门。募兵制虽有提高军队战斗力的作用，但同时也使兵员来源杂乱，素质低下，更主要的是将可专兵，拥兵自强，直接造成了唐中后期的藩镇割据。这些不同的看法和评价，都可以在当时的历史事实中找到例证。

客观地讲，无论是均田制、租庸调制、府兵制，还是两税法、募兵制，都是封建时代的制度，都是封建统治阶级从维护自身统治出发制定和实施的制度。这就从根本上决定了，它们都具有对地主、官僚、贵族有利的一面，对劳动人民不利的一面。不过，在不同的时期，在不同的统治者面临不同矛盾的时候，这种倾向会有所侧重。也就是说，这项制度，这个时期，可能对统治阶层更有利一些，那项制度，那个时候，则情况可能相反。说到底，从制度制定和实施者的主观意图来看，都是为了维护、巩固自己的统治。而在客观上，则不一定完全与主观意图相符，这是由各种因素决定的，我们不能单凭主观臆断去加以评论。

还有最重要的一条，就是由均田制、租庸调制向两税法的演变，由府兵制向募兵制的转化，是封建社会私有化发展的一个必然趋势。因为私有化的发展，必然要求土地自由买卖；商品经济的发展，必然要求以实物为主的赋税制度向由货币为主的赋税制度转变。尽管统治阶级中某些人预感到，这种发展会对其统治基础造成危害，试图以各种办法加以限制或阻遏，但经济规律必然要冲破这种限制与阻碍，为自己开辟前进的道路。而统治阶级中一些比较开明的人士，则顺时应势，对已经不适应现实情况的制度加以改革，应该说是进步的，值得肯定的。至于这种改革，特别是初始阶段，难免有各种漏洞，给当时社会经济的发展带来一些不利和混乱，这也是正常的。任何一种改革，无论是经济方面、政治方面，还是军事方面，都有利有弊，改革者只能权大小，不可求有无。否则，就会一事无成。而因循守旧与一事无成，可能给社会与统治阶级造成更大的危害。所以说，两税法与募兵制代替租庸调制与府兵制，固然与唐王朝的覆亡有一定关系，但如果不加以替代，不仅租庸调制与府兵制根本无法实行，而且会加速唐王朝的覆亡。如果历史能够重演的话，我们还是会看到这种结果的。

依法行政的典范
承前启后的法制建设

能否依法行政，是现代社会中人们衡量一个国家是否健康文明的重要标志。其实，在古代社会中，能否依法行政，也是决定一个国家是否健康文明发展的关键。隋唐封建社会的文明昌盛，尤其是“盛唐气象”的形成，就与当时的统治者重视法制建设，注意宽猛相济，妥善处理礼法关系，君臣带头守法，以及维护法律的统一与稳定，有很大的关系。

隋唐时期的法制建设，在中国古代法制史上具有承前启后的重要地位。“中华法系”是世界上著名的法系之一，而唐律，被称为“中华法系”的代表。这一时期，无论是立法形式、法律内容，还是司法实践等方面，都有不少可以垂鉴后世的东西。

隋唐时期的统治者，比较重视立法工作。并注意总结借鉴前代的立法经验与技术，使这一时期的法律达到空前完备的程度。

早在隋唐之前的秦汉、三国、两晋、南北朝时期，都有过不少大型的立法活动，并前后继承革新，南北融合，一脉相承，为隋唐的法制建设奠定了可资借鉴的良好基础。

隋唐的统治者，对立法工作比较重视。其中以修律为主的大型的立法活动，进行过多次。如隋朝开皇元年（581 年），隋文帝刚一即位，就命大臣高颎等总结魏晋南北朝以来的立法经验，修订新律，强调要“取适于时”，贯彻宽简原则，删除前代残酷的刑罚。开皇三年（583 年），隋文帝在审阅刑部的奏报时，发现律文还是太繁琐，又命苏威、牛弘等大臣更定新律，这就是垂范后世的《开皇律》。《开皇律》在篇章体例上继承了《北齐律》“法令明审，科条简要”的特色。到了炀帝即位时，由于在实际推行中已经出现法制混乱、刑罚滥酷的情况，为了标榜宽刑，又命牛弘等人更修新律，于大业三年（607 年）颁行，即为《大业律》，基本上是《北魏律》的复旧，在立法技术上逊于《开皇律》。

唐朝的法律基本承袭隋朝的《开皇律》。同时根据当时的实际情况，不断加以调整完善。大型的立法活动，至少有十多次。其中前期的立法活动，以修律为主，兼及其他法律形式；后期的立法活动，以编敕（皇帝下达的诏敕）和刑律统类（类似法律汇编）为主。

隋唐时期的法律形式，以律为主，同时还有令、格、式等。对于律、令、格、式的解释，史籍所载并不完全一致，综合各种解释，可以作一个大概的界定。1. 律。律是关于定罪量刑的法规，但涉及的范围相当广泛，不仅限于刑事方面。从唐初法制的指导思想及唐律的规定来看，律在 4 种法律形式中最为稳定，地位也最高。2. 令。令是关于国家各种制度的法规，几乎包括了从经济基础到上层建筑各个方面的制度，如均田制、赋役制等，都由令规定。3. 格。格是皇帝对国家机关分别颁行的，以及因人因事随时发布的敕，经过整理汇编的法规，故又称敕格。如唐太宗贞观十一年（637 年）删定武德年间以来的敕格，定留 700 条，以尚书省诸司为篇名，其中有关诸司日常公务、留在司内施行的称为“留司格”；唐高宗永徽年间特颁发州县实施的称“散颁格”。4. 式。式是国家机关的办事细则和公文程式，其篇目比令更为繁多。国家的一切公务，都须依据令、格、式的规定进行。违背令、格、式以及其他犯罪行为，一律按“律”的规定断罪量刑。因此，这 4 种法律形式构成了唐前期的立法的整体，以此处理国家和社会生活各方面的问题，是封建法制协调发展的反映。

除了律、令、格、式外，皇帝的制敕，在唐代法律中具有特殊的作用和地位。唐律《断狱》篇规定，“制敕”断罪，是“临时处分”，必须经汇编后确定为格的，才能引为断罪的正常依据，否则要负刑责。但是，制敕既能临时处分断罪问题，便是这一原则的例外。事实上，制敕对一切问题都可随时专断，这是君主专制制度的必然反映。在这个意义上可以说，制敕虽未被定为一种法律形式，但其法律效力却高于其他任何法律形式。

还需注意的是，唐代的法律中，还有一部《唐六典》。开元十年（722 年），唐玄宗亲自书写六条：理典、教典、礼典、政典、刑典、事典，命大臣以《周官》为指导，加以制定。《周官》是《周礼》的原名，大概是后人编撰的周朝的官制，分为天官（冢宰）、地官（司徒）、春官（宗伯）、夏官（司马）、秋官（司寇）、冬官（司空）六官，分别主管治（唐玄宗写成“理”是为了避高宗李治的名讳）、教、礼、政、刑、事六个方面的政务。由于这种分类法相当繁复，所以承担此任务的大臣前后花了六七年时间，才于开元十六年（728年）完成。由于唐玄宗早已手书六条，故称《六典》。《唐六典》是系统地记载规定唐朝官制的政书，主要内容是关于国家机构的设置，人员编制、职责，以及官员的选拔、任用、考核、奖惩、俸禄、退休等方面的制度规定。有人考证后认为，《唐六典》在唐代不曾颁行，却又曾行用。说它不曾颁行，是指它制定后的200年间从未明诏颁行；说它又曾行用，是因为它是初唐一百多年政治、经济、文化等历史经验的总结，其内容多见于中唐以前的史实，它是这一时期简化了的综合性的“史录”，在开元、天宝之后的多年间，被唐人奉为不刊之典。

隋唐特别是唐朝法律的基本内容和特点，表明这一时期法制建设经验的成熟。因此，唐律不仅对后世，就是对当时周边诸国，也产生了深远的影响。

隋唐是封建社会高度发展时期。这一时期的法律（包括律、令、格、式等形式的法律），尤其是唐朝的法律，其主要内容，从各个不同的方面，维护了封建统治，巩固了统治基础，保持了社会经济的稳定与发展。具有如下几个特点。

首先，是“一准乎礼”。唐律的首篇《名例》指出：“德礼为政教之本，刑罚为政教之用。”这里的德，主要是指君主要以“宽仁治天下”，要注意“以民为邦本”；礼，主要是指以封建纲常对臣民进行教化。德礼与刑罚相比较，前者是本，应为主；后者是用，应为辅。但德必须以礼为理论指导，并付诸实践。而以礼为准，赋予法的形式，或者说以礼入法，礼法结合，这个过程在汉朝便已开始，魏晋南北朝时期不断发展，日趋完善。唐律则是这种发展与完善的典型。比如，唐律总的精神就在于贯彻封建“三纲”（君为臣纲，父为子纲，夫为妻纲），无论是《名例》篇还是其他各篇，都是如此。被认为是极其严重的十恶大罪，惩罚的都是直接危害封建“三纲”的行为。再比如，唐律中不少本是礼的内容，直接以礼入律。“八议”（议亲、故、贤、能、勋、贵、勤、宾）、“三赦”（幼弱、老耄、憨愚者犯罪可宽容）、“同居相为隐”（即“父为子隐、子为父隐”等），这些原则本来就是封建礼教的内容，在唐律中就是法的规定。依据礼的精神而制定的其他律文，更是随处可见。又比如，唐律借助《疏议》引用儒家经典，充分阐发封建礼教的“义理”，而《疏议》具有与律条同等的效力，使礼教广泛渗透并指导律条的运用。正因为礼与律如此密不可分，才使得两汉以来，历久不衰的引经决狱成为多余，从而宣告终结。这也说明了唐朝封建法制的成熟。

其次，是宽简、划一、持平。宽是宽大，简是简约。宽大主要指立法内容方面，基本要求是尽量轻刑，尽可能使人不致陷入犯罪，或犯罪后得到较轻处理；简约主要指立法形式要简明，尽可能使百姓了解法律的内容，也使司法官便于掌握。划一，是要求法律条文精神要前后一致，该重则重，该轻则轻，不能法令不一，前后矛盾，使官民都有空子可钻。持平，就是定罪量刑尤其是量刑的规定不偏颇，比较适中，这在唐律的“五刑”（笞、杖、徒、流、死）及其加减中，体现得较为明显。

再次，是法律保持相对稳定。唐玄宗曾说：“法令不能经常变更，经常变更就会烦琐，官吏记不住，又前后矛盾，执法之吏就会钻空子，营私舞弊。”这一思想在唐前期基本得到贯彻。唐初由房玄龄等人主持制定的律、令、格、式，终唐太宗在位之世，都无变更。当然，客观形势的发展变化，要求对某些不合时宜的内容进行修改，这是正常的。但是，修改法律一般需要按严格的程序进行，否则，就是违法犯罪行为，要予以惩处。尚书省审议修改法律，须召集七品以上京官进行讨论，作出决议，奏报皇帝裁定。

还有，就是立法技术空前完善。一部法典的立法技术在很大程度上反映了当时的政治、经济、文化的发展状况。唐律是在初唐封建统治秩序相对稳定，经济、文化蓬勃发展的情况下制定的。它充分运用前代王朝的立法经验，吸取过去的律学研究成果，以名例篇为纲，其余11篇为目，篇章结构井然有序，将人们在各个方面不利于封建统治的种种行为，甚至是设想的可能的行为，尽量纳入。正如《名例》篇首疏议所说，唐律做到了“章程靡（无）失，鸿（大）纤（小）备举”，而律文只有502条，的确“简约”。《名例》篇与其他各篇之间的律条相互呼应，纲举目张，在同一篇中的各条之间，以及同一条中的各项之间，彼此关照。全部律条紧密相扣，可以说是“滴水不漏”。至于律条的文字简要，概念明确，用语确切，逻辑严谨，疏议的理论深度和文字功夫等，在中国古代法典中，无疑是空前的。后世的封建立法，有些地方有所改进，有些则一直未能企及。

正因为唐律是集历代封建法典之大成，且有以上特点，故对于后世的封建法制建设有极大的影响，并且惠及东亚邻国。

唐之后的五代时期，受唐律影响比较显著的法律如《大梁新定格式律令》，其卷数与篇目同《唐律》完全一致。宋朝唯一的律《宋刑统》，几乎是唐律的翻版，甚至原文照抄《唐律疏议》，只是将每篇律条分为若干门，在律条后附有关的敕、令、格、式，以及“起请条”，对刑制有所改革而已。元朝在司法实践中，也经常引用唐律作为依据。明朝洪武初年制定的《明律》，篇目与唐律一样，到洪武二十二年（1389年），更修明律，才改为30门，分吏、户、礼、兵、刑、工六律，仍以《名例律》为第一。《清律》采取明律的体例，但内容及原则基本因袭唐律。

唐律对东亚邻国的法律也有深刻影响。在日本，有信史可考的《大宝律令》，有律文6卷，其中有11篇的名目与次序，一如《唐律》，律文内容也大多相似。在朝鲜，当时的典章制度，大抵都仿照唐朝法律。此外，在越南和西域诸国的古代法典中，也可寻出与唐律的源流关系。所以，如果说《罗马法》和《拿破仑法典》是西方奴隶制和资本主义社会中具有世界意义的法典，那么，唐律至少在东亚邻国的封建法典中具有典型意义，这是完全可以肯定的。当然，唐律对于东亚邻国封建法典的深远影响，是唐朝政治、经济、文化对这些国家产生深刻影响的一个具体方面和必然的结果。

> 在司法方面，对司法机构、诉讼制度、审判制度以及监狱管理等方面，都有比较明确、严格的规定。隋唐比较开明的君臣，也都注意审慎用刑，赏罚分明，不徇私情。同时，也存在有法不依、执法不严以至滥用刑罚的情况。这些，从正反两方面对当时的社会产生着影响。

司法制度与执法的实际情况，是法制建设的重要一环。隋唐司法制度总的来说是健全的；在法律的具体实践中，则有好的方面，也有不良的一面。

隋唐时期的司法机构，中央以大理寺、刑部为司法机关，御史台也参与司法工作。大理寺是最高审判机关，负责审理中央百官犯罪及京师徒刑以上案件，对徒、流的判决，须送刑部复核，对刑部移送的地方死刑疑案，有重审之权，死罪的判决须皇帝批准。刑部是中央司法行政机关，负责复核大理寺及州、县必须上报的徒刑以上案件，在审核中，如有可疑，徒、流以下案件驳令原审机关重审，死刑案件移交大理寺重审。御史台只是中央监察机关，在司法方面主要是监督大理寺和刑部的司法审判活动，遇重大疑案，也参与审判或受理有关行政诉讼的案件。唐朝时，对大案、疑案，通常由大理寺、刑部和御史台的长官会同审理，称“三司推事”。必要时，皇帝还会命令刑部会同中书、门下二省集议，以示慎重。较次的案件，或各地发生的不便解送京师的大案，则派三司中的副职及其下属前去审理，称“小三司”。唐朝地方司法，由州（郡）、县行政机关兼理，但属吏较前增多。州设法曹参军（或司法参军），受理刑事案件；设司户参军，受理民事案件。县设司法佐、史等，协助县令处理民、刑案件。县以下乡官、里正、坊正、村正等，对有关婚姻、土地等民事案件也有一定调解或裁判权，不服者可上诉至县重审，刑事案件则直接由县审判。

诉讼制度比较严格。唐律规定，告诉必须由下而上，从县、州到中央依法定程序上诉，一般不许越级上诉。否则，要受处罚。司法机关应受理而不受理者，也要处罚。有严重冤案被压抑不能正常申诉者，可以向皇帝直诉，但有一些相应的防范措施。为了防止滥诉和严惩诬告，规定告诉必须注明年月，指陈事实，不能称疑（即自己不能确定是否实有其事），与事实不符，匿名告人，都有罪，诬告者则要反坐。对谋反、谋大逆、谋叛罪，任何人都必须揭举告发。对有些犯罪，则根据情况，有一些限制，有时告了反而获罪，主要是为了贯彻“亲亲得相为隐”“卑为尊隐”“奴为主隐”等礼教纲常。

审判制度比较严密。唐律规定，司法官在审讯时，必须首先弄清案件，仔细考察被审讯对象的言辞、表情和陈述的理由，反复进行比较、考核、验证，了解有关事实。如果事实仍然不够明确，不能判断，而必须拷讯者，应立案，与有关人员共同拷讯，否则，要受惩处。罪状、证据已经明确，犯人即使不招，也可根据事实进行判决。在定罪量刑时，既不许“入人罪”，即把无罪断成有罪，轻罪断成重罪；也不许“出人罪”，即把有罪判成无罪，重罪判为轻罪。否则，也有相应的惩罚。司法官断罪时必须严格依据律、令、格、式的正文，对于皇帝临时就某人某事而发布的“敕”，凡是未经编入永格者，不得引用作为“后比”，如果任意引用出了差错，也要负相应的责任。为了防止司法官因亲仇而故意出、入人罪，规定了相应的回避制度。对于司法中的“拷讯”，也有严格限制，如拷囚不得过3次，总数不得过杖200，拷满200仍不招认者，取保暂放；依法应享有议、请、减者，均不得拷讯。孕妇犯罪应拷讯者，须等产后百日再拷，违者分别处徒、杖刑罚。案件审理完毕，凡是判处徒刑以上的人犯，应对囚犯本人及其家属宣告判决的具体罪名，允许其“服辩”，即申诉对判决的意见。如果不服，应认真进行复审。对死刑罪犯，更为慎重，其判决必须奏报皇帝，定罪执行死刑前，还要3次或5次奏报，得到皇帝的许可，才可执行。妇女犯死罪而怀孕者，须待其产后百日方能执行。

监狱的设置和管理，也比较完善。中央设有大理寺狱，关押皇帝敕令逮捕和朝廷犯罪的官吏。在京师，有京兆府和河南狱，关押京都地区的罪犯；在地方，各州、县都设有监狱，囚禁当地犯人。各监狱均设有专职的掌狱官，负责监狱管理。同时，对在押人犯应如何监禁，应上何种刑具，均有详细的规定。

从具体的司法实践来看，隋唐时期比较开明的君臣，都十分注意依法行政办事，维护法律的统一、公正，赏罚分明，不徇私亲。如隋文帝开皇前期就是如此。唐太宗则更是以此作为治国安天下的一项基本原则，他尤其强调执法要审慎，不肯轻易给人下结论，死刑三复奏、五复奏，就是由他提出并订入刑律中的。隋文帝、唐太宗及其他一些帝王也常常亲录囚徒，一旦发现冤滥，即刻昭雪，对于亲贵犯法之人，也能做到依法惩处，不肯以私情坏公法。在君主以身作则的带动下，这一时期出现了不少受到赞誉的循吏、良吏，如高颎、狄仁杰等，都能坚持“王子犯法，与庶民同罪”的原则，执法不阿权贵，同时注意防止严刑滥罚，平反冤假错案。这些都对当时的法制建设以及整个社会的稳定、安宁与发展，起到了积极作用。封建盛世在这一时期出现，与他们在这方面的努力，是分不开的。

但是，这一时期的某些君臣，在某些时候，又因各种因素所致，有法不依，执法不严，赏罚不公，甚至随意变更法律，实行酷吏统治。如隋文帝末年，以及隋炀帝时期，往往将法律撇在一边，任意定罪论刑，滥加赏罚，以致“以残暴为能干，以守法为懦弱”，使当时的法制尤其是司法制度遭到严重的破坏，从而加速了隋朝的灭亡。唐朝的部分时期也有严重破坏司法制度的行为，如武则天当政时，为了防止李唐宗室反抗，任用来俊臣、周兴等酷吏，滥刑滥杀，造成无数冤假错案，严重威胁到统治集团的安危，也给百姓带来灾难。到了唐后期，由于藩镇割据，各自为政，他们在自己的势力范围内，任情刑杀，中央根本无力过问。宦官擅权，朋党之争，诬陷入罪，法外施行，乃至大开杀戒，也成为常事。这也在很大程度上，加速着唐王朝的衰亡。

隋唐法制史中，有许多可以垂鉴于后世的东西，如重视法制建设，注意宽猛相济，处理礼法关系，君臣带头守法以及维护法律的统一与稳定等，都不乏现实意义。

重视法制建设，是国家安定、富强的必要条件。现代社会中的一些人，往往以为在古代社会，包括封建社会，是根本没有什么法制的，全凭帝王一人独断，兴盛衰亡，全在帝王一人贤明与否。其实不然。只要翻开几千年的中国史，稍作仔细一点的研究，就不难得出结论，帝王的贤明与否固然重要，但封建法制的建设状况，也与王朝的兴衰息息相关。秦的兴起，靠的是商鞅变法，以及改法为律，健全法制，商鞅虽死，但秦法未败。汉代的兴盛时期也是与法制建设的良好时期同步的。与之相反，凡是衰弱乃至衰亡的王朝，或者王朝的某个时期的衰弱，又都是与法制的不健全或遭到破坏有关，而法制的不健全或遭到破坏，又必然引起或加剧王朝的衰弱或衰亡。隋唐王朝的统治者，尤其是开国的和开明的统治者，对此是有比较清醒的认识的，作为封建帝王，他们当然迷信个人在历史上的扭转乾坤的作用；但同时，他们也意识到了人民的巨大力量，意识到协调规范各阶级、各阶层利益关系的重要，而法律，正是上升为国家意志的统治阶级的意志。作为统治阶级的意志，它可以代表统治阶级的利益、愿望和目的，自然有利于统治阶级；作为国家意志，它又是代表了全体人民的利益和愿望，是协调各种关系的权威力量。正因为如此，总的来说，隋唐时期的统治者，较此前历史上其他王朝的统治者，更为自觉地重视和加强法制建设。这在这一时期重大的立法活动，法律形式的空前完备，以及法律内容、原则的丰富与贴近实际需要之中，都可以明显地反映出来。而这一时期社会的空前繁荣发展，自然与重视和加强法制建设的保障作用分不开。

注意宽猛相济，是中国古代的一条基本治国方法，也是法制建设应遵循的一条基本原则。所谓宽，就是指政平刑轻；所谓猛，就是指政陡刑重。宽猛相济，是指要根据不同时期的情况，该轻时用轻刑，该重时用重刑，交替使用，互为补充。当年诸葛亮治蜀，用的是以猛济宽。因为在他之前的蜀国，是刑网疏阔，政令废弛，人们不懂得畏惧刑罚，需要用重典治理，而且10年不赦一人，终于使蜀国得到大治。而隋唐王朝，在各自建国之前，前朝都是刑网严酷、民不聊生，所以应该以宽济猛。故隋朝的立法，本意和内容都是禁网疏阔，刑罚轻减，果然收到显著成效。而隋末刑制大坏，其严酷程度几乎令人不敢相信，故到了唐高祖起兵后，一切废除，只是约法12条。建唐以后制定律令，也依照刑网疏阔的《开皇律》为蓝本，直到《贞观律》《永徽律》以至《开元律》，基本贯彻了这一宗旨。同时随着社会的发展，趋于适中，以更好地适应治国安邦，发展生产，繁荣经济、文化的需要。到唐后期分裂割据，地方割据势力滥用刑罚，必然又激起民变，加深了社会动乱的程度。

妥善处理礼与法的关系，是隋唐法制建设中最有特色的一条经验。礼与法的关系，同样也是中国古代政治家治理国家时非常重视，又一直难以处理好的一个问题。这与古代儒家和法家不同的治国理念也有关系。西汉武帝以前，似乎法家及主张以法治国的理论与实践占据上风，既有成功的范例，也有惨痛的教训，秦朝的兴与亡，同时证明了这两条。到西汉武帝“罢黜百家，独尊儒术”后，儒家礼教在治国方略中渐占上风，与之相对应，以“春秋决狱”（即以儒家经典定罪量刑）方式的礼、法结合的司法实践也开始推行。一直到魏晋南北朝，礼与法在不断地摩擦、碰撞之中渐趋统一。到了隋唐，特别是唐朝，则基本完成了这一整合的过程，故出现了“一准乎礼”的唐律。所谓“一准乎礼”，不是说全部礼教都直接成了法律条文，而是说法律条文中渗透了礼教的基本原则和精神。这样的结合与统一，当然对统治阶级治国安邦是非常有利的，同时对社会的文明进步，也是有利的，当然有时也有害。由此引出一个问题，就是唐律到底是宽还是严？有人说宽，因为它的确比前代的刑罚有明显的轻减；有人说严，因为它把本来只是违礼的言行，变成了违法的言行，把本来不受法律制裁的言行，变成了要受法律制裁的言行。这两种说法，当然都有道理，但又只看到了问题的一个方面，而不是全部。综合起来看，唐律的确是宽严适中，当然这里有个立场问题，评价的标准问题。我们只能用历史唯物主义的观点，去看待历史问题。唐律的实践，也证明了它在那个时代，是宽严适中的，是有利于社会文明进步的，不然的话，也不会对后世及东亚邻国产生那么深远的影响。

君臣带头守法，是唐朝法制建设获得成功的一个关键因素。这里指的君臣，并不是所有君臣，或君臣的所有言行。但相对前代而言，唐朝守法的君臣要多一些。在封建社会，君是至高无上的，法律的兴废，人臣的生死，往往在君主的一言之中。我们常讲封建社会也有“王子犯法，与庶民同罪”，好像这里包括了所有人，其实仔细品味一下，这里没有包括皇帝。皇帝在任何时候都是例外的，他是集立法权、司法权于一身的最高统治者。在这种君主专制体制下，皇帝本人的素质如何，他对待法律的态度如何，直接关系到法制建设的成败。隋唐时期法制建设卓有成效，首先与皇帝注意带头守法执法有直接关系。这里面有许多可以使人信服的事例，在古籍中多有记载。法制破坏严重之时，与皇帝本身的不守法有很大关系。这同样也有许多事例。而皇帝之下的众多臣子，对待法律的态度也很重要。有一支良好的执法队伍，就能在很大程度上保证法律的正确贯彻实施，有时，还可阻遏帝王的一些违法行为。开皇时期、贞观时期、开元时期，就是因为皇帝本人注意带头守法，臣子中又多是依法办事之人，才使得朝政清明，国家复兴。否则，即使有再多再好的法律，也不会自然生出良好的成果来。

维护法律的统一和稳定，也是隋唐法制建设过程中一条成功的经验，其中也有失败的教训。这个道理简单明了，法不统一，人心不服；法不稳定，人难适存。因此，隋文帝也好，唐太宗也好，以及其他一些开明的君臣也好，都经常强调这一条。当然强调统一与稳定，不是不要调整与变革。只要实际情况发生了变化，需要加以变通或变革时，就应该变通或变革，但这同样要依法定程序进行，否则，就会引起混乱。随意变更，朝三暮四，是历代包括当代法制建设的大忌，切不可等闲视之。

天下英雄，尽入彀中
唯才是举的科举制度

为政之要，唯在得人，治乱兴衰，全系于此。而如何得人，即采取什么样的途径和办法，选拔社会需要的优秀人才，至关重要。隋唐时期兴起的科举制，就是在当时的社会条件下，保证相对优秀人才进入仕途的一项较好的制度。虽然到了后世，科举制度的弊病越来越严重，但它在选拔人才方面的一些具体措施和办法，至今仍有一定的借鉴意义。

隋唐时期科举制度的产生，是中国古代人事制度中的一大变革。这一时期科举制度的兴起，为后世科举制度的兴盛奠定了基础。它对当时社会的进步发展，起到了积极的推动作用，同时，也显露出一些弊端。

中国古代在隋唐以前的人事制度，大体经历了世卿世禄制、察举征辟制和九品中正制等几个阶段。这些制度都是当时社会条件下的必然产物，有过积极的作用，也造成过严重弊端。在这些制度之中，已逐渐萌生出科举制的萌芽。

相传夏、商、周时期，较为可信的是西周时期，实行世卿世禄制。所谓世卿世禄，就是最高统治者按血缘关系的远近，分封自己的亲属；中央和地方的各级权力，分别掌握在大大小小的贵族手中。而且世代相传，不能随意任免。这种世卿世禄制度，是与当时的宗法制和分封制互为一体的，其主要特征是嫡长子继承王位，余子分封，逐级逐层类推下去，形成一个金字塔式的权力结构体系。应该肯定，这种世袭制的出现，是国家产生的重要标志和原因之一，是人类由野蛮向文明的一种过渡，也是原始公有制向私有制演变的必然产物。但它在对社会文明进步起到一定推动作用之后，日益暴露出内在的弊端，又成为社会文明进步的阻碍。

春秋战国时期，王室衰微，诸侯坐大，各诸侯国之间互相攻伐，对人才的争夺十分激烈，对人才的选拔使用自然十分重视。有的诸侯国将一些有才干的人供养起来，以便随时使用，称为“养士”，如齐国的孟尝君、赵国的平原君、楚国的春申君、魏国的信陵君，各养士成百上千人，以备使用；有的诸侯国注重从立有战功的人中选拔官吏，称为“军功”，如当时的秦国就着重以军功大小用人，军事力量因此而十分强大，终于征服其他六国；还有的国君任命别国的人才担任本国的要职，称为“客卿”，商鞅就是从卫国来到秦国当官的，显赫一时的苏秦、张仪，更是身兼数国之职，十分荣耀。这一时期，还有其他一些选拔任用人才的办法，呈现出“八仙过海，各显其能”的人才辈出的局面。这表明以血缘世袭为纽带的世官制，已经不能维系下去了。

到了汉代，逐渐形成察举征辟制。所谓察举，就是由州、郡等地方官，在自己管辖区域内进行考察，发现统治阶级需要的人才，以“孝廉”“茂才异等”“贤良方正”等名目，推荐给中央政府，经过一定的考核，委任以相应的官职；所谓征辟，是由皇帝或地方长官直接进行征聘。察举和征辟，对于原来实行的世卿世禄制来讲，是一大进步。但是这一制度又带有举士与举官不分，选举与考课不分，选举与教育分离，没有选官的专职官员，先选后考等特点，给各级官吏在察举和征辟中徇私舞弊留下很多缝隙，所以到了东汉末年，竟然出现了“举秀才，不知书；察孝廉，父别居；寒素洁白浊如泥，高第良将怯如鸡”（即被推荐为秀才的人，竟然不识字；举荐为孝廉的人，竟然和父亲过不到一起；举荐为德行清白的人，竟然昏浊不堪；举荐为将军的人，胆小得像只鸡）的怪现象。

曹魏时期，魏文帝曹丕采纳吏部尚书陈群的建议，实行“九品中正制”的选官制度。这一制度创始于曹魏，发展成熟于两晋，衰落于南北朝时期。它的基本内容，是各州设大中正，郡设小中正，大小中正都由中央选派当地“贤有识鉴”的官员担任。大小中正将自己所辖区域内的人物分为九等，或称“九品”（即上上、上中、上下、中上、中中、中下、下上、下中、下下）。中央政府根据中正评定的等第授予官职。这一制度多少改变了东汉以来州郡名士操纵舆论，左右荐举和征辟的局面，能够选拔出一些比较有才能的人充实到官僚机构。但是随着豪门世族力量的发展，大、小中正官都为世家大族所把持，从而出现了“上品无寒门，下品无势族”的积弊，使有才能的寒士发出“贵胄蹑高位，英俊沉下僚”的感叹。“九品中正”到后来完全成了巩固门阀势力的工具。

这几种人才选拔制度，与后来的科举制当然是不同的。但是，在实行上述几种人事制度的时期，甚至就在这些制度本身之中，又多少孕育着后来科举制的胚胎。相传周代在实行世卿世禄制的同时，还保留有前代“乡举里选”的办法，如据古代典籍《周礼》记载，乡大夫每3年举行一次“大比”，考察乡人的“德行道艺”，选拔贤能之士贡献予周王，有人说这就是后世科举中“贤良方正科”的雏形；后代的进士、贡士等名称，也已出现在这一时期的文献中。汉代的察举征辟中，科目较多，如“明经”“明法”“秀才”“孝廉”“贤良方正”等，都与后世科举中的一些科目相同；又有所谓“特科”，相当于后世科举中的“制举”；对于举荐到朝廷中的人，也要经过一定的考试或考核，只不过不像后世科举那么严格罢了。

隋、唐初建之时，都曾沿用过一段“九品中正制”。待条件具备之后，科举制应运而生。大体说来，隋为初创阶段；唐初为恢复阶段；武周至开元天宝时期为发展阶段；“安史之乱”后的一个时期出现过反复，到宪宗以后的唐后期，科举制基本确立下来。

隋初与唐初，由于社会尚未完全安定下来，积弊难返，故都曾一度实行过前代的“九品中正制”，以应急需。隋文帝杨坚即位后不久，即实行“九品中正”选人之制。因为杨坚的父亲叫杨忠，为了避讳，将“中正”改为“州都”。但因当时的世家大族已日趋没落，寒门士族的势力日益上升，这一做法受到较多的反对和抵制，固守旧的用人标准的两位官员还因此而丢了官。唐初与隋初情况相似，王朝建立时，人才十分缺乏，为了笼络各地的豪强势力，也曾一度恢复“九品中正制”，但这只是权宜之计，不久即被废除。

为了适应封建经济的发展，加强中央集权，扩大政权的阶级基础，隋文帝在开皇年间，终于以分科取士的办法，取代了魏晋以来的“九品官人”之制。据历史记载，开皇三年（583年）正月，隋文帝曾下诏举“贤良”。开皇十八年（598年）七月，又诏令京官五品以上，总管、刺史，以“志行修谨”“清平干济”二科举士。大业三年（607年）四月，隋炀帝诏令，文武官员有职事者，可以“孝悌有闻”“德行敦厚”“节义可称”“操履清洁”“强毅正直”“执宪不挠”“学业优敏”“文才秀美”“才堪将略”“膂力骁壮”等10科举士。大业五年（609年）正月，又诏令诸郡以“学业该通，才艺优洽”“膂力骁壮，超绝等伦”“在官勤慎，堪理政事”“立性正直，不避强御”等4科举士。这些虽都是临时取士之法，尚未形成制度，但分科举士的特征，已具科举制的雏形。大业年间，隋炀帝还曾设置明经、进士二科，并以“试策”取士，这标志着科举制已经诞生了。

隋朝创始的科举制度，到了唐代，经过几个阶段的发展，最终得以确定下来。

第一阶段在高祖和太宗时期，是恢复阶段。唐高祖武德四年（621年）四月一日，发布敕令，要求诸州的学士，以及原来的明经、秀才、俊士、进士，如果确实明于治国之才理，并为乡里称誉者，委托本县考试，各州重加审核，选取合格者，于每年十月在诸州送物到京之时一并入贡。这是迄今见到的唐王朝恢复隋朝产生的科举制的最早的一道诏令。次年（622年）三月，又诏令诸州的总管、刺史举人，以备朝廷录用。唐太宗即位后，深知“致安之本，唯在得人”的道理，因此十分重视人才的选拔和使用工作。在采取各种办法广选人才的同时，尤重以科举的办法取人。据历史记载，有一次唐太宗走到殿后端门，见到新考中的进士们一个个排着队，规规矩矩地走出来时，心中大喜，情不自禁地说：“天下英雄入吾彀中矣！”意思是天下的优秀人才，都落入我的圈套中了。但是这一时期的科举，只是士大夫获得出身资格即做官资格的几种途径之一，据统计，贞观时期每年平均录取的进士只有 9 人，明经人数多一些，约为三四十名。可见，这一时期科举制尚处在恢复阶段，并没有占据主导地位。

第二阶段，是高宗、武周到玄宗开元、天宝时期，为科举制的发展阶段。经过唐初几十年的发展，封建经济开始繁荣起来，要求进入仕途的大小地主及读书人越来越多，在这种情况下，科举取士的数量比过去明显增多，如唐高宗总章年间以后，每年平均录取进士 24 人，比高宗初年增加 70%。武则天当政以后，为了收拢人心，巩固自己的统治地位，对于科举取士也十分重视，尤其重视常选之外的“制举”，如从垂拱四年到大足二年的 15 年间，便有 11 年举行制科考试；载初元年（690 年），又亲自在洛城殿策问贡人，开后世殿试的先例；长安二年（702 年），又创立武举科目，专门考试选拔武将。这些都使得科举制度得到改进与发展，科举在选官中的地位也进一步提高。据统计，高级官员特别是宰相中科举出身者的比重，由太宗时期的 3.4%，上升到高宗时期的 25%，武周时期再上升到 50%。一般地主家庭出身中举为相者的比重也大大增加。如武则天称帝期间，明经、进士出身的 20 名宰相中，普通地主家庭子弟及中下级官吏的子孙即有 14 人。到唐玄宗开元、天宝时期，科举选官的规模进一步扩大，据说当时每年贡举的人数有数千名。自神龙、开元年间规定以诗赋作为进士科考试的内容之后，以诗赋取士的风气大盛。中小地主和下层读书人通过科举入仕，特别是以进士科获得显要官职的人越来越多。

第三阶段是“安史之乱”后到唐末，这期间虽曾出现过反复，但科举制最终还是得以确立。“安史之乱”前发生的关中大族宇文融与清河显姓崔隐甫联合起来，排挤出身寒微的张说、张九龄事件，已开朝廷中朋党之争的肇端。“安史之乱”后科举出身者与非科举出身者的争斗更加激烈，如代宗、德宗时期，陇西冠族李揆当政时，拒绝任用家世寒微的元载；到元载为相时，又重用进士出身的杨炎、常衮等人；李揆一派刘晏掌权，杀元载；杨炎为相后，又杀刘晏；范阳大姓卢杞为相，又杀杨炎。在朋党纷争中，藩镇割据势力坐大，宦官专权严重，朝政日非。这期间又出现“牛李党争”，非进士出身的“李党”首领李德裕，主张重用门荫子弟，对科取入仕者竭力排挤。在他当政的时候，虽未完全废除科举取士，但把进士及第后的许多仪式如“期集”“参谒”“曲江题名”等予以取消。但是，唐代科举制毕竟处在早期发展阶段，具有强大的生命力，所以尽管遭到门荫出身官僚集团的反对，但最终还是发展成为唐代占主导地位的选拔人才入仕的途径。据统计，从宪宗朝以后，进士出身者在宰相中一直占据绝对优势的份额，具体情况为：宪宗朝占 58.6%，穆宗朝占 57.1%，敬宗朝占 85.7%，文宗朝占 75%，武宗朝占 80%，宣宗朝占 87%，懿宗朝占 81%。

隋唐科举制在考试的科目内容、考生对象、考试方法、考试手段及中举后的待遇等方面，都处在不断改进和规范之中，为后世科举制的兴盛奠定了基础。

处在兴起、发展阶段的隋唐科举制，其基本内容时有变更，大致而言，可从以下几个方面窥见其轮廓。

这一时期科举考试的科目与内容，主要有常选、制举以及武举3种。

常选又称常科、常举，按规定每年都要进行。常选的具体科目，随时有增减，前后总计不下几十种，其中比较常见的有6种。1. 秀才。这原是汉代察举的一个科目，历魏晋南北朝，至隋成为最高科目，唐初也是如此。秀才科主要考方略五道。初唐以后几次废置，总的趋势是地位越来越低。2. 明经。汉代察举中也有此科，南朝国子生策试入仕也称明经。作为科举中的科目，大约始于隋。到唐代，明经又分为九经、五经、四经、三经、二经、学究一经、三礼、三传、史料等多种具体科目。主要以儒家经典为考试内容。唐初时明经只试策，以后内容及方法不断变化。由于唐时崇文之风尚盛，故明经科不为人们重视。3. 进士。创于隋，发展完善于唐。考试内容及方法时有变化，大概起初只试策；后试帖经，经通试杂文，杂文通试策，共3场；如果考4场，是先试杂文，次试论，试策，试帖经；第一场杂文通过者，才能再试二、三、四场。到了神龙、开元年间，又把诗赋规定为必考项目。进士科原分甲、乙二科，武德后只有乙科。唐朝科举中，起初是考明经、进士的人最多，后来以进士为重，当时明经科录取率为10%—20%，而进士科只有1%—2%，故人们说“三十老明经，五十少进士”（30岁考上明经就算老了，50岁考上进士还算年少）。4. 明法。

汉代察举中有此名目。隋唐时前后多有变更。主要考律令10条，试策10条，全通者为甲等，通8条以上为乙等，7条以下不及格。5. 书。又称书学、明学、明字等，属于小学、文字科。先口试，通过后再考《说文》《字林》等内容。6. 算。又称算学、明算等，属于数学科，主要考试《九章》《海岛》《孙子》《五曹》《张丘建》《夏侯阳》《周髀》《五经》《辍术》《缉古》等古代数学著作中的内容。

制举又称制科、特科、特举。大概来源于汉代的制诏举人，科目极其繁多，考试的日期和项目，也由皇帝临时决定。普通人和官员都可以参加。据考证，唐时制举科目达数十种之多，归纳起来，可以分为9大类。1. 文词类。大致有“词殚文律科”“词标文苑科”等15科。2. 军武类。大致有“将帅科”“武足安边科”等8科。3. 吏治类。大致有“岳牧科”“龚黄科”等13科。4. 长才类。大致有“绝伦科”“拔萃科”等8科。5. 不遇类。大致有“长才广度沉迹下僚科”“才高位下科”等10科。6. 儒学类。大致有“抱儒素之业科”“文儒异等科”等10科。7. 贤良忠直类。大致有“志烈秋霜科”“临难不顾殉节宁邦科”等8科。8. 玄道类。大致有“洞晓玄经科”“通三教宗旨究精微著科”等2科。9. 方伎类。大致有“博雅典度科”“六律五音科”“畅于辞气聪于受领善敷奏吐讷者科”等3科。制科虽然名目繁多，但考试的内容却大体类似，一般都要考时务策，玄宗以后还加试诗赋。参加制科或其他科目考试得官后，还可再考制科。不过唐时人们认为制科不是入仕的正途，制科出身者往往受歧视。

武举是武则天长安二年（702年）所置，只实行了一段时间便告停止。武举考试有长垛、马射、步射、平射、筒射、马枪、翘关、负重、身材等内容。唐朝名将郭子仪，就是武举出身。

考生的来源及对象，因科目的不同有所区别或侧重。常科的考生，有两个来源。一是生徒，二是乡贡。唐代中央和地方都设有学校，中央有国子监、弘文馆、崇文馆，地方有州、县学。这些学校的学生，都有一定的名额。学生的入学年龄和学习年限，也有明确的规定。每年冬天，国子监、弘文馆、崇文馆以及各州县学，都要将经过考试合格的学生，送尚书省参加考试，这些考生，就叫“生徒”。那些不在学校学习而学业有成的人，可向州县“投牒自举”，也就是以书面形式提出申请，经考试合格，由州送尚书省参加考试，这些考生因随各州进贡物品解送，所以称为“乡贡”。制科的考生，可以是已得第得官的人，也可以是登过常科的人，还可以是庶民百姓。武举的考生，和明经、进士的乡贡一样，由各州选送。但唐时规定，凡是曾经触犯法令的人，工商之子，以及州县小吏，不得参加科举考试。

考试的方法，主要有口试、帖经、墨义、策问、诗赋等5种。关于口试的内容，已不得其详。其他4种方式大略如下：1. 帖经。凡明经、进士、明法、书、算各科，均须帖经。所谓帖经，就是将所试经书内容掩盖，只露出一行，中间又用纸帖住3个字，让考生读出或写出被帖的字。类似后世的“填空白”。2. 墨义。墨义又称问大义。就是对有关经文的问答。最初是口试，因口试不便事后查考，改为笔试，故称墨义。3. 策问。这是难度较大的一种考法。其体例源自汉代的贤良对策，与现代考试中的问答题相当。所提问题，多是有关治国方略、时务方面的，由考生根据题意做出回答。4. 诗赋。唐初科举考试，以策问为重。永隆二年（681年）因考功员外郎刘思立建议，进士科加试杂文2

篇，所谓杂文，即箴、铭、论、表之类，这样就使进士科向偏重文辞方面发展。到神龙、开元年间，进士科正式开始考试诗赋；到了天宝年间，制举也试诗赋，科举以诗赋取士就成了定例。

考试的程序，逐渐趋于严格。主持科考的官员，规格较高。常科考试最初由吏部考功员外郎主持，开元二十四年（736年）发生考生与考官争执的事件后，大家认为考功员外郎品位低（从六品上），不能主持全国性的考试，改由礼部侍郎（正四品下）主持，以后还有用中书舍人或诸司四品以上官员“知贡举”的。制举考试由皇帝亲自主持。武举考试则由兵部负责。省试一般都在长安进行。各地举子一般都是秋季起程赴京，省试在翌年暮春“槐花黄”时举行，故当时有“槐花黄，举子忙”的谚语。应试之日，考生们须自带水、炭、蜡炬、餐具等，等候胥吏唱名，依次进入考场。场内由兵士设防，搜索衣服，以防假滥。考试一般不糊名（武则天时曾糊名）。时间以一日为限，到了晚上，如仍未交卷，许燃烛3条为限。故时人又有“三条烛尽，烧残举子之心”之说。考试被录取者，称为“及第”。凡落第者，可以入国子监学习，准备再试。由于当时人们重视进士科，所以考进士便渐渐成了科举的代名词。史载唐朝时每次参加进士科考试的多则2000人，少犹不下千人，但取中的最多不过三四十人，少的时候只有几人。当时的举子都习惯穿白色麻布袍衫，故人们把考中的进士称“白衣卿相”“一品白衫”，称登科为“登龙门”。但常科考试登科后，不是立即授予现职，还要再经过吏部考试，这种考试叫“省试”或“释褐试”（意思是脱去平民的褐衣，准备穿上做官的紫衣），考试合格，才能授予官职。进士第一名称“状元”或

"状头"；新科进士互称"同年"，主考官叫"座主""座师"，被录取的考生便是他的"门生"。

进士及第后，还有一系列的优遇。首先是喜报家书。当时的主司以黄花笺书其姓名，花押其下，使人持以报之，叫作"片旁帖"，当时称为"金花帖子"。由进士附家书中寄回，乡邻亲戚，以声乐相庆，称为"喜信"。其次是曲江宴游。及第进士在向主司谢恩，行座主、门生之礼后，便齐赴期集院，开始各种宴游活动，同年们宴饮于曲江者，称"曲江大会"，有时皇帝也亲御紫云楼，垂帘以观，公卿之家则乘机选择佳婿。新进士们还可遍游长安各园，每到一处即设宴，称"杏花宴"，席间有主宴、主酒、主乐、探花、主茶等名堂，出任"探花"者须比别人先采得园内名花，否则挨罚。后世殿试第三名"探花"之称，即源于此。再次是慈恩题名，即新科进士宴于慈恩寺塔，即席题名于塔身，称为"题名席"或"题名会"。复次有"平康之乐"，当时平康里为妓院所在地，举子高中后，在此宿妓作乐。若一旦正式通籍为官，就有不便了，故抓紧机会游乐一番。最重要的，则是亲故改容，即一身登科及第，家人亲属也马上随之荣耀起来，光宗耀祖，改换门庭，还可进入"衣冠户"（唐户口类别之一），享有免赋役等多种优待。

> 处在兴起阶段的科举制，对于隋唐中央集权的封建统治的加强、推动社会进步、改善官吏队伍素质、促进文化事业的繁荣，都有积极的作用。同时由于制度的不尽完善，也出现了营私舞弊、朋党之争以及浮夸不实的形式主义等弊端，并对后世产生了不利影响。

隋唐时期的科举制，还处在兴起上升阶段。它的实施对当时社会产生的积极作用，应当说是主要的。

首先，它有利于进一步加强中央集权的封建统治。科举制是作为九品中正制的对立面出现的。它反映了南北朝以来寒族势力的兴起，体现了庶族地主参政的要求。它的实施，为庶族地主乃至平民知识分子开辟了一条新的入仕途径，从而扩大了封建统治的阶级基础。科举制把选拔人才的权力集中到中央朝廷之手，使大批比较优秀的人才为朝廷所用，不再成为豪门贵族及其他割据势力的附庸，有利于加强中央集权的统治。另外，科举考试以儒家经典为主要内容，又有一套严格的程序，中举后可享受种种优惠待遇，这就把大批知识分子笼络、吸引到符合统治阶级意识形态的轨道上来，形成一种无形的思想导向和意识禁锢，从而削减了可能的反抗潜力。正因为如此，唐太宗见到新科进士列队走出端门时，高兴地说："天下英雄都落入我的圈套之中了！"

其次，它有利于当时社会的革新进步。当时科举入仕的人，大都政治视野开阔，头脑清醒，不因循守旧，敢冒犯陈规陋习，并且多少与下层人民有较为密切的联系。因此，他们一旦入朝为官，尤其是进入最高决策圈后，大都主张革新朝政，敢于为民请命。如唐玄宗即位后，为了改革弊政，求得国内的安宁，先后用姚崇、宋璟、张嘉贤、张说、杜暹、韩休、张九龄等科举出身者为相，这些人正视现实，直言谏诤，扶正祛邪，匡正朝纲，对开元盛世的形成，做出了重大的贡献。唐顺宗时发生的"永贞革新"，王叔文、王伾集团中的核心人物刘禹锡、柳宗元、韦执谊、程异等，都是科举出身。唐宪宗即位后，决心裁撤藩镇，而贯彻削藩政策的得力宰相武元衡、裴度，都是科举出身。尤其是裴度，在武元衡遇刺身亡，自己也身负重伤的情况下，置生死于度外，平藩之志不移，终获大胜。

再次，对于提高行政效率和官吏队伍的整体素质，也有积极作用。因为科举入仕者，大都学有专长，肯于勤奋做事，具有强烈的上进心，所以他们进入国家机关后，注入了新的活力，提高了工作效率。如狄仁杰是明经出身，他在武则天时期任大理丞，一年内断决淹滞不决的案犯1.7万人，没有一个称冤的。刘晏，童子科出身，被任为度支、铸钱、盐铁等使，后又兼转运、常平等使，他在任职期间，采取食盐专营，改善漕运，对唐王朝后期财政经济的贡献，连反对他的人也不得不承认。同时，科举制度注重学识，科举入仕者文化素质都比较高，他们进入官场后，又带动、诱导着其他途径入仕者的文化意识，从而使官吏队伍的文化素质得以提高。另外，经科举进入仕途时，还要通过吏部的身、言、书、判四项考试，合格者，要以德行为先录用；如果两人德行相同，以才高者为先；才等者，以劳绩为先。这样就使整个官吏队伍的外在形象、内在品德以及才能政绩都得到重视，从而使官吏队伍的整体素质和形象得到改善和提高。

最后，唐代科举考试中，尤其是受士人高度重视的进士科必考诗赋，使应考者把大量的时间与精力放在吟诗作赋上面，并且出现了一批又一批的诗坛泰斗，从而把唐诗推向了后世无法企及的高峰，为中国古代文化增添了举世赞誉的奇葩。

同时，也要看到，这一时期的科举制在推行之中，已经出现了一些弊端，对后世也产生了不利的影响。

由于科举考试中有关制度尚不够健全和完善，使得科举考试过程中，出现了种种舞弊营私的行为。这在科举中的几个主要环节都有发生。比如在解送生徒和乡贡中，由于有关规定不够明确，或者没有得到执行，出现了权贵操纵举送应试者的现象，使一些真正有才学德行者在一开始就被拒之门外。再比如，在考试前，实际上允许考生为自己制造声誉，一些考生就把自己平时写好的文章诗赋等，托关系送到礼部（称“公卷”）、达官贵人（称“行卷”）那里，为以后中举铺平道路。这中间自然少不了拉关系、走后门、行贿受贿等行为；当然，也有一些是确有真才实学、担心受到不公正对待的人。又比如，在科考中，还有“枪替”（请人代考）、“挟带”（私藏参考书之类入场）等舞弊行为，使本来公平竞争的场所，也变得不那么公平了。最后，在录取时也还有“请托”，就是通过各种关系，请求主司录取。当时的韩愈就曾为多人请托。因为有这种不正之风，大和二年（828 年）的进士科考试，录取的前 5 名，包括第五名的杜牧在内，都是通过请托、推荐或其他关系事先决定的。由于权贵控制了这几个关键环节，元和年间以后，公卿大臣子弟及第的比重在录取总数中迅速上升。到后来，原来从地主阶级各阶层的士人中选拔人才的进士科，几乎变成了公卿大臣用来世袭高位的工具。

科举考试后及第者与主考官之间，是“座主”“座师”与“门生”的关系，同年录取者又称“同窗”，及第后门生拜座主，同年结伴游，容易形成一种不正常的关系。故当时有人做了一两次主考官后，就把在自己手中及第入仕的“门生”，看成可以供养自己的“良田美玉”。这反映了科举考试潜伏着形成官僚中朋党及朋党之争的问题。当年李德裕力主革除科考后的“曲江大会”等议程，不完全是对科举出身的人存有偏见，确有防止因此而朋比为奸、不利于清明吏治的良好意图。这一点，在后世的科举制中，表现得更为严重，使本来巩固君主专制的一种良好办法，走到了它的反面。

最后，由于科举考试中注重文章辞赋，讲究格式程序，容易使应举者重文而不经世，重虚而不务实，使官场乃至社会上形成一种浮华的形式主义作风和风气，这在当时，已出现过一些笑话。如唐德宗时制举中有“怀才抱器，不求闻达”科。有人在昭应县碰到一个书生，正往长安赶路，很是匆忙，就问他为什么这么着急，他回答说“要去参加‘不求闻达’科考试”。后来，尤其是明、清时期“八股文”的兴起，则表现得尤为明显。至于有的人一味追求功名富贵，甚至连亲娘都不认的事，这时已有发生。到后来，就出现了“陈世美”式的一批新贵，这也是在所难免的。

在开放中共同发展
恢宏大度的对外开放

“盛唐气象”的出现，与当时实行全方位的对外开放是分不开的。所谓全方位的对外开放，就是既有经济贸易的往来，也有文化思想的交流，还有政治领域的接触。隋唐的封建文明中，包含了当时世界上许多国家和民族的贡献，隋唐的封建文明，又对当时与之交往的许多国家和民族的文明进步产生了积极的推动作用。在人类文明的相互吸纳与共同进步史上，隋唐的对外开放，写下了光辉灿烂的一页。

在唐高宗李治与武则天合葬的乾陵，保存有大量的陵墓石刻。除了石碑、华表、飞马、朱雀（鸵鸟）、石马、石狮等外，还有61尊（现存60尊）“蕃酋石像”。从文献记载中可以得知，他们都是当时我国西、南一带各国的首领，因与唐朝关系密切，前来参加唐高宗葬礼。武则天为了纪念这件大事，予以刻石记功。由于年代久远，石质风化，这些石像头部已毁，背后的文字也磨灭不清，但从服饰上可看出少数民族的特点，大都身穿紧袖衣，腰束宽带，足蹬皮靴，体形雄伟，生动有力。明朝的刘伯温曾作诗道：“蕃王俨侍立层层，天马排行势欲腾。”对盛唐的雕刻艺术大加赞誉。而我们从中也可以看出，盛唐时期的对外开放，气魄是何等宏大，影响是多么深远。

> 隋唐时期国家的统一和社会经济的繁荣，边境的相对安宁和陆海路线的开通，国内基础设施的建设，使对外开放具备了前所未有的有利条件。

一个民族和国家、地区的对外开放，是需要具备一定的条件的。用今天的话说，就是既要吸引人，又要使人进得来，住得下。而隋唐时期的封建社会，在这些方面，条件是具备的。

与秦汉时期一样，隋唐都是统一的高度中央集权的国家。在绝大多数时候，国内社会是稳定的，没有出现过大的动乱和公开分裂的现象。在统一、稳定的前提下，国内的物质文明和精神文明（包括制度文明），都达到了前所未有的高度。这些我们在前面的诸章中，曾从不同的角度做过介绍，是从历史发展的纵向来看的。从横向来看，当隋文帝杨坚建立隋王朝时，中国的封建社会已有上千年的历史，而当时西欧的封建制度才有一个多世纪的历史。其他各国进入封建社会的时期，更晚于西欧，如拜占庭帝国是从7世纪，也就是中国的隋末唐初开始走向封建社会的；阿拉伯帝国是在7世纪后期，即中国唐高宗时期以后才过渡到封建社会的；印度是在5—7世纪即中国南北朝到唐前期形成封建制度的；朝鲜、日本也是在7世纪中期，即中国唐高宗时进入封建社会的。这就是说，当时世界上比较先进的国家刚刚进入或者正在进入封建社会的时候，中国的隋唐王朝已是成熟的封建社会了，处于世界历史的先导地位。这不能不对世界各国尤其是邻近国家和地区，产生强烈的吸引力。

与国内的统一、强大、繁荣相对应的，是这一时期的对外关系也较为和睦。隋唐时期，虽然也时有对外用兵，与周边民族和国家发生冲突的情况，但在大多数时期，边境是安宁的，国际交通路线也是畅通的，甚至可以说是四通八达的。

当时在西北方面，是陆路往来。陆路方面，通往中亚、西亚和欧洲的路线，就是著名的“丝绸之路”。“丝绸之路”又有三条大道，即北道、中道、南道。北道是循天山北路，从敦煌出发经伊吾、蒲类海、西突厥可汗庭，转东罗马，出地中海。中道是走天山南路的北道，由敦煌起程往高昌、焉耆、龟兹、疏勒，越葱岭而达波斯。南道是走天山南路的南道，从敦煌经鄯善、于阗，过葱岭及吐火罗至北婆罗国。

在东南方面，主要是海路。与大食、波斯及南海诸国的商路，都从广州出发，主要经过真腊占不劳山、海峡、罗越国、佛逝国、诃陵、哥谷罗国、狮子国、莫来国、拔风日国，再西行到弗利剌河而达末罗国。通往日本的航线，有南北两路。北路从登州出海，过渤海海口，沿辽东半岛及朝鲜半岛到达新罗再转日本；南路从扬州或明州出发，横渡东海经值嘉岛而达博多湾。

这一时期国内的基础设施建设也成就斐然，有利于商贸活动的开展和对外交往的进行。

作为内外商贸、文化等交流活动的主要载体的城市，建设成就举世瞩目。首都长安和东都洛阳，都是当时世界上少有的特大城市，不仅规模宏大，建筑雄伟壮丽，而且结构、布局合理，便于工商业的经营和对外交流活动的开展。扬州、广州、泉州、明州等城市的发展也很迅速，既是有名的商业城市，又是当时的国际港口。其中广州是当时全国第一大港，也是世界大港之一，每天平均有 11 只船舶到达，一年 4000 余只，唐政府在广州还设有“蕃坊”，专门供外国商人居住；设置蕃长、都蕃长等官员，专门管理蕃商事务。都蕃长由蕃商自己推举，经唐政府任命；都蕃长除了管理蕃商事务外，还协助唐政府招徕外商。

国内的水陆交通也很畅通。水路方面，当时的各主要河流都可以通航。隋朝修建的大运河，更是把南北水路连接在一起，航运十分便利。当时从长安经渭河入黄河到东都洛阳，经永济渠可北达幽州，洛阳东南由通济渠可南达扬州及东南各州。另一路由长安经蓝田到商州，200 里山路过后，可从商州利用丹江、汉水到达长江，由长江顺湘江南下，经灵渠、桂江、珠江到广州。陆路方面，更是四通八达。

当时国内的主要通信设施——邮驿，也是空前发达。官邮交通线以京城长安为中心，向四方辐射，直达边疆地区，大致是每 30 里设一个驿站。全国有驿站 1600 多处，服役人员约 5 万人左右。邮驿分为陆驿、水驿和水陆兼办 3 种。各驿站设有驿舍，配有驿马、驿驴、驿船、驿田。传递速度很快，紧急事务，驿马一天传递 300 里以上，公元 755 年安禄山在范阳起兵反唐，当时唐明皇正在陕西临潼的华清宫和杨贵妃玩乐，两地相隔 3000 里，6 天之内唐明皇就接到了这个紧急战报，传递速度达到每天 500 里，这在当时是惊人的！

唐朝诗人岑参有一首描写驿骑的诗说，“一驿过一驿，驿骑如星流，平明发咸阳，暮及陇山头。”把驿骑比作流星，恰到好处。后代小说戏曲中常说“流星飞马来报”“流星探马报到”，就是由此而来。

恢宏大度，不惧往来，是这一时期对外开放的基本特征。它的具体表现是，既有经济贸易往来，又有文化方面的交往，还有政治方面的接触，充分体现出当时统治者的自信与开明。

隋唐时期的对外开放，是全方位的。所谓全方位，就是既有经济贸易往来，又有文化方面的交流，还有政治方面的吸纳。这在封建时代，的确是空前的，充分体现出统治者的自信与开明。

经济的往来以官方的贸易为主。隋朝在京城建国门外设有“四方馆”，管理对外贸易，主管东方的称“东夷使者”，北方称“北狄使者”。唐朝则除了设有管理陆上贸易的机构外，还在广州设置市舶使，检查出港商船，同时也管理唐朝驶往国外的商船，检查货物，征收关税等，这是中国历史上第一个海关机构。为了促进对外贸易，隋唐政府对外国商人采取优待措施，如隋炀帝时对来到京城的四方外商，从吃、住、行、玩等各个方面予以优待，虽含有夸耀的成分，但在客观上也有利于对外商贸活动的开展。唐朝也曾多次颁发诏令，让各地妥善处理外商来华事宜，如适当降低关税，给予交通往来的方便，并在广州、扬州、明州、登州、泉州、楚州、长安等地设置“蕃坊”，听任外商居留，在法律上予以优待。这一时期的出口商品主要是各种丝织品、陶瓷、茶叶、纸张等，进口商品主要是珍珠、宝石、香料、药品、犀角、象牙等。在官方贸易中，进口商品多以“朝贡”的形式进行，出口商品多以“回赐”形式进行，均带有一定的优惠性质。对外贸易的国家和地区，则扩大到亚洲、欧洲以及非洲的一部分地区。

在开展官方贸易的同时，民间贸易也很频繁。如黑衣大食除了多次向唐朝派遣使节外，民间商业往来也不可胜数，当时长安的西市，是黑衣大食商人的聚集地带。广州及东南沿海地区，还有许多从海路来的大食商人，有暂住的，也有久居的，有的还在中国成家立业。与波斯、新罗、日本、天竺、林邑、真腊等邻近国家的民间商业贸易，更是从不间断。

文化交流方面更为广泛。以宗教特别是佛教为纽带的相互交往，是其中十分重要的一个方面。佛教产生于印度，西汉末年传入中国。东汉以后，统治阶级逐渐意识到它有利于维护其统治地位的一面，从而加以提倡，使其日益发展，到南北朝时，已非常盛行。隋唐时期佛教更加兴盛，一方面，中国的一些学者到印度等地去学习佛教，取回并翻译佛教经典；另一方面，朝鲜、日本等国的僧人又到中国来学习佛经。一方面，印度等国僧人来中国传经布道；另一方面，中国僧人也到朝鲜、日本、印度等地讲经传法，互相往来，切磋交流。

作为文化交流的载体，这一时期来中国的各种留学生人数很多。其名目有“遣隋使”“遣唐使”“学问僧”等等。如新罗，仅开成五年（840 年）留学生和其他人员一次由中国返回的就有 105 人。日本，则向唐朝先后派遣了 19 批遣唐使，最多的一次达 600 多人，都挑选博通经史、娴熟文艺和熟悉唐朝情况的人担任，遣唐使的随行人员中，还有一些医师、阴阳师、乐师等，是为了进一步深造和求解疑难而被派来中国的。

以宗教传播为主要纽带，以留学生为载体的隋唐时期中外文化交流的内容极为丰富。既有佛教、伊斯兰教等宗教方面的传播，又有语言、文学、文史、典籍、音乐、舞蹈、书法、绘画、体育、杂技、天文、历法、算学、医学、律令、官制，乃至服饰、饮食、居室、礼仪等各个方面的相互学习、交流与影响。科学发明在这一时期也得以相互交流与及时传播。如医学方面，这一时期天竺的外科手术、整骨科、眼科等，已传入中国，并产生了较大影响；中国的中医又传播于日本和朝鲜，切脉术和一些重要医书还传到了中亚和西亚，影响了阿拉伯医学。中国在这一时期发明的雕版印刷术，先传到朝鲜，唐末五代又传到了日本，以后又传到越南和欧洲，促进了这些国家的文化传播事业的发展。公元751年，唐将高仙芝在怛逻斯战役中为大食所败，中国的战俘把造纸术传入撒马尔罕，此后，又由中亚传入阿拉伯国家，纺织技术，制陶技术，炼丹术和火药，也在唐代传到国外。

除了经济和文化方面的往来外，隋唐时期中外政治交流也在进行之中，这是非常引人注目的。

在来中国的留学生中，有许多人学习中国的律令和典章制度，有的还参加中国的科举考试，他们学成回国后，多任高官显职，并根据唐朝法制改革本国的礼仪和法律，模仿中国的行政体制立制设官，试用中国的科举制选拔官员。这在当时的新罗表现得最为明显。

当时在中国做官的外国人很多。如隋炀帝时曾任江都通守的王世充就是西域胡人。日本的阿倍仲麻吕留居中国50年，因“慕中国之风”，改名为晁衡，先后在中国任右补阙、左散骑常侍、安南都护、镇南节度使、光禄大夫兼御史中丞等职。波斯被阿拉伯消灭后，其王子卑路斯来到唐朝，唐高宗拜他为右武卫将军，中宗时又拜为左威卫将军，后来死在唐朝。阿拉伯人李彦升，曾在唐朝考中进士，为唐朝立下大功。开府仪同三司、武威太守、河西节度使高仙芝，是高丽人。另一高丽人王毛仲，也曾在唐朝当过辅国大将军、左武卫大将军，并晋封霍国公。安息人李元谅，曾任唐朝的华州刺史、兼御史大夫、潼关防御、镇国军节度使等。这些外国人在中国政府中任职，这在当时的世界上是十分罕见的。

在这一时期的中外文化交流中，涌现出大量值得称道的人物事迹。其中唐僧西天取经的故事，在后世已是家喻户晓；而鉴真和阿倍仲麻吕，也是人们称赞的中日友好使者。

从《西游记》问世以来，“西天取经”的故事已是家喻户晓。《西游记》的内容是虚构的，只有其中的唐僧确有其人，他就是玄奘。

玄奘原名陈祎，相传于隋文帝开皇十六年（596年）生于河南缑氏县。13岁剃度当了和尚，法名玄奘。他自幼聪明好学，出家以后，又在全国各地遍访高僧，钻研佛经。学得越深，疑问越多，为了了解经典的真义，寻求佛教的正解，他决心到佛教“圣地”求法。于是，他悉心向外国人学习梵语，筹集旅费，准备到“西天”取经。

贞观元年（627年，一说贞观三年），玄奘从长安出发西行，抱着“若不至天竺，终不东归一步”的决心，跨越了沿途流沙雪山、严寒酷暑等种种障碍，经过现在我国的新疆维吾尔自治区、中亚地区和阿富汗等国，终于到达了巴基斯坦和印度。他在今天的巴基斯坦、尼泊尔和印度北部，游学了3年，随后来到当时印度的佛教学术中心那烂陀寺，学习《瑜伽师地论》。在那烂陀寺刻苦学习了5年以后，玄奘继续到印度和巴基斯坦各地求学。经过5年左右，又回到那烂陀寺，在那里主讲《摄大乘论》，发表了重要的论文《会宗论》，并在辩论中驳倒了他的对手。公元642年，戒日王为玄奘在曲女城举行了一次佛教经学辩论大会，有五印度十八国国王和各派僧人数千人参加，在这次大会上，玄奘获得了很高的荣誉。

玄奘在印度留学15年，无时无刻不想念祖国。贞观十七年（643年），他用大象和马匹，驮着657部佛经及其他物品起程回国。贞观十九年（645年）正月二十四日，平安回到唐朝首都长安。唐太宗听说玄奘归来，派宰相房玄龄、大将军侯英、长安令李乾佑等迎接，长安市民还在朱雀大街召开了欢迎大会。

回到长安后，玄奘即刻组织专门机构翻译佛经。20年中，共译出佛经75部，1335卷。他还根据自己在旅途中的丰富见闻，写成了《大唐西域记》一书，记载了我国新疆及中亚地区、阿富汗、印度、巴基斯坦、尼泊尔和斯里兰卡境内的138个古国的山川、物产、风俗、宗教和政治经济情况，是研究这些国家和地区7世纪中叶历史的重要文献。他的另一个贡献，就是把老子的《道德经》译成梵文，传播到印度。又把唐朝的《秦王破阵乐》介绍到印度，印度的戒日王遂决定派使臣到长安，与唐朝建立正式外交关系。

唐高宗麟德元年（664年）二月五日，玄奘死于玉华寺。四月十四日，安葬在终南山下。在举行葬礼时，长安周围500里内，有数万人来送葬，3万余人庐于墓旁，可见当时人们对玄奘是多么爱戴。

在玄奘“西天取经”后不久，公元688年，鉴真出生在江苏扬州江阴县。鉴真俗姓淳于，14岁出家，曾在长安、洛阳两京游学。他的活动以他所住持的扬州大明寺为中心，遍及淮南地区，威望很高。鉴真除了戒律以外，还学习钻研建筑和医药知识。他特别热心社会活动，主持建寺80余所，铸像无数，还开慈悲院救济贫民，给贫病的百姓亲自煎药。

天宝元年（742年），日本高僧荣睿和普照从长安来到扬州大明寺，拜谒鉴真大师。除了听他宣讲戒律以外，还希望取得他的支持，派几位弟子东渡日本。鉴真答应了这一请求，但他的弟子们认为日本远涉大海，不愿东渡。鉴真庄严宣誓：“这是法事，不应顾惜生命。大家不愿去，我去！”弟子深受感动，有20多人决心跟他一起东渡，但因为种种原因，5次东渡均未能成功。

天宝十一年（752年），日本遣唐使从长安回国途中，到扬州延光寺，拜会鉴真，敦请他继续东渡日本。这时鉴真已66岁，且已双目失明，扬州僧俗都挽留他，但他决心东渡传戒。这一年的十一月十五日，鉴真率弟子们乘日本副使大伴古麻吕的船只东渡，于天宝十四年（755年）二月四日，到达平城京，受到天皇以下朝野人士的欢迎。

随鉴真到达日本的25人中，有建筑师、画师、雕刻家，以及医药、刺绣、铸写等方面的人才，他们实际上是一个文化使团。他们到达日本后，除宣传戒教外，在建筑、艺术、医学等方面也对日本做出了很大贡献。鉴真在日本领导创建的唐招提寺，其中的金堂、讲堂和一些重要的经象法物，代表了我国盛唐时期建筑雕刻艺术的最高水平，是日本的艺术明珠，至今保存完好，被视为国宝。鉴真又是医学、药物学专家，他给日本皇太后治愈了疑难病症，当时曾有《鉴真上人秘方》一书问世，据说就是他的处方记录。当时日本药物学初兴，药物真伪混杂，日本天皇下令“辨证”，鉴真虽然双目失明，但他凭着自己的嗅觉，识别药物品种，鉴定药物性能，为日本古代药物学奠定了基础。据说现在日本东大寺的“奇效丸”，就是鉴真传到日本去的。正因为如此，一直到江户时代，日本的药袋上，仍然画着鉴真的图像。

唐广德元年（763年）三月，鉴真患病，弟子们为他造了肖像，至今仍保存在日本的唐招提寺开山堂，这就是日本的国宝“鉴真和尚坐像”。这年的五月六日，鉴真在招提寺逝世，终年76岁。

在这一时期的中日友好关系史上，还有一位杰出的人物，就是日本的著名学者阿倍仲麻吕。

阿倍仲麻吕公元689年生于日本本州大和。他自幼聪明好学，少年时代在本国度过。唐开元五年（717年）十月，他被选中入唐朝留学，随日本遣唐使来到中国。到达长安后，唐政府分配他到太学学习。这里的学生都是五品以上官员子弟，太学的教师都是全国的知名学者，课程有《礼记》《左传》《公羊传》《谷梁传》《尚书》《诗经》《周礼》《仪礼》等必修课，还有《孝经》《说文》和时务策等，阿倍仲麻吕在太学经过9年的勤奋学习，不仅精通经典，而且善作诗赋，对中国文化产生了强烈的爱慕之心，改名叫晁衡（一说叫“朝衡”）。

大约开元十六年（728年），阿倍仲麻吕担任了唐朝左右春坊司经局的校书郎（从九品），专门校理图书。次年，转任“补阙”（从七品），是皇帝身边的谏官，职位虽然不高，但接触中央高级官员的机会较多，是中央政府中的清贵官职。4年以后，他又担任了仪王李璲的“友”（从五品下），职责是陪伴亲王，并以封建道德教育亲王。

就在这个时期，大诗人李白应唐玄宗的邀请来到长安，担任翰林供奉，是皇帝的文学词章顾问侍从。李白在长安居住的两年多时间里，除结识了贺知章等人外，还结识了阿倍仲麻吕。两人经常在一起痛饮酣歌，高谈阔论，建立了深厚的友情。天宝年间，传说阿倍仲麻吕在归国途中遇难，李白以十分悲痛的心情写诗悼念他的挚友：“日本晁卿辞帝都，征帆一片绕蓬壶。明月不归沉碧海，白云愁色满苍梧。”日本史籍中至今仍记载着这首诗。

阿倍仲麻吕在海上获救后，又回到长安。任秘书监（国家图书馆馆长，从三品）。这一时期，他又与王维等人结成密友。阿倍仲麻吕回国时，王维送他到海边，写下《送秘书晁监还日本国》的五言诗：“积水不可极，安知沧海东。九州何处远，万里若乘空。向国唯看日，归帆但信风。鳌身映天黑，鱼眼射波红。乡村扶桑外，主人孤舟中。别离方异域，音信若为通。”在诗中，王维心随神往表现了阿倍仲麻吕东渡的艰险，言语间充满了对挚友的深切关注和惜别之情。

阿倍仲麻吕在担任唐政府官职，以及与中国文人交往的过程中，逐渐成为两国友好交往的桥梁。他既是唐朝官员，又执行日本大使任务。每当日本遣唐使来到长安，他都主动协助使团，与唐政府接洽有关事务。比如，天宝十二年（753 年），日本第十一次遣唐使到达长安后，阿倍仲麻吕即引领日本使团会见唐玄宗。会见后，唐玄宗命阿倍仲麻吕带领使团参观唐中央政府的府库和三教殿等。由于阿倍仲麻吕的疏通，唐玄宗授予日本大使藤原清河“特进”（正二品散官），授予副使大伴古麻吕银青光禄大夫、卫尉卿（从三品）。

大历五年（770 年），阿倍仲麻吕在中国辞世，终年 72 岁。

隋唐时期的对外开放，产生了广泛而深远的影响。隋唐的封建文明中，包含了当时世界上许多国家和民族的贡献；隋唐的封建文明，又对当时与之交往的许多国家和民族的文明进步产生了积极的推动作用。在人类文明的相互吸纳与共同进步史上，隋唐的对外开放写下了光辉灿烂的一页。

隋唐时期的国门四开、不惧往来的全方位对外开放，对当时中国和世界的文明进步，都产生了积极而深远的影响。

从中国方面而言，以佛教广泛传播为代表的思想文化领域，以及社会生活的其他方面，都从对外开放中吸纳了许多新的有益的成分。

佛教既是宗教，也是哲学。佛教在这一时期的广泛传播，对中国哲学思想领域的影响，是相当深刻的。这一时期的天台、法相、华严、禅宗等四大佛教宗派，不同程度地渗透到各个阶层的思想意识之中，与中国传统的统治思想之间，发生着错综复杂而又有些微妙的相互影响。总的来说，是有利于统治阶级的统治思想的成熟与完善的，这从当时绝大多数统治者对佛教的大力提倡中，就可以得到证明。当然，在某些时候，也会产生一些不利于社会稳定的副作用，并因此而受到统治者的排斥，甚至出现武力灭佛的事件，如唐武宗时期就是如此。但这只是短暂的插曲，冲突过后，是更广泛深入的发展。到了宋代以后，有人感叹，传统的儒家思想只剩一副假面具，骨子里完全是佛家思想了。

佛教的影响，主要是在思想意识领域，但又不止在思想意识领域，而是十分广泛的。如文字方面，唐朝沙门守温仿拟梵文字母体系，择定了汉语的 30 个字母（后经宋人修订为 36 个字母）。此外在大量翻译经典时所新创的词汇和成语，有数万之多，虽然未必一一流行，但确有不少成为中国的新词汇和新成语。在文章方面，当时佛教界所用的，通常是带有白话性质的新文体，文章的组织结构，也随佛经本身的组织结构而产生了新的类型，有人甚至认为，唐代的义疏之学，就是从佛典的疏钞中学来的。文学体裁方面，起源于隋唐、盛行于宋元明以后的传奇小说等，显然与佛教传播中的“俗讲”与“变文”有些渊源。建筑方面，随着佛教的传入，中国建筑领域也出现了浮屠（梵文的音译，意为“塔”）、石窟、佛寺等新的成分。举世闻名的唐代大雁塔，就是唐高宗时期，为存放玄奘取回的佛经而建造的。此外，在雕塑、印刷、绘画等方面，也都因佛教的传入而增添了一些新的成分或因素。

在学术艺术领域，这一时期天竺的数学、天文学传入唐朝，唐代《开元占经》中就保留有天竺数学的数码、圆弧的画法、弧的正弦等知识；僧一行编制《大衍历》时，就曾参考过天竺的《九执历》。音乐、舞蹈方面，外国的音乐、舞蹈占相当比重，如隋炀帝制“九部乐”、唐太宗制“十部乐”，其中就有外国乐，安国乐、康国乐，就是其中重要的组成部分。医药学方面，天竺的外科手术、骨科、眼科等，阿拉伯传入的大量新药材品种，都对当时的中国医药学领域产生了一定的影响。在其他学术、艺术领域中，都能或多或少地找到外来因素的成分，堪称你中有我，我中有你，交相辉映，共同繁荣。

在经济生活领域，一些新的动、植物品种引入中国。如印度的白茄、刀豆，尼泊尔的菠菜，地中海沿岸的莴苣，都于这一时期在中国种植成功。汉武帝时由西域传来的葡萄，这一时期经过培育繁殖，已十分兴盛，长安一带的葡萄是“园种户植，接荫连架”。在原有的制糖技术基础上，这一时期还从印度吸收了新的制糖技术，加工制造出了白糖和冰糖。从西域引入大批优良马种，进行繁殖杂交，使内地的马种得到改良，体质健壮，外形优美，还利用杂交方法制造出新畜种——骡，更是畜种科学中的一大成就。除了新的动、植物品种的引进和加工方法的革新外，经济生活中的居室、服饰、饮食等方面，也受到域外习俗的影响。如唐玄宗曾筑“凉殿”，引水入室，以转风扇，据传说就是从佛菻传来的。唐朝宫人骑马都戴“胡帽”，并影响到民间，还学习外国的化妆技术，白居易以诗形容“元和妆梳君记取，髻堆面赭非华风”。波斯的三勒浆、龙膏酒以及西域的“胡饼”等，也传入长安，当时曲江池一带，开设有不少波斯酒店，酒店里还有外国女招待，著名诗人李白曾在这里醉酒吟诗。

与隋唐的封建文明中有当时世界上众多国家、民族的贡献相对应的，是中国的封建文明，也对世界众多国家和民族的文明进步，起到了积极的推动作用。

中国的一些重要的科学发明成果，在这一时期广泛传播到世界许多国家，对这些国家的技术进步与社会发展，产生了深远的影响。唐天宝十年（751 年）十月，唐将高仙芝率军与阿拉伯军在怛逻斯交战，唐军大败，很多士兵被俘，其中有的是造纸工匠，阿拉伯人就利用这些造纸工匠开始造纸。后来，阿拉伯人又把造纸术传到埃及、摩洛哥以至欧洲。到公元 1189 年，法国有了造纸作坊，在此之前，欧洲人还在使用羊皮纸，一部圣经需用 30 只以上的羊皮，用纸代替羊皮，其意义自不待言。与造纸术相对应，雕版印刷术也先后传到朝鲜、日本、越南，以及欧洲，不仅对这些国家，而且对整个世界的文化发展与交流，都产生了无法估量的积极作用。这一时期，僧一行的《大衍历》传到日本，淳仁天皇于公元 763 年废去原有的《仪凤历》，采用了《大衍历》。唐高宗时期制定的《麟德历》，也很快传到新罗，被新罗采用。以“药王”孙思邈的《千金方》为代表的中国中医药学，传到日本和朝鲜等国，并与阿拉伯医药互相交流、影响，促进了当时世界上比较先进的医学事业的共同发展。

与科学发明的传播有一定联系的，是中国的文化对当时世界上许多国家文化事业的影响，也很广泛。如在文字方面，日本、朝鲜等国都受到中国文字的影响。日本最初没有自己的文字，大约从 3 世纪起，中国文化通过朝鲜半岛传入日本，如

《论语》《千字文》等都传到了日本。到5世纪，日本贵族已经能熟练地使用汉字。到8世纪，日本有了正式的文字，而日本文字中的“片假名”，是吉备真备根据汉字的偏旁创制的楷书字母；“平假名”，则是空海根据汉字草体而创制的草书字母。朝鲜在由新罗统一后，由薛聪创造了“吏读”法，就是利用汉字的音表示朝鲜文字的助词、助动词，夹在汉字中间，帮助阅读汉文，这对朝鲜文化的发展起到了促进作用。此外，中国的文学、史学、书法、绘画、音乐乃至建筑艺术、雕塑艺术，还有服饰、饮食等诸多方面，既渗透着当时世界上许多国家民族的文化因素，又对其他众多国家民族的文化生活领域产生了重大影响，尤其是对邻近的朝鲜、日本、越南等国，影响更为深远，直到今天，仍可看到当时的影子。

更为重要的，是当时中国的政治、法律制度，也对与之相互交往的国家产生了革命性的影响。《唐律》对当时朝鲜、日本、越南等国法律制度的影响，我们在本书中已经做过介绍。除此之外，在政治制度和经济制度方面的影响也不小。这一时期，除了朝鲜在制度方面多仿效中国外，日本也很重视运用中国的制度改造自己的旧有制度。当时来中国的日本“遣唐使”最多，这些遣唐使回国后，很多人做了中央或地方的文武官员，他们在任职期间，利用各种机会，把在唐帝国的所学推广于日本，在日本历史上具有划时代意义的“大化革新”，就是日本留唐学生在政治上的一场革新运动。从当时革新的主要内容来看，“班田制”与唐的“均田制”大体类似；官吏制度的改革，实际上也是以唐朝官制为样板的。“大化革新”推动了当时日本社会的文明进步，并由此出现了与唐朝社会趋同的发展方向。由此可见，包括政治交流的全方位对外开放，在总体上有利于世界各国各民族相互取长补短，从而在与本国、本民族的实际相结合中，选择更为合理、正确的前进方向、道路和方法，促进人类社会的共同富强、民主和文明进步。

· 楚汉之争，为什么流氓战胜了贵族？
· 为什么武则天尤其看重科举？
· 封建制、郡县制究竟有什么不同？
· 是贡献还是阻碍？

历史告诉你答案

【权力的游戏】

从秦汉到明清的权力更迭

【“神器”古代史】

博物馆文物让历史倒回重演

【史事挖掘机】

有哪些出了名的馊主意？
康乾盛世竟然不是盛世？